Potsdam

Michael Bussmann | Gabriele Tröger

2. Auflage 2023

Inhalt

Orientiert in Potsdam

Wege durch Potsdam

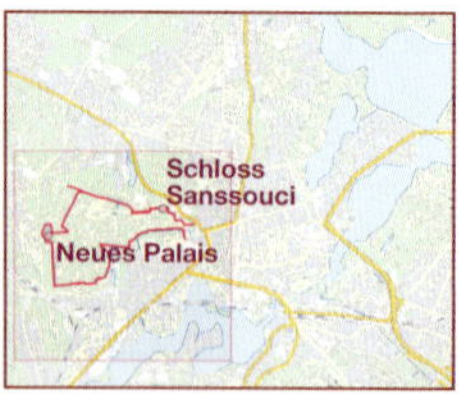

Unterwegs mit

Gabriele Tröger und Michael Bussmann

Als „kleine Schwester Berlins“ wird Potsdam gerne bezeichnet. Ein Vergleich, der ein wenig hakt, denn gemein haben die beiden Städte wenig – vom preußischen Erbe einmal abgesehen. Potsdam ist eine brave und aufgeräumte Schlösserdiva. Dagegen wirkt die Hipster Sister Berlin laut und abgerockt. Potsdam und Berlin, das sind zwei Welten, 30 km auseinander.

Wir selbst (Wahlberliner übrigens) sind immer wieder gerne in Potsdam. Nach Potsdam zu fahren, bedeutet für uns Mikroabenteuer vor der Haustür. Die heitersten Sommertage sind für uns die, in denen wir mit Freunden im Boot über die Potsdamer Gewässer tuckern. Hin und wieder verbringen wir auch ein paar Tage auf einem der schönen Campingplätze rund um Potsdam, trinken am Abend Rotwein vor unserem lichterkettengeschmückten Bulli. Stöbern am nächsten Tag in den Boutiquen des Holländischen Viertels und gabeln danach den besten Käsekuchen der Welt. Spazieren durch pompöse Villenviertel, die Münder zum „O“ geformt. Radeln durch stille Wälder und entlang idyllischer Schilfufer. Stehen auf der Glienicker Brücke, die einst den Westen vom Osten trennte.

Potsdam ist eine vergleichsweise junge Stadt und hat Geschichte doch faustdick hinter den Ohren. Königsstadt. Residenzstadt. Soldatenstadt. Grenzstadt. Potsdam ist nicht nur Sanssouci & Co. Potsdam ist auch Forschungsstandort, Studentenstadt und Plattenbau. Streifen Sie mit uns umher! Und danke, dass Sie unser Buch gewählt haben.

Die Autoren bloggen auf www.hierdadort.de.

In eigener Sache

Aufgrund der Pandemie und deren Folgen sind unsere Recherchen vor Ort im einen oder anderen Fall nur eingeschränkt möglich, sodass die entsprechenden Angaben unter Vorbehalt stehen. Wir bitten um Ihr Verständnis.

Studenten und Studios

Tour 5: Babelsberg

Mit Babelsberg verbindet man zunächst die legendären Filmstudios. Doch das Stadtviertel mit seinem ganz eigenen Charakter hat noch deutlich mehr zu bieten. Auch hier gibt es exquisite Wohngegenden zu erkunden, dazu einen Park und beschauliche Ecken rund um den Weberplatz.

■ S. 92

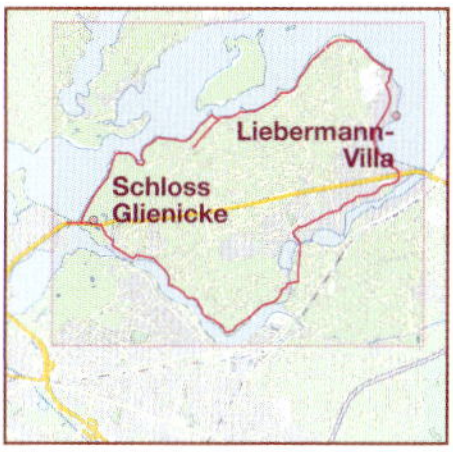

Seitensprung nach Berlin

Tour 6: Die Insel Wannsee

Die waldreiche Insel Wannsee gehört zu weiten Teilen bereits zu Berlin. Schnappen Sie sich für diese Tour am besten ein Fahrrad, die Distanzen sind groß. Zu sehen gibt es zauberhafte Parks mit romantischen Bauten, aber auch das Haus der Wannsee-Konferenz und die Liebermann-Villa.

■ S. 106

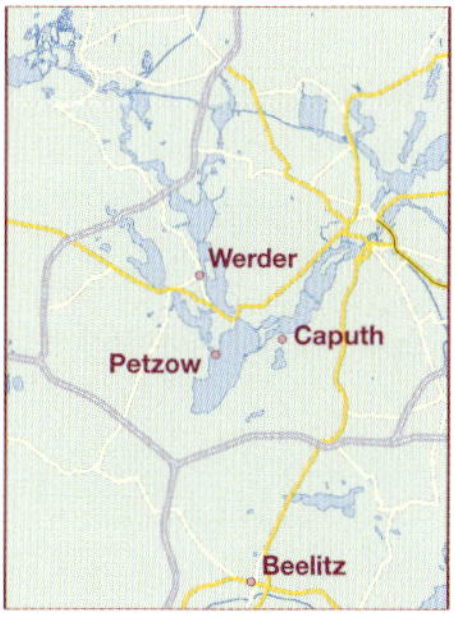

Fahrt ins Blau-Grüne

Ausflüge ins Umland

Nachlesen & Nachschlagen

Was haben Sie entdeckt?

Haben Sie ein besonderes Restaurant, ein neues Museum oder ein nettes Hotel entdeckt? Wenn Sie Ergänzungen, Verbesserungen oder Tipps zum Buch haben, lassen Sie es uns bitte wissen!

Schreiben Sie an: Gabriele Tröger und Michael Bussmann, Stichwort „Potsdam“
c/o Michael Müller Verlag GmbH | Gerberei 19, D – 91054 Erlangen
michael.bussmann@michael-mueller-verlag.de

nachhaltig, ökologisch, regional

meinTipp Die besondere Empfehlung unserer Autoren

Kurzanleitung Stadtkapitel

Der vor allem in den Spaziergängen bzw. Radtouren verwendete Pfeil „→“ vor einer Sehenswürdigkeit verweist auf die ausführliche Beschreibung im Abschnitt „Sehenswertes“. Die angegebene Dauer beinhaltet nicht den Besuch von Museen oder Sehenswürdigkeiten.

Preise Übernachten
(DZ inkl. Frühstück in der Hauptsaison)

€	bis 100 Euro
€€	bis 150 Euro
€€€	bis 200 Euro
€€€€	ab 200 Euro

nachhaltig, ökologisch, regional

meinTipp Die besondere Empfehlung unseres Autors

Orientiert in
Potsdam

Stadt und Stadtviertel ■

Sightseeing-Klassiker ■

Sightseeing-Alternativen ■

Essen gehen ■

Orientiert in Potsdam

Stadt und Stadtviertel

Soldatenstadt. Königsstadt. Beamten- und Verwaltungsstadt. Grenzstadt. Wissenschafts- und Kulturstadt. Studentenstadt. Hauptstadt. Potsdam war und ist viel. Eines aber war es nie: eine ganz normale Stadt, geschaffen von Bürgern für Bürger.

Stichwort UNESCO-Welterbe

Seit 1990 steht die Berlin-Potsdamer Kulturlandschaft zwischen Pfaueninsel und dem Neuen Palais auf der UNESCO-Welterbeliste. Zum Welterbe gehören dabei nicht nur die Schlösser und Parks, sondern u. a. auch die Kolonie Alexandrowka, der Pfingstberg und das ehemalige Dorf Bornstedt.

Wasser macht die Musik

Schaut man Potsdam auf einer Karte an, sieht man zunächst v. a. Blau und Grün. Potsdam wird umarmt von Wasser, wird beschattet und gehätschelt von Wäldern und Parks. Die Stadt scheint fast in den Hintergrund zu treten. Die Havel und etliche Seen machen das Zentrum Potsdams gar zur Insel, ein Netz an Wasserstraßen von fast 40 km Länge führt drum herum. Über eine solche Lage kann man doch nicht meckern, oder? Wenn hier kein preußisches Arkadien entstehen konnte, wo bitte dann? Egal ob Villa am See oder Wohnung im Plattenbau – viele Einwohner können direkt aufs Wasser gucken. Und die, die es nicht können, zischen ihr Feierabendbierchen auf einer Bank am See oder gehen noch eine Runde rudern.

Ein paar Facts

In Potsdam leben ca. 183.000 Menschen. Damit belegt Potsdam Platz 42 im bundesweiten Ranking. Die Stadtfläche umfasst 187,3 km^2 – mehr als Nürnberg also, das fast drei Mal so viele Einwohner hat! Auf die Füße tritt sich in Potsdam damit so schnell keiner. Nur etwa ein Drittel der Stadtfläche nehmen Straßen und Häuser ein, der Rest sind Wasser und Vegetation!

Hauptstadt statt Vorstadt

Jean Paul nannte Potsdam „die schönste Vorstadt Berlins". Das Gerücht mit der Vorstadt hält sich hartnäckig bis in die heutigen Tage – und lässt viele Potsdamer wenig amüsiert reagieren. Tatsächlich ist Potsdam kein Anhängsel Berlins, sondern die stolze Hauptstadt eines Bundeslandes namens Brandenburg.

Kompakt ist hier nichts!

Potsdam ist alles andere als eine kompakte Stadt mit einem „spazierlichen" Kern, den man als Tourist eigentlich gar nicht zu verlassen braucht. Ganz im

Gegenteil. Wer Potsdams Zentrum nicht den Rücken kehrt, verpasst so manches Highlight.

Das historische Zentrum ist mancherorts bildhübsch, andernorts von Plattenbauten durchsetzt. Es ist alles: voller Brüche, voller Überraschungen, voller Hingucker und auch voller Zumutungen. Teils frisch geliftet. Teils im Wiederaufbau. Und immer auf der Suche nach einer neuen Identität. Die Altstadt rund um den Alten Markt, im Krieg weggebombt, erlebt ein Comeback. Nördlich davon, zwischen Altem Markt und Nauener Tor, erstreckt sich das lebendige Geschäftszentrum Potsdams. Touristen-Hotspot hier: das Holländische Viertel.

Rund um das Zentrum stehen Villen, Villen, Villen. Villen gucken kann man z. B. in der Nauener Vorstadt im Norden, in der Berliner Vorstadt im Nordosten und z. T. in der Brandenburger Vorstadt im Westen.

Rund um das Zentrum glitzern aber auch blaue Seen. Und strahlt das Potsdam der Bildbände. Der Neue Garten mit seinen Schlössern, die Schlossparks von Sanssouci und Babelsberg. Der daran anschließende Stadtteil Babelsberg war übrigens nie eine Vorstadt, sondern ging aus einer einst eigenständigen Stadt hervor.

Draußen vor der Tür ...

... liegt auch gleich die wunderschöne Wannseeinsel, die sich schon auf Berliner Stadtgebiet befindet. Weitere spannende Ausflugsziele befinden sich im Südwesten Potsdams im Landkreis Potsdam-Mittelmark. Der sandige Landstrich ist flach wie eine aufgehaltene Hand und überaus wasserreich. Er steckt voller Spargel und verwunschener Orte. Man erkundet ihn, wie übrigens auch Potsdam selbst, am besten mit dem Fahrrad.

Was tun in ein, zwei, drei Tagen?

Potsdam bietet viel, v. a. im Sommer, wenn die Seen zum Baden einladen. Wer dann mit dem Rad kommt, kann lässig eine Woche bleiben, ohne sich auch nur eine Stunde zu langweilen. Im Winter dagegen, wenn die Ausflugsschiffe noch fest vertäut sind, viele Schlösser verrammelt und die Skulpturen in den Parks frostdicht verpackt sind, genügt ein Wochenende.

Wer nur einen Tag Zeit hat, spaziert am besten über den Alten Markt zum Brandenburger Tor und weiter zum Park Sanssouci. Und selbst das (→ Tour 1, Tour 2 und Tour 4) ist ein sportliches Programm, das einen Besuch der Schlösser und Museen unterwegs nicht wirklich erlaubt.

Bei zwei Tagen in Potsdam sind die Touren 1 bis 4 ganz gut machbar. Sollte dann noch etwas Zeit übrig sein, empfehlen wir eine Fahrt mit dem Ausflugsboot (z. B. die Wannseerundfahrt) oder einen Cocktail im Strandbad Caputh.

Wer noch mehr Tage bleibt, stockt auf mit einem Trip nach Babelsberg (Tour 5), einer Radtour um die Wannseeinsel (Tour 6) oder schaut in unser Ausflugskapitel: Egal ob Werder, Beelitz-Heilstätten oder Caputh – es gibt zig spannende Ziele.

Orientiert in Potsdam

Sightseeing-Klassiker

Heinrich Heine sah in Potsdam „nichts als Himmel und Soldaten". Der Arme, blind wie ein Huhn! Hätte er mal genauer hingesehen – dann hätte er Bilderbuchschlösser entdeckt, Kirchen wie Tempel und Parks zum Sich-darin-Verlieren.

Unser Tipp: Radeln!

Radfahren spart nicht nur Geld, macht Spaß und dazu schlank, sondern spart in Potsdam auch viel, viel Zeit. Potsdam ist im Vergleich zu anderen deutschen Städten nämlich alles andere als kompakt, die Sehenswürdigkeiten liegen weit verstreut.

Schlösser und Parks

- **Stadtschloss:** Im Fake-Schloss, das erst 2014 wiederauferstand, sitzt heute der Landtag. Man zeigt sich transparent: Foyer, Kantine und Dachterrasse sind für jedermann offen. → Tour 1, S. 25
- **Park Sanssouci:** Ein Park ohne Sorge und voller Schlösser. Hier gibt es so viel anzugucken, dass man gar nicht weiß, wohin zuerst. Ins namengebende Schloss Sanssouci? In die Bildergalerie? Ins Orangerieschloss? Oder ins Neue Palais? Wer nicht hilflos umherirren will, folgt am besten unserem Spaziergang. → Tour 4, S. 66 ff.
- **Neuer Garten:** Ein wunderschöner Schlosspark am Heiligen See. Zu besichtigen sind das Marmorpalais und Schloss Cecilienhof, in dem 1945 die Potsdamer Konferenz stattfand. Danach geht man am besten in die Meierei: Dort gibt es selbst gebrautes Bier auf einer Traumterrasse am Wasser. → Tour 3, S. 56
- **Belvedere auf dem Pfingstberg:** Das Aussichtsschlösschen bietet Wahnsinnsblicke auf Havel, Pfaueninsel und bis nach Berlin. → Tour 3, S. 54
- **Park Babelsberg:** Auch wenn Schloss Babelsberg in den nächsten Jahren wegen Restaurierung nicht zu besichtigen ist, so ist der hügelige Park mit seiner charakteristischen Fontäne doch ein Must-see. → Tour 5, S. 93
- **Park und Schloss Glienicke:** Park und Schloss zusammen sind das überaus aparte Ergebnis des Dream-Teams Schinkel und Lenné. → Tour 6, S. 111
- **Pfaueninsel:** Ein Realität gewordenes Märchen! Auf der zauberhaften Havelinsel stehen diverse romantische Bauten samt einem Schlösschen, um das Pfauen spazieren. → Tour 6, S. 114

Die besten Museen

- **Museum Barberini:** Im gleichnamigen rekonstruierten Palais wird in wechselnden Ausstellungen hochkarätige Kunst

gezeigt, vorrangig aus der Sammlung des Kunstmäzens und SAP-Mitbegründers Hasso Plattner.
→ Tour 1, S. 25

■ **Kunsthaus Das Minsk:** Auch hinter diesem Kunstmuseum im ehemaligen Restaurant *Minsk* am Fuß des Brauhausbergs steckt Hasso Plattner. Im Fokus hier: DDR-Kunst. → Tour 1, S. 32

■ **Gedenkstätte Lindenstraße:** Das Potsdamer Pendant zum ehemaligen Stasiknast in Berlin-Hohenschönhausen. → Tour 2, S. 42

■ **Liebermann-Museum:** In der Villa am Wannsee, die, so muss man korrekterweise sagen, schon auf Berliner Stadtgebiet liegt, pflegte der gutsituierte Impressionist Max Liebermann die Sommermonate zu verbringen. → Tour 6, S. 113

Die schönsten Kirchen

■ **Nikolaikirche:** Das Wahrzeichen der Stadt am Alten Markt, der in den vergangenen Jahren seine Eleganz von anno dazumal zurückerhalten hat. Nicht verpassen: den Aufstieg zur Aussichtsplattform. → Tour 1, S. 23

■ **Friedenskirche:** Die Kirche im Park Sanssouci zeugt vom Italienfimmel Friedrich Wilhelms IV. Im Inneren ein aus Italien hierher versetztes Christusmosaik aus dem 13. Jh. → Tour 4, S. 81

■ **Sacrower Heilandskirche:** Ganz nah am Wasser gebaut ist diese bildhübsche Kirche aus der Mitte des 19. Jh. Zu Mauerzeiten verliefen die DDR-Sperranlagen direkt über das Kirchengelände.
→ Tour 6, S. 116

Besondere Orte

■ **Alexandrowka:** Die dörflich anmutende russische Kolonie entstand 1826 für Mitglieder eines russischen Sängerchors. In der Teestube vor Ort gibt es *Pelmeni* und Sauerkrautsuppe. → Tour 3, S. 51

■ **Holländisches Viertel:** Rot leuchtende Klinkerbauten reihen sich in den Straßen des Holländischen Viertels aneinander. Ein wunderbares Schlenderviertel mit netten Boutiquen, Cafés und Restaurants. → Tour 2, S. 41

■ **Brandenburger Straße:** Die Fußgängerzone der Stadt mit Straßenmusikanten, Eisdielen und einer imposanten *Galeria Karstadt*. Die Straße endet am Brandenburger Tor. Ja, auch Potsdam hat eins – und das hiesige entstand sogar früher als das Berliner Tor!
→ Tour 2, S. 37/38

■ **Glienicker Brücke:** Die berühmteste Brücke der Stadt. Hier fanden die legendären Agentenaustauschaktionen statt.
→ Tour 6, S. 110

Und außerdem

■ **Ins Wasser:** Wunderschöne Strandbäder laden in und um Potsdam nur so dazu ein, den Sommer am See zu verbringen. Träumchen sind das Strandbad Caputh (→ S. 133), das Stadtbad Park Babelsberg (→ S. 170) und das Waldbad Templin (→ S. 137).

■ **Aufs Wasser:** Besonders spaßig sind Ausflüge mit dem Kanu (→ S. 124 und 170) oder ein Tag auf einem Holzfloß samt Grill, Bier und Fuchsschwanzmütze (→ S. 170). Weniger Ambitionierte lassen sich auf einem Ausflugsschiff umherfahren. Sie haben die Wahl zwischen der kompakten Schlösserrundfahrt und längeren Touren über die umliegenden Seen (→ S. 180).

Orientiert in Potsdam

Sightseeing-Alternativen

Irgendwann ist mal Schluss mit Schloss. Auch abseits der protzigen Preußenresidenzen kann man sich in Potsdam und Umgebung gut die Zeit vertreiben. Hier ein paar Tipps für Unternehmungen.

Veranstaltungskalender beachten!

Tulpenfest im Holländischen Viertel, Spargelfest in Beelitz oder Wannsee in Flammen – jeden Monat finden andere einladende Events statt, bei denen man sich unter die Locals mischen kann! Unseren Veranstaltungskalender finden Sie auf S. 165 f.

Geschichte und Geschichten

- **Haus der Brandenburgischen Geschichte:** Im ehemaligen Kutschstall für die königlichen Rösser werden heute Geschichte und Gegenwart Brandenburgs spannend aufbereitet. → Tour 1, S. 27
- **Turm der Garnisonkirche:** Anfang 2024 soll der rekonstruierte Turm der 1732 eingeweihten, 1945 zerstörten und später abgetragenen Kirche eröffnen. Bis dahin sind die Baustellenführungen ein spannendes Erlebnis. → Tour 1, S. 28
- **Gedenk- und Begegnungsstätte Leistikowstraße:** Die Gedenkstätte ist im ehemaligen Knast des sowjetischen Ministeriums für Staatssicherheit untergebracht. Erst 1994 zogen die Russen aus der Nauener Vorstadt, der einstigen „Verbotenen Stadt“, ab. → Tour 3, S. 55
- **Filmmuseum:** Das Museum, das im prächtigen Marstall seinen Sitz hat, präsentiert eine kurzweilige Ausstellung zu Film und Fernsehen. → Tour 1, S. 27
- **Weberplatz:** Rund um den baumbestandenen Platz in Babelsberg wohnten einst böhmische Spinner und Weber in beengten und ärmlichen Verhältnissen. Heute präsentiert er ein Stück Stadtidylle. → Tour 5, S. 96

Genießen

- **Ein Abend im Hans Otto Theater:** Der extravagante Theaterbau an der Schiffbauergasse ist einen Besuch wert. Programmschwerpunkt: Klassiker der Moderne. Danach kann man den Abend bei einem Glas Wein auf einem Schiffsdeck ausklingen lassen. → S. 162
- **Ein Konzert im Nikolaisaal:** Ein Abend im Nikolaisaal ist allein schon wegen seiner herausragenden Architektur empfehlenswert. → S. 163
- **Käsekuchen im Café Guam:** Mit Rhabarber? Mit Mohn? Mit Kirschen? Im

Café Guam gibt es ausschließlich Käsekuchen. Leider ziemlich geil. Auf zum fröhlichen *Guilty Pleasure*! → Tour 2, S. 44

So schön wohnt Potsdam

■ **Villenkolonie Neubabelsberg:** Wo schlief Stalin? Wo baute Mies van der Rohe seine ersten Häuser? Und was hat es mit dem Bock von Babelsberg auf sich? Auf unserem Spaziergang durch die Villenkolonie Neubabelsberg erfahren Sie es. → Tour 5, S. 98 f.

■ **Brandenburger Vorstadt:** Das kinderreiche Quartier ist so etwas wie der Prenzlauer Berg Potsdams. Mit schönen Wohnstraßen, kleinen Läden und netten Cafés. → Tour 4, S. 82

Ins Grüne

■ **Jüdischer Friedhof:** Der Friedhof wurde im Jahr 1743 angelegt und wird bis heute genutzt. Ein Spaziergang über das Areal ist ein Spaziergang durch die jüdische Geschichte Potsdams. → Tour 3, S. 53

■ **Ruinenberg:** Ein Wasserbecken, ein Rundtempel mit eingestürztem Dach, eine Pyramide, Säulen, ein Turm – ein skurriles Ensemble hat sich auf dem ehemaligen Höneberg versammelt. → Tour 4, S. 85

■ **Kirche St. Peter und Paul auf Nikolskoe:** Das mitten im Wald stehende, einer russisch-orthodoxen Kirche nachempfundene Gotteshaus überblickt die Havel. → Tour 6, S. 114

■ **Biosphäre:** Warum in die Ferne schweifen – in der Biosphäre hat man die Tropen einfach nach Potsdam geholt. Die Dschungellandschaft macht Kinder froh und Erwachsene ebenso. → Tour 3, S. 60

■ **Telegrafenberg:** Ein schlauer Berg! Der „Wissenschaftspark Albert Einstein" auf dem bewaldeten Telegrafenberg lädt zur Erkundung ein. Es geht vorbei an historischen Gebäuden im Dienst von Forschung und Wissenschaft. → Tour 1, S. 32

Ein bisschen Action

■ **Filmpark Babelsberg:** Der Erlebnispark auf dem Gelände der Filmstudios Babelsberg bietet Spaß und Action für die ganze Familie. Hier kann man Stunts beiwohnen, durch ein Westernstädtchen spazieren und vieles mehr. → Tour 5, S. 98

Ausfliegen

■ **Werder:** Eine bezaubernde, stille Altstadt auf einer Insel. Im Umland Obstbaumplantagen und sogar ein Weinberg mit einer Besenwirtschaft. In Werder kann man einen entspannten Tag verbringen. → S. 126

■ **Caputh:** Der von Wasser umspülte Ort bietet gleich mehrere Attraktionen: ein Landschloss mit einem wunderbaren Fayencensaal, das Sommerhaus des Physikers Albert Einstein, ein tolles Strandbad und ein wunderbar nostalgisches Restaurant am Fähranleger. Hier sollte man mal gewesen sein. → S. 136

■ **Beelitz-Heilstätten:** Die einst größte Lungenheilanstalt der Welt hat sich die Natur zurückerobert, Bäume wachsen auf den Dächern. Und über den Bäumen auf den Dächern verläuft auch noch ein Baumkronenpfad. Den Ausflug nach Beelitz-Heilstätten krönt zur Saison ein Spargelessen im Umland. → S. 143

Essen gehen

Raffiniert ist anders – eher schlicht und bodenständig ist sie, die traditionelle märkische Küche: Fisch, Fleisch, Kartoffeln. Man muss aber nicht nur auf Althergebrachtes zurückgreifen. Auch die Spitzengastronomie und spannende Ethnoküchen sind in Potsdam zu Hause.

Kulinarische Stadtspaziergänge durch Potsdam kann man auf www.eat-the-world.com buchen. Sie dauern ca. 3 Std. und kosten 39 €.

Typisch brandenburgisch

In und um Potsdam gilt: April bis Juni ist Spargelzeit. Mai und Juni Erdbeerzeit. Juli bis September Heidelbeerzeit. September und Oktober Kürbiszeit. November und Dezember Gänsezeit. Wer diese Zeiten kennt, kann schon fast erraten, was auf den Speisekarten auftaucht. Ganzjährig ist zudem Kartoffelzeit. Auf die **Kartoffel** als Beilage – die brandenburgischen Köche sind Bratkartoffelweltmeister – verzichtet man bei kaum einem Gericht, egal ob beim **Schnitzel**, beim **Havelzander** oder beim **grünen Aal in Dillsoße.** Auf der Karte steht zuweilen auch **Wildschwein** aus dem nahen Fläming oder **Kaninchen** – in Beelitz gibt es einen Kaninchenspezialitätenbetrieb (→ S. 141). Aus Beelitz kommt auch der **Spargel,** der mit Sauce hollandaise und Rührei während der Saison in fast jedem Lokal zu haben ist (mehr zum Spargel auf S. 142). Eine weitere Spezialität der Region sind die schmackhaften **Teltower Rübchen.** Schon Goethe und Kant verehrten sie.

Kennen Sie **Sanddorn,** die Zitrone des Nordens? Den säuerlichen, orangefarbenen Beeren mit hohem Vitamin-C-Gehalt gefällt es in Brandenburg außerordentlich gut. Viele Regionalläden halten Sanddornprodukte bereit. Und im **Sanddorn-Garten Petzow** (→ S. 132) kann man z. B. Sanddorn-Senfschaumsuppe kosten.

Potsdam is(s)t anders

„Nimm dir Essen mit, wir fahr'n nach Brandenburg!", singt Rainald Grebe. Nee, müssen Sie nicht, entgegnen wir. So manche Ecken des Bundeslands mögen infrastrukturell schlecht aufgestellt sein. Potsdam und seine Umgebung jedoch sind von gastronomischen Wüsten weit entfernt. Was in und um Potsdam serviert wird, ist auch nicht

immer charakteristisch für die Region. Gutbürgerliche (und schlechtbürgerliche) Küche gibt es zwar, genauso aber asiatische Restaurants, vegane Cafés, Tapas-Lokale, Edelitaliener und -franzosen und selbst zwei Sternelokale. Zu bemäkeln ist nur das Preis-Leistungs-Verhältnis, das leider nicht immer das beste ist. Dafür kann man in hervorragenden Kantinen und Tagescafés moderne Regionalküche fürs kleine Geld bekommen. Und nicht vergessen: Am schönsten sitzt man in den herrlich gelegenen Ausflugsgaststätten des Umlandes.

Auf die Schnelle

Fischbrötchen! Man bekommt sie z. B. in Caputh, in Werder und im Sommer im lauschigen **Fischerhof von Mario Weber** (→ S. 35), dem letzten hauptberuflichen Fischer Potsdams. Herrn Webers selbst geräucherter Saibling ist hervorragend!

Soljanka, der aus Russland eingewanderte DDR-Restesuppenklassiker, fehlt auf kaum einer Kneipenkarte. Der eine oder andere Koch rührt **Werder-Ketchup** mit hinein. Seit 1958 wird in Werder nämlich Ketchup produziert, allerdings schon längst nicht mehr aus hiesigen Tomaten. Schmeckt superfruchtig!

Ragout fin („Ragu feng" gesprochen) ist ein Überbleibsel der Hugenotten und ebenfalls kaum wegzudenken von den Speisekarten. Für Wessis: Huhn-, Kalbs- oder Schweinefleisch wird mit Weißwein und Worcestersoße eingekocht und dann in kleinen Förmchen mit Käse überbacken.

Potsdamer Stange & Co

Für Bierfreunde führt kein Weg an der **Braumanufaktur Forsthaus Templin** (→ S. 138) vorbei, wo alte regionale Biersorten in Bioqualität gebraut werden. Dazu gehört die *Potsdamer Stange*, ein unfiltriertes, untergäriges Vollbier, das in hohen, schmalen Gläsern, den „Stangen", ausgeschenkt wird. Außerdem wurde das bernsteinfarbene, malzbetonte *Werdersche Bier*, das schon Fontane besungen hat, wiederbelebt.

Die Braumanufaktur ist nicht die einzige Brauerei in und um Potsdam. Hausgebrautes Bier gibt es auch in der herrlich gelegenen **Meierei** im Neuen Garten (→ S. 61) und im **Restaurant Zum Rittmeister** nahe Werder (→ S. 131). In vielen einfachen Kneipen wird hingegen *Potsdamer Rex* ausgeschenkt, dahinter steckt die *Berliner-Kindl-Schultheiss-Brauerei*.

Potsdamer Trauben

Wussten Sie, dass in und um Potsdam auch **Wein** angebaut und gekeltert wird? Die Weinberge Potsdams sind der **Winzerberg** (→ S. 84), der **Königliche Weinberg** im Park Sanssouci (→ S. 70) und der hauseigene Weinberg der **Villa Jacobs** (→ S. 59) am Jungfernsee. Auch in **Werder** – v. a. berühmt für seine Obstweine – versucht man sich wieder mehr und mehr im klassischen Weinanbau (→ S. 127).

Herausgeputzt: das Zentrum Potsdams

Wege durch Potsdam

Potsdams historisches Herz

Tour 1

Willkommen im umstrittensten Stadtteil Potsdams! Die einen wünschen sich ein würdevoll-historisches Zentrum zurück. Die anderen scheuen sich vor der unaufhörlich fortschreitenden Disneylandisierung der Altstadt.

Neuer Markt, schön-stiller Barockplatz, S. 20

Nikolaikirche, nicht verpassen: den Aufstieg zur Aussichtsplattform, S. 23

Palais Barberini, hochkarätige Kunst mit Schwerpunkt auf Impressionismus, S. 25

Stadtschloss, hier darf man nicht nur reingehen, sondern sollte sogar, S. 25

Wiederauferstandene Altstadt

Rund um den Alten Markt

Wohl kein Viertel der Stadt hat in den vergangenen Jahren so sein Gesicht verändert wie das Eck um den Alten Markt. Friedrich der Große hatte den Platz einst nach dem Vorbild einer römischen Piazza anlegen lassen. Dann kamen Krieg und Zerstörung, Abriss und Wiederaufbau. „Zurück zu den Wurzeln" heißt die Devise seit dem Mauerfall. Aus der Ödnis zu DDR-Zeiten wurde wieder ein Ort, der staunen lässt.

Rund um den Alten Markt versammelt sich auch so ziemlich alles, um das Potsdam in den letzten Jahren bzw. Jahrzehnten diskutiert und gestritten hat. Das Stadtschloss ist wieder da. Das Palais Barberini wurde rekonstruiert – seitdem bekommt Potsdam wieder einen regen Strom an Kunst-Nerds aus der nahen Hauptstadt und ganz Deutschland ab. Die Fachhochschule aus den 1970er-Jahren wurde abgerissen, zum Unmut derer, die in dem Nebeneinander aus DDR-Bauten und (pseudo-)barockem Protz eine spannende Melange sahen. Auf dem Areal entsteht gerade ein Wohn- und Geschäftsviertel, die Eckgebäude werden nach historischen Vorbildern gestaltet (Fertigstellung voraussichtlich noch 2023). Etwas weiter wurde der Turm der Garnisonkirche wieder aufgebaut (Eröffnung voraussichtlich Anfang 2024) – so mancher wünscht sich, dass nun auch das Kirchenschiff folgt. Die Liste der Neu- und Wiederaufbauprojekte ließe sich fortsetzen. Die „Disneylandisierung der Potsdamer Innenstadt", wie Kritiker meinen, ist noch längst nicht abgeschlossen. Sei es, wie es will: Potsdam-Touristen erwartet rund um den Alten Markt viel Spannendes. Und eine enorme Diskrepanz:

Zwischen hochkarätiger Kunst und abgerockten Plattenbauten liegen oft nur ein paar Meter.

Spaziergang

Länge ca. 2 km, **Dauer** ca. 1:40 Std., **Karte** S. 34/35.

Wir beginnen unseren Spaziergang am Alten Markt, dem heute wieder schönsten Platz der Stadt. Auf Fotos aus den 1950er-Jahren sieht er noch wie ein Gebiss des Grauens aus: das Schloss in Ruinen, die Nikolaikirche und das Alte Rathaus ebenso. Noch leerer wurde der Alte Markt, als das Stadtschloss 1960 abgerissen wurde. Der Platz mutierte zu einer öden, weiten Fläche, über die der Wind pfiff, wie geschaffen für Großkundgebungen. Heute, nach den Rekonstruktionen, kann man dem Alten Markt eine gewisse Grandezza wahrlich nicht absprechen. Urbane Lebendigkeit will sich aber nicht einstellen. Trotz der vielen Touristen, die hier auf- und abmarschieren. Schauen wir uns um.

Rund um den Alten Markt

Dominiert wird der Platz von der → **Nikolaikirche** mit ihrer mächtigen Kuppel. Unterhalb der Kuppel gibt es eine Aussichtsplattform. Gen Süden blickt man von dort auf Stuck und Gold rund um den Alten Markt, gen Osten auf düstere Modularbauten aus sozialistischer Zeit.

Vor der Kirche steht seit Mitte des 18. Jh. ein 25 m hoher, von barbusigen Sphingen bewachter **Obelisk**, den der Bildhauer Benjamin Giese ursprünglich mit den Bildmedaillons preußischer Kurfürsten und Könige verziert hatte. Zu DDR-Zeiten wurde der Obelisk wegen Baufälligkeit bis auf den Sockel abgetragen und mit Marmor aus der Sowjetunion und Jugoslawien wieder aufgebaut. Seitdem schmücken ihn keine preußischen Herrscher mehr, sondern die Reliefs berühmter preußischer Architekten. Die Figuren an den Ecken stellen antike Redner dar.

Der Bau rechts neben der Nikolaikirche mit dem vergoldeten Atlas auf dem Dach ist das Alte Rathaus, heute ein Teil des → **Potsdam Museums.** An der Südostseite, zur Alten Fahrt hin, folgt das → **Palais Barberini,** der Promi unter den Potsdamer Palästen. Im Inneren wird hochkarätige Kunst gezeigt.

Seinen würdigen Abschluss erhält der Alte Markt gen Süden durch das lachsrosafarbene → **Stadtschloss,** dessen Rekonstruktion 150 Mio. Euro kostete. Im Schloss hat heute der Landtag seinen Sitz. An der Westseite des Schlosses, zur Friedrich-Ebert-Straße hin, erblickt man den goldenen Schriftzug „Ceci n'est pas un château". Man kann diesen Satz, der von der Potsdamer Restauratorin Annette Paul stammt, auf unterschiedliche Weise lesen, die simpelste ist: „Das ist kein Schloss (mehr), sondern der Sitz einer demokratisch legitimierten republikanischen Institution." Davor steht die **Ringerkolonnade,** eine Kolonnade mit korinthischen Säulen. Was ihr fehlt, sind die namengebenden Ringerskulpturen, die noch auf ihre Restaurierung warten.

Potsdam im Kasten

Sterne gucken

Westlich der Nikolaikirche stand bis 2018 ein dreigeschossiger Bau der DDR-Moderne, der zuletzt die Fachbereiche Sozial- und Informationswesen der **Fachhochschule Potsdam** beherbergte. Das FH-Gebäude verschwand zwar. Gerettet aber wurde sein Fassadenschmuck, wabenartig miteinander vernetzte Sterne aus weiß lackiertem Aluminium, einem Origami-Kunstwerk ähnlich. Die Gegner des FH-Abrisses wählten die Sterne zum Zeichen des Protests gegen die politische Kultur in der Stadt. Selbst auf Stofftaschen wurden sie gedruckt. Heute lassen sich alte FH-Sterne an verschiedenen Orten in der Stadt entdecken. Zum Beispiel in der Bibliothek auf dem FH-Campus an der Kiepenheuerallee. Oder an dem abgerockten Gebäude der Bibliothek *konte[:x]t* an der Ecke Hermann-Elflein-Straße/Gutenbergstraße (der Stern hängt hofseitig zur Gutenbergstraße hin). Viel Spaß beim Sternegucken!

Entlang der Breiten Straße

Früher verband die Kolonnade das Stadtschloss mit dem → **Marstall** auf der anderen Seite der Straßenbahnschienen. In dem imposanten Gebäuderiegel – länger als ein Fußballplatz, aber nicht mal so breit wie ein Tennisplatz – ist heute das **Filmmuseum** untergebracht.

Wir umrunden den Marstall mit seinen zwei prächtigen Portalen samt wiehernden Pferden entlang der Breiten Straße. Auf der Rückseite des Marstalls, bei der Statue von General Steuben, biegen wir nach links in den Neuen Markt ein. Apropos Steuben. Friedrich Wilhelm von Steuben (1730–1794) war ein preußischer Offizier. Als seine Homosexualität bekannt wurde, flüchtete er nach Amerika und machte im Amerikanischen Unabhängigkeitskrieg Karriere. Er sprach bestes Denglisch, angeblich mit „oll korrekt“ statt mit „all correct“ zeichnete er seine Papiere ab – Kurzform: „o.k.“.

Neuer Markt

Gebäude in Potsdam-Gelb, Prinzessinnenrosa und Mintgrün. Historische Straßenlaternen, die das Kopfsteinpflaster bescheinen. Der Neue Markt ist eine der charmantesten Ecken der Stadt. Gleich rechter Hand steht dort das **Kabinetthaus** (Hausnr. 1). Hier tagte einst das königlich-preußische Kabinett, daher der Name. Zuvor schon, genau genommen 1770, wurde darin der spätere König Friedrich Wilhelm III. geboren.

Die Häuser am Platz sind größtenteils Originale. Die Bomben des Zweiten Weltkriegs verschonten den Neuen Markt, der bereits seit 1722 so heißt. Heute sind hier Wissenschaft und Forschung zu Hause: Am Neuen Markt sitzen u. a. das *Leibniz-Zentrum für Zeithistorische Forschung Potsdam*, das *Moses Mendelssohn Zentrum* und das *Einstein Forum*.

In der Mitte des Platzes steht die ehemalige städtische Ratswaage, die noch zu DDR-Zeiten in Betrieb war. Heute befindet sich darin ein italienisches Restaurant namens *Waage*. In der historischen *Gaststätte zur Ratswaage* in der Nachbarschaft hingegen serviert heute das *Kochzimmer* sternegekrönte Küche – also nicht den falschen Tisch im falschen Lokal buchen (mehr dazu → Essen & Trinken).

Ein Durchgang – über dem Portal eine Quadriga mit Kutschern und Stallburschen – führt vom Neuen Markt in den

Hof des Kutschstall-Ensembles mit dem → **Haus der Brandenburgisch-Preußischen Geschichte.** Verlässt man den Hof auf der gegenüberliegenden Seite, steht man vor einer Brache – oder vielleicht schon vor einer Baustelle? Hier soll ein neues Kreativquartier entstehen. Integriert wird darin auch ein „neuer" **Langer Stall.** Der „alte" Lange Stall, ursprünglich 170 m lang, diente der Garnison für Winterübungen. Er wurde 1871 erbaut und im Zweiten Weltkrieg zerstört. Einzig die Portalfassade mit Säulen und Giebelschmuck blieb erhalten – von hinten sieht sie aus wie eine frei stehende Brandwand.

Der Turm, der hinter der Portalfassade des Langen Stalls in den Himmel ragt, ist der wieder aufgebaute Turm der → **Garnisonkirche.** Anfang 2024 sollen sämtliche Arbeiten an dem Turm fertig sein. Dann wird obenauf auch die originalgetreu rekonstruierte Wetterfahne aus vergoldetem Kupferblech wehen. Bis dahin wartet sie in einem vandalensicheren Käfig vor dem benachbarten Rechenzentrum auf ihren Einsatz. Der Adler steht dabei für die christliche Seele, die Sonne für Gott, hinzu kommen die Initialen Friedrich Wilhelms I. Das → **Rechenzentrum** aus DDR-Zeiten, heute ein Kunst- und Kreativhaus, erstreckt sich in Teilen auf dem Areal der früheren Garnisonkirche. Nach jahrelangen Kontroversen (Abriss oder Erhaltung?) schien seine Zukunft zuletzt gesichert.

Weiter geht es auf der Breiten Straße, die ihrem Namen alle Ehre macht und leider nicht zu den schönsten Straßen unter der Potsdamer Sonne gehört. Barock trifft Platte trifft Zweckbauten der Nachwendezeit. Wir überqueren die Dortustraße. Benannt wurde sie nach dem Potsdamer Revoluzzer Max Dortu, einem der führenden Aktivisten der 1848er-Revolution, die bürgerliche Rechte einforderte. Am 31. Juli 1849 wurde er im Alter von 22 Jahren wegen Hochverrats hingerichtet, Friedrich Wilhelm IV., der die Meinung vertrat: „Gegen Demokraten helfen nur Soldaten", hatte ein Gnadengesuch abgelehnt.

100 m weiter folgt rechter Hand das → **Naturkundemuseum** im ehemaligen „Haus der Landstände der Havelländischen und Zauchischen Kreise" aus dem 18. Jh.

Straßen in Pastell

Direkt hinter dem Naturkundemuseum biegen wir in die **Lindenstraße** ab, eine Straße wie aus dem Bilderbuch – hier

Stadtidylle am Neuen Markt

könnte man Historienfilme drehen. Gleich rechter Hand befindet sich der Eingang zum → **ehemaligen Militärwaisenhaus**, einem mächtigen Karree mit großem Innenhof. Kopf in den Nacken: Vom Monopteros des Barocktempels grüßt eine golden glänzende Caritas – ein Wahrzeichen Potsdams.

In der Lindenstraße verdienen zwei weitere Gebäude unsere Beachtung: zum einen das frühere **Lazarett der Leibgarde** aus dem Jahr 1772, das sich einst in dem stattlichen rosafarbenen Gebäude mit der heutigen Hausnr. 25 befand, zum anderen schräg gegenüber die **Alte Wache** (1797 erbaut). In dem klassizistischen Arkadengebäude, das fast wie ein Fremdkörper in der barocken Lindenstraße wirkt, hat es sich heute die *Commerzbank* gemütlich gemacht.

Vor der Wache geht es rechts in die pastellfarbene Bäckerstraße. An deren Ende halten wir uns rechts, dann links – und schon steht man in der Yorckstraße vor dem meist trockenen **Stadtkanal.** Ja, der Kanal ... Wieder so eine Potsdamer Sache, die irgendwann verschwand und wieder „auferstehen" soll (→ Kasten).

Von der Yorckstraße sollte man unbedingt einmal in die **Wilhelm-Staab-Straße** spitzen. Diese bildhübsche Kopfsteinpflasterstraße wurde nach dem Krieg als „Barockstraße der DDR" fast komplett wieder aufgebaut. Hinter den historischen Fassaden verbirgt sich der Zeitgeist der 1950er-Jahre. In der Straße befindet sich mit dem **Nikolaisaal** auch eine architektonisch spannende Konzert- und Veranstaltungsstätte (→ Kultur, S. 163).

Am Ende der Yorckstraße queren wir die Friedrich-Ebert-Straße. Das grüne Rechteck links voraus ist der **Platz der Einheit**, Endpunkt dieses Spaziergangs und Ausgangspunkt des nächsten (→ Tour 2, S. 36). Falls Sie zurück zum Alten Markt wollen, können Sie die Friedrich-Ebert-Straße Richtung Stadtschloss hinabgehen. In diesem Fall passieren Sie einen zartgelben Stuckaltbau auf der rechten Seite (Hausnr. 121). Hier lebte Heinrich Heine im Jahr 1829 für wenige Monate zur Untermiete und arbeitete am dritten Teil seiner Reisebilder. „Hätt' er gelernt was Rechtes, müsst er nicht schreiben Bücher", soll sein Onkel Salomon einst über ihn gesagt haben. Klingt uns vertraut.

Das passt ja: Zuckertortenhäuser in der Bäckerstraße

Rund um den Alten Markt → Karte S. 34/35

Potsdam im Kasten

Projekt Stadtkanal: Klein-Amsterdam an der Havel

Alles in Reih und Glied: am historischen Stadtkanal

Es war einmal ein Potsdam, das hatte eine Gracht. Der ca. 2 km lange Kanal verlief vom damaligen Alten Wassertor gegenüber den Planitzinseln bis zum Kellertor. Heute zeichnen die Dortustraße, die Yorckstraße und die Straße Am Kanal den Verlauf nach. Der Kanal war aus einem Entwässerungsgraben hervorgegangen, den der hollandverliebte Soldatenkönig ab 1722 grachtartig anlegen ließ und schiffbar machte. Er ließ ihn mit Brücken überwölben und mit Bäumen an seinen Ufern verschönern. Das große Problem jedoch: Aufgrund mangelnden Wasseraustauschs stank es abschnittsweise fürchterlich kloakig, weswegen Teile des Kanals bereits 1889 wieder zugeschüttet wurden. Vom Kellertor aber konnten die Fischer noch bis ins 20. Jh. zum Wilhelmplatz (heute Platz der Einheit) rudern, um dort ihren Fang zu verkaufen.

Der Aufbau eines sozialistischen Zentrums in den 1960er-Jahren machte dem Kanal schließlich den Garaus. Nach der Wende hörte man die ersten Rufe nach einer Rekonstruktion. Sie führten zur Bildung eines Fördervereins – alles andere würde wundern in der Stadt der Bürgervereine (→ S. 159). 2001 konnte ein erstes 130 m langes Teilstück des Kanals an der Yorckstraße wiederhergestellt werden, das allerdings bis heute nur zu besonderen Veranstaltungen geflutet wird. Bis zur Fertigstellung des gesamten Kanals wird mindestens noch ein Vierteljahrhundert ins Land ziehen.

Tipp: An der ebenfalls rekonstruierten Kellertorwache am Havelzulauf stehen Infotafeln mit historischen Fotografien, die einen Heute-damals-Vergleich ermöglichen.

Sehenswertes

Ein Tempel Gottes

Nikolaikirche

Niedergang und Wiederaufbau ist die ewige Konstante Potsdams, so auch im Hinblick auf die Nikolaikirche. Nachdem der barocke Vorgänger 1795 abgebrannt war, wurde das Gotteshaus zwischen 1830 und 1850 in zwei Phasen wieder aufgebaut. Beteiligt waren die größten Baumeister ihrer Zeit: Die Entwürfe kamen von Schinkel, die Ausführung übernahm dessen Schüler Persius, und die Fertigstellung erfolgte, nachdem Persius an Typhus verstorben war, durch Stüler. Das Ergebnis: ein neoklassizistischer Portikus mit Giebeldreieck, der einem antiken Tempel gleicht. Der Kirchenbau selbst besteht aus einem kubischen Unterbau mit vier von Engeln bewachten Ecktürmchen. Darauf sitzt eine mächtige Kuppel wie die der St. Paul's Cathedral in London.

Den Krieg überstand das Gebäude schwer beschädigt. Die Wiederherstellung dauerte Jahrzehnte – erst 1981 wurde die Kirche wieder geweiht. Das Innere kommt heute recht nüchtern daher, u. a. wurde beispielsweise auf eine erneute Ausmalung der Kuppel verzichtet. Das soll aber niemanden von einem Besuch abhalten – gerade diese Andersartigkeit macht die Kirche auch sehr spannend.

Zu Füßen der Kuppel, auf dem Säulenrund des Tambours, gibt es eine **Aussichtsplattform** auf 42 m Höhe. Über einen Lift und enge Wendeltreppen mit Ampelschaltung gelangt man hinauf. Wir haben 216 Stufen gezählt – überprüfen Sie es!

Mi–Sa 9.30–17 Uhr, So ab 12 Uhr, Mo/Di geschl. Turmbesteigung 5 € (Tickets am Automaten auf der Seitenempore). Am Alten Markt, www.nikolai-potsdam.de. Tram 91, 92, 93, 96, 98 bis Alter Markt/Landtag.

Geschichte einer Stadt

Potsdam Museum

Das Museumsgebäude besteht aus drei Teilen: dem **Alten Rathaus,** das zwischen 1753 und 1755 in Anlehnung an italienische Palazzi samt Säulen und Kuppel entstand (Architekten: Jan Bouman und Christian Ludwig Hildebrandt), dem kieselgrauen sog. **Knobelsdorff-Haus,** das in den 1960er-Jahren originalgetreu wieder aufgebaut wurde, und einem **Glasdurchgang,** der an der Stelle eines völlig zerstörten Hauses errichtet wurde und beide Gebäude verbindet. Als *Kulturhaus Hans Marchwitza* war der Gebäudekomplex zu DDR-Zeiten einer der Dreh- und Angelpunkte des Potsdamer Kultur- und Partylebens. Zuvor war die Stimmung an diesem Ort nicht immer so dolle: Bis 1875 diente der Tambour, auf dem Atlanten die Weltkugel stemmen, als städtisches Gefängnis.

Heute zeigt hier das Potsdam Museum wechselnde Ausstellungen zur Stadthistorie und zudem die Dauerausstellung „Potsdam. Eine Stadt macht Geschichte“. Der Parcoursritt durch die 1000-jährige Stadtgeschichte ist sehr textlastig, birgt aber einige spannende historische Fotografien.

Tägl. (außer Mo) 12–18 Uhr. Dauerausstellung kostenlos, Sonderausstellungen 5 €, erm. 3 €. Am Alten Markt 9, www.potsdam-museum.de. Tram 91, 92, 93, 96, 98 bis Alter Markt/Landtag.

Alter Markt: Die Grandezza ist zurück

Skulpturen über Skulpturen: vorne Obelisk, hinten Potsdam Museum

Hassos Schatzkästchen

Palais Barberini

Die Geschichte des Gebäudes ist schnell erzählt: In den 1770er-Jahren wurde es auf Geheiß Friedrichs II. nach dem Vorbild des gleichnamigen römischen Palazzo errichtet, 1945 zerstört, 1948 gesprengt und zwischen 2013 und 2016 rekonstruiert. Seitdem teilt darin der SAP-Mitgründer, Wahl-Potsdamer und Mäzen Hasso Plattner seine beeindruckende Kunstsammlung mit der Öffentlichkeit. Und diese liebt das Haus: Kein Schloss, kein anderes Museum Potsdams zieht mehr Besucher an. Bei den hochkarätigen Ausstellungen steht man zuweilen bis zur Nikolaikirche Schlange.

Im Gegensatz zum historisierenden Exterieur präsentiert sich der Palast im Inneren klar und minimalistisch. Der Schwerpunkt der wechselnden Ausstellungen liegt auf dem Impressionismus. Angeschlossen sind ein netter Museumsshop und ein stylishes Café. Nach Süden öffnet sich der dreiflügelige Bau zur Alten Fahrt hin. Den dortigen Innenhof beherrscht die Bronzeskulptur *Jahrhundertschritt* des Künstlers Wolfgang Mattheuer (1927–2004) aus dem Jahr 1984. Eine Hand der kopflosen Figur ist zum Hitlergruß erhoben, die andere zur kommunistischen Faust geballt – ein Mensch, zerrissen zwischen den totalitären Systemen des 20. Jh.

Tägl. (außer Di) 10–19 Uhr. Je nach Tag 16–18 €, erm. 10 €, wer Wartezeiten vermeiden möchte, sollte online buchen. Humboldtstr. 5–6, www.museum-barberini.com. Tram 91, 92, 93, 96, 98 bis Alter Markt/Landtag.

Phönix aus der Asche zum Ersten

Stadtschloss

Nach langem Hin und Her und viel Gezanke wurde das Potsdamer Stadtschloss zwischen 2010 und 2014 wiederaufgebaut. Der Bürgerwille, der wieder eine historische Mitte haben wollte, hatte sich durchgesetzt. Zu den prominentesten Befürwortern in Sachen Schlossneubau gehörten Günther Jauch und Hasso Plattner. Hasso Plattner, dessen Stiftung auch für den Wiederaufbau des Palais Barberini verantwortlich zeichnet (s. o.), spendete gar 20 Mio. Euro für die Wiederherstellung der historischen Fassade. Das hört sich nach viel an. Ist es auch. Aber für jemanden, dessen Vermögen auf über 14 Milliarden Euro geschätzt wird, ist das in etwa so viel wie für jemanden, der 14.000 € auf dem Konto hat und 20 € spendet. Wie dem auch sei – er hat gespendet. Und fördert anderswo. Das zeichnet ihn als einen großen Mäzen aus.

Äußerlich erinnert das Schloss an die Zeit, wie es nach dem Knobelsdorff-Umbau Mitte des 18. Jh. aussah. Damals regierte Friedrich II. Das erste Schloss an jener Stelle hatte der Große Kurfürst erbauen lassen, nachdem er Potsdam zu seiner zweiten Residenz erhoben hatte. 1945 – es residierten der Oberbürgermeister und die Kreisleitung der NSDAP im Schloss – wurde es zerbombt, 1960 abgerissen.

Beim Wiederaufbau ließ der Dresdner Architekt Peter Kulka hinter der barocken Fassade ein hochmodernes Landtagsgebäude entstehen: minimalistisch, schnörkellos, makellos weiß, ein bisschen Zahnarztpraxis. Gleichzeitig wurden Originalteile des alten Schlosses verwendet, sofern vorhanden und wo es möglich und sinnvoll war. Dazu gehören z. B. die Reliefs im sog. **Knobelsdorff-Treppenhaus,** das man auf dem Weg zum Landtagsfoyer passiert.

Traute Eintracht:
Stadtschloss und Nikolaikirche

Das Gebäude präsentiert sich transparent und ist öffentlich zugänglich. Im Foyer zeigt man wechselnde **Ausstellungen,** außerdem gibt es ein **Café.** Im 4. OG befinden sich die außerordentlich gute **Kantine** (→ Essen & Trinken) und der Zugang zur **Dachterrasse.** Darüber hinaus können kostenlose **Führungen** gebucht werden, bei denen man auch den Plenarsaal zu Gesicht bekommt. Oder wie wäre es mit einer **Plenarsitzung?** Diese kann man als Gast von der Besuchertribüne aus verfolgen.

Im Rücken des Schlosses lag einst der barocke Lustgarten mit dem Neptunbassin. In sozialistischer Zeit wurde das Bassin zugeschüttet und als Parkplatz missbraucht – mittlerweile gibt es wieder ein bisschen Wasser und Grün. In sozialistischer Zeit entstand dort auch das Hochhaus des heutigen *Mercure Hotels.* 1969 wurde es als *Interhotel Potsdam* eröffnet. *„Einen wunderschönen Ausblick auf Potsdam und die es umgebende seenreiche Landschaft hat man von der Café-Bellevue-Bar im 16. Stock."* (VEB Tourist Verlag 1978). Die Bar gibt es leider nicht mehr. Wie lange es das Hotel noch geben wird, ist ebenfalls fraglich. Vorerst wird es auf jeden Fall nicht abgerissen. *Die Linke* und andere politische Gruppierungen machen sich für den Erhalt des Gebäudes stark.

Innenhof: Tägl. 8–20 Uhr, Foyer: Mo–Fr 8–18 Uhr. Kantine → Essen & Trinken, Dachterrasse: Mo u. Fr 8–18 Uhr, Di–Do 8–11 u. 13–18 Uhr. Führungen i. d. R. 2-mal im Monat Fr 16 Uhr (1 Std.), eine Anmeldung über die Webseite ist nötig. Auch für eine Plenarsitzung ist eine Anmeldung unter ✆ 0331-9661251 oder oeffentlichkeitsarbeit@landtag.brandenburg.de nötig. Alter Markt 1, www.landtag.brandenburg.de. Tram 91, 92, 93, 96, 98 bis Alter Markt/Landtag.

Prunkbau in Lachsfarben: Im wieder aufgebauten Stadtschloss tagt heute der Landtag

Manfred Krug im Pferdestall

Marstall/Filmmuseum

Das älteste erhaltene Gebäude der Stadt wurde im Jahr 1685 als Orangerie errichtet. Im frühen 18. Jh. wurde es auf Geheiß des Soldatenkönigs in einen Stall für die königlichen Reitpferde umgewandelt. Die fast schon dramatischen Pferdeskulpturen über dem Eingangsportal erhielt das lang gestreckte Gebäude im Jahr 1746. Sie entstammen den begnadeten Händen des Bildhauers Friedrich Christian Glume.

Noch bis 1945 war in dem Gebäude das Garnisonmuseum untergebracht, wo man der preußischen Armee huldigte, später ein Heimatmuseum. Seit 1981 dreht sich hier alles um Film und Fernsehen. „Traumfabrik – 100 Jahre Babelsberg" nennt sich die etwas düster-enge, etwas verstaubt wirkende, aber durchaus kurzweilige Dauerausstellung im Erdgeschoss. Filmsequenzen erinnern an den jungen Krug, die Garbo und die Knef. Man erfährt, wie Maskenbildner, Cutter oder Filmarchitekten arbeiten. Das Obergeschoss dient spannenden Wechselausstellungen. Mehr zum Film und Babelsberg → S. 97.

Tägl. (außer Mo) 10–18 Uhr. 5 €, erm. 4 €. Breite Str. 1A, www.filmmuseum-potsdam.de. Tram 91, 92, 93, 96, 98 bis Alter Markt/Landtag.

Historie und Gegenwart

Haus der Brandenburgisch-Preußischen Geschichte

In den Gewölbehallen, in denen einst die königlichen Kutschen und Pferde standen, widmet sich heute die kurzweilige interaktive *Brandenburg.Ausstellung* der historischen Region und dem heutigen Bundesland. Im Mittelpunkt stehen die Menschen, die Fontane einst als „unausstehlich und reizend zugleich" bezeichnete. Man erfährt, dass die Reißzwecke und der Pappteller in Brandenburg erfunden wurden. Zu- und Abwanderungswellen sind genauso Thema wie die DDR-Ära, Imageprobleme der Gegenwart und die rassistische Gewalt der Nachwendezeit. Die Ausstellung ist selbstkritisch und

Filmmuseum: Parcoursritt durch die Potsdamer Filmgeschichte

ehrlich. Unterfüttert werden die Infos mit persönlichen Geschichten und Interviews. Prädikat: sehenswert.

Tägl. (außer Mo) 11–18 Uhr, Do bis 20 Uhr. Freiwilliger Eintritt bis 10 €. Am Neuen Markt 9, www.hbpg.de. Tram 91, 92, 93, 96, 98 bis Alter Markt/Landtag.

Phönix aus der Asche zum Zweiten

Garnisonkirche

Die Garnisonkirche ist eine Sehenswürdigkeit, die es noch gar nicht gibt. Aber schon mal gab. Und vielleicht irgendwann wieder geben wird. Oder auch nicht? Eine verzwickte Angelegenheit.

Die im Jahr 1732 geweihte Garnisonkirche des Baumeisters Philipp Gerlach galt als einer der Höhepunkte des deutschen Barock. Sie war die Hofkirche der preußischen Könige und eine Art preußisches Nationalheiligtum, in dem die sterblichen Überreste des Soldatenkönigs Friedrich Wilhelms I. und Friedrichs des Großen aufbewahrt waren. Wilhelm I. ließ hier die erbeuteten Fahnen der Dänen, der Donaumonarchie und ihrer Verbündeten als ein Zeichen des Ruhmes seiner Armee aufbewahren. In der Garnisonkirche wurden die Soldaten gesegnet, die in die Kolonialkriege zogen und am Völkermord an den Herero und Nama beteiligt waren. Und hier verbeugte sich Hitler vor Hindenburg, um so symbolträchtig die Kräfte des preußischen Traditionalismus auf seine Seite zu ziehen. Das Ereignis ging als „Tag von Potsdam" in die Geschichte ein (→ S. 154).

Beim Luftangriff auf Potsdam am 14. April 1945 brannte die Kirche aus, die Außenmauern aber blieben stehen. Der Kirchturm stürzte einen Tag später ein. Gottesdienste wurden noch bis 1968 in einer Kapelle im Turmstumpf abgehalten. Dann ließ die SED Kirche und Turmstumpf trotz der Proteste der Bevölkerung sprengen.

Seit den Nullerjahren setzen sich Bürgerinitiativen für einen Wiederaufbau der Kirche ein. 2017 nahm dieser mit dem Wiederaufbau des Turmes Gestalt an. Aufgrund der historischen Belastung des Gotteshauses als Zentrum deutschnationaler, demokratiefeindlicher Kräfte ist der Wiederaufbau aber höchst umstritten. Gegen den Wiederaufbau der Kirche engagieren sich Denkmalpfleger, Wissenschaftler, Künstler, Architekten, Kirchenvertreter und Kulturschaffende. Online-Petitionen laufen.

Der fast 90 m hohe Turm der Kirche soll Anfang 2024 eröffnet werden. Dann kann man mit dem Aufzug zur Besucherterrasse auf 57 m fahren. Vier große Glocken sollen in den Turmschaft kommen, dazu soll es ein Glockenspiel mit 51 Glocken geben. Dass wie einst jede halbe Stunde „Üb' immer Treu und Redlichkeit" erklingt, ist nicht zu erwarten.

Zurückversetzt vom Turm, wo einst das Kirchenschiff war, kann man sich bis zur Eröffnung des Turms in der temporären **Nagelkreuzkapelle** über den aktuellen Debattenstand zum Wiederaufbau der Garnisonkirche informieren.

Falls Sie sich noch fragen, was aus den Gebeinen der beiden Preußenkönige geworden ist: Sie wurden im Krieg in Sicherheit gebracht und ruhen heute im Park Sanssouci (→ S. 73 und 82).

Ausstellung in der Nagelkreuzkapelle: tägl. (außer Mo) 11–17 Uhr. Eintritt frei. Breite Str. 7. Termine für Gottesdienste und Baustellenführungen (anmelden!) auf www.garnisonkirche-potsdam.de. Bus 606 bis Naturkundemuseum.

Kreativhaus mit Zukunft

Rechenzentrum

Der vielfenstrige, fünfgeschossige Quader entstand zwischen 1969 und 71 als Datenverarbeitungszentrum für den VEB *Maschinelles Rechnen*. Das Sockelgeschoss wird geschmückt von dem 18-teiligen realsozialistischen Glasmosaik *Der Mensch bezwingt den Kosmos* von Fritz Eisel. Auf den Mosaiken: Kosmonauten, Raketen, Frauen in der Technik, ein Marx-Zitat. Seit 2015 wird das marode Gebäude von rund 250 Künstlern und anderen Kreativen belebt, die darin Ateliers, Büros und Werkstätten eingerichtet haben.

Bis zum Abriss des Rechenzentrums (weil es dem geplanten Wiederaufbau des Kirchenschiffs der Garnisonkirche im Wege steht; Variante 1) oder seiner Sanierung (weil anstelle der Garnisonkirche ein kleinerer Plenarsaal für die Stadtverordneten gebaut wird; Variante 2) gibt es hier Konzerte, Ausstellungen, Workshops und Vorträge.

Dortustr. 46, Veranstaltungen auf www.rz-potsdam.de. Bus 606 bis Naturkundemuseum.

Bei Nancy & Co

Naturkundemuseum

Der Sammlungs- und Forschungsschwerpunkt dieses Museums, dem ein Facelifting zu wünschen wäre, liegt auf der Tierwelt Brandenburgs. Wer ein Herz für ausgestopfte und aufgespießte Tiere sowie Dermoplastiken hat, ist hier genau richtig. Im Erdgeschoss begegnet man u. a. Maulwurf, Wiesel und

Realsozialistisch: Glasmosaik von Fritz Eisel am Rechenzentrum

Schleiereule, außerdem der Eisbärin Nancy. Die Ziehtante des legendären Knut verstarb 24-jährig im Jahr 2014 im Berliner Zoo. Das 1. OG bevölkern heimische Fell- und Federtiere wie Wildschwein und Eisvogel. Auch wird man über Elchsichtungen in Brandenburg informiert. Das 2. OG ist Tieren aus aller Welt vorbehalten. Im Keller schließlich wird's nass – dort schwimmt u. a. die große Welsdame Weline in einem kleinen Aquarium.

Tägl. (außer Mo) 9–17 Uhr. 4 €, erm. 3 €. Breite Str. 13, www.naturkundemuseum-potsdam.de. Bus 606 bis Naturkundemuseum.

Großes Haus für kleine Menschen

Ehemaliges Militärwaisenhaus

Der von vier Straßen umgebene spätbarocke Gebäudekomplex entstand zwischen 1771 und 1777 für Waisen und ungewollte Kinder von Militärangehörigen. Architekt war Carl von Gontard, der auch für das Neue Palais und die Domtürme auf dem Berliner Gendarmenmarkt verantwortlich zeichnet. Die Initiative dazu ging von einer Stiftung aus, die der Soldatenkönig Friedrich Wilhelm I. bereits 1724 hatte gründen lassen. Abgesehen von einer langen Pause zwischen 1952 und 1992 existiert die Stiftung bis heute und fördert als „Großes Waisenhaus zu Potsdam" noch immer Kinder- und Jugendhilfeprojekte. Neben der Stiftung sitzen heute u. a. mehrere Ministerien in dem Gebäudekomplex.

Goldig: Caritas krönt den Monopteros des ehemaligen Militärwaisenhauses

In preußischer Zeit lebten in dem Gebäude bis zu 2000 Jungen und Mädchen in teils überaus beengten Verhältnissen. Zwar bekamen die Kinder Schulunterricht, mussten aber auch auf den Maulbeerplantagen oder in der Textilindustrie schuften – und das bis zu zehn Stunden täglich. Die Nazis unterhielten im Komplex eine nationalpolitische Erziehungsanstalt *(Napola)*, eine brutale Kaderschmiede. Dann fielen die Bomben. Schwer in Mitleidenschaft gezogen wurde der Haupttrakt samt seinem 46 m hohen Torturm (Monopteros) und der auf sechs Säulen schwebenden Kuppel. Die güldene Caritas obenauf fiel ab und ward nie mehr gesehen, erst 2004 wurde sie durch eine Kopie ersetzt. Erhalten blieb das ungemein elegante **Treppenhaus** darunter – eine architektonische Meisterleistung mit schmiedeeisernem Rokokogitter. Werktags ist ein Blick ins Treppenhaus möglich. Das **Waisenhaus-Museum** im Innenhof ist nur nach vorheriger Anmeldung zugänglich.

Treppenhaus: Mo–Fr 8–17 Uhr. Waisenhaus-Museum: Nur nach Anmeldung Mo–Fr 10–17 Uhr. 3 €. Breite Str. 9A (Eingang zum Treppenhaus jedoch von der Lindenstr. 34A), www.stiftungwaisenhaus.de. Bus 606 bis Naturkundemuseum.

Sehenswertes abseits des Spaziergangs

Grün-bunte Oase im Zentrum

Freundschaftsinsel

Auf der 7 ha großen Freundschaftsinsel zwischen Altem Markt und Hauptbahnhof riecht Potsdam im Sommer ein wenig nach Berlin. Studenten sitzen auf der Wiese zusammen, trinken Bierchen, kiffen. Verliebte säuseln sich auf schneeweißen Bänken süße Worte ins Ohr. Angler hoffen am Havelarm Alte Fahrt auf den großen Fang. Aber es ist doch nicht Berlin. Was fehlt: der Siff der großen Nachbarstadt.

Ihren heutigen Namen erhielt die Insel Mitte des 19. Jh. Damals gab es hier das Ausflugslokal *Insel der Freundschaft*, das für seine rauschenden Rosenfeste bekannt war. Zwischen 1938 und 1940 legte der Staudenzüchter Karl Foerster (1874–1970) einen **Schau- und Lehrgarten** mit zigtausenden von Blütenstauden, Seerosenbecken, Rosenbüschen und hohen Gräsern an – bis heute das Highlight der Insel. Zahlreiche Skulpturen, Überbleibsel der Ausstellungen „Plastik im Freien“ aus den Jahren 1963–1969, kamen als zusätzlicher Schmuck hinzu.

Staudenfans aufgepasst: Karl Foerster wohnte im Vorort Bornim. Dort sorgte er mit mehreren 100 Sorten Neuzüchtungen (darunter viele winterharte Blütenstauden) dafür, dass die Welt auch in der kalten Jahreszeit bunter wird. Der Foerster-Garten kann tägl. von 9 Uhr bis Sonnenuntergang besichtigt werden. Eintritt frei. Am Raubfang 6, www.foerster-stauden.de. Bus 614, 692, 698 bis Amundsenstraße/Potsdamer Straße.

Kunst bietet auch der gläserne **Pavillon des Brandenburgischen Kunstvereins Potsdam**, der zeitgenössische Künstler aus der Region und den Dialog zwischen Kunst und Naturwissenschaften fördern will. 100 m weiter liegt, ebenfalls zur Alten Fahrt hin, das nette **Inselcafé** samt Terrasse.

Übrigens: Von der Liegewiese auf der Freundschaftsinsel blickt man auf einen Turm, der wie ein Sendemast aussieht. Er gehört zur Seniorenresidenz Heilig Geist Park. An gleicher Stelle stand früher die barocke Heilig-Geist-Kirche, deren Kriegsruine 1974 gesprengt wurde. Die stählerne Spitze des heutigen Turms ahmt die Konturen der verschwundenen Kirchturmspitze nach.

Park: Mai–Aug. tägl. 8–22 Uhr, März/April und Sept./Okt. 8–20 Uhr, Nov.–Feb. 8–17 Uhr. Radfahren ist nur auf gekennzeichneten Wegen erlaubt. Pavillon des Kunstvereins: Mi–So 13–17 Uhr. Eintritt frei. www.freundschaftsinsel-potsdam.de und www.bkv-potsdam.de. Tram 91, 92, 93, 94, 96, 98, 99 bis Lange Brücke.

Nach Minsk und zum Kreml

Brauhausberg

Das Eck südlich des Potsdamer Hauptbahnhofs wird Teltower Vorstadt genannt. Ein für Potsdamer Verhältnisse fast schon mächtiges Gebirge tut sich dort auf, bestehend aus dem Brauhausberg (88 m) und dem Telegrafenberg (s. u.).

Zum Brauhausberg gelangt man, wenn man gegenüber dem Hauptbahnhof am Schwimmbad Blu vorbei der Brauhausbergstraße (= B 2) bergauf folgt. Dabei passiert man 100 m oberhalb des Schwimmbads **Das Minsk**, ein Museum für zeitgenössische Kunst (s. u.).

Der eklektizistische Monumentalbau aus rotem Klinker weiter oben am Hang war einst der Potsdamer „Kreml“. Der Volksmund nannte das Gebäude so, weil zu DDR-Zeiten die SED darin saß, sozusagen der verlängerte Arm des Kremls. Die Umrisse des einstigen SED-Emblems samt Händedruck sind am Turm noch heute auszumachen. Erbaut wurde das Riesending um die vorletzte Jahrhundertwende als preußische

Rund um den Alten Markt → Karte S. 34/35

Reichskriegsschule. Zur letzten Jahrhundertwende saß noch der Brandenburger Landtag darin. Zwischen 2015 und 2018 kamen hier Flüchtlinge unter. Seitdem steht das Gebäude leer und wird langsam zum spooky Lost Place. Ein Umbau ist jedoch geplant. Künftig soll der Komplex u. a. Hunderte von Wohnungen beherbergen.

Kreml: Am Havelblick 4. Tram 92, 93, 99 bis Hauptbahnhof/Heinrich-Mann-Allee.

DDR-Kunst und mehr

Das Minsk

Mit dem Museum Barberini gab Hasso Plattner dem Alten Markt einen Palast zurück, der dem Original an diesem Orte angelehnt ist. Mit dem Minsk belebte er ein Zeugnis aus der DDR-Zeit wieder, einen Flachdachbau aus den 1970er-Jahren. An dessen Errichtung waren Handwerker aus Minsk beteiligt. Erschaffen wurde der Bau als *Terrassenrestaurant* Minsk. In Minsk entstand als Gegenleistung das *Restaurant Potsdam*. Das Minsk war ein sog. Nationalitätenrestaurant, das die Küche des sozialistischen Bruderlandes Weißrussland servierte. Mit Jeans kam man hier nicht rein. Anfangs wurde gar von weißrussischen Tellern gegessen, später verwendete man herkömmliches Interhotel-Gaststätten-Geschirr (zu viele Gäste hatten Teller mitgehen lassen). Das Minsk von heute versteht sich als Kunsthaus, nicht als klassisches Museum. In spannenden temporären Ausstellungen zeigt es Kunst aus der ehemaligen DDR im Austausch mit zeitgenössischer Kunst und anderen Disziplinen. Als Grundlage dient die Kunstsammlung Hasso Plattners.

Tägl. (außer Di) 10–19 Uhr. 10 €, erm. 8 €. Max-Planck-Str. 17, www.dasminsk.de. Tram 92, 93, 99 bis Hauptbahnhof/Heinrich-Mann-Allee.

Forschungscampus in Traumlage

Telegrafenberg

Auf dem Telegrafenberg (96 m) steht der **Einsteinturm**, eine Ikone der Architektur des 20. Jh., weltberühmt. Man kann um ihn herumspazieren, mehr aber i. d. R. nicht (für Führungen s. u.). Doch alles der Reihe nach.

Der Telegrafenberg hat seinen Namen von einer Signalstation obenauf, einer von 62 Signalstationen, die es in der ersten Hälfte des 19. Jh. zwischen Berlin und Koblenz gab. Etwa 10 Min. dauerte es, bis ein optisches Signalzeichen auf der 550 km langen Strecke übermittelt war. Mitte des 19. Jh. machte die elektrische Telegrafie die Signalstation überflüssig.

Über den Dächern Potsdams

In der zweiten Hälfte des 19. Jh. wurde der Telegrafenberg zum Wissenschaftsstandort erkoren. Institute, Laboratorien und Beobachtungsstationen richteten sich in schmucken Klinkerbauten ein. Darunter das erste astrophysikalische Observatorium der Welt (heute das **Michelsonhaus** an höchster Stelle), ein geodätisch-astronomisches Observatorium (dazu gehören auch die sog. **Meridianhäuser** und der vom Verfall bedrohte **Helmertturm**), ein Magnetisches und ein Meteorologisches Observatorium, der **Große Refraktor** (ein Linsenteleskop, Durchmesser der Linsen 50–80 cm) und natürlich der Einsteinturm, erbaut 1919-1924 für den Physiker Albert Einstein und den Astronomen Erwin Finlay-Freundlich. Entworfen wurde der Turm mit einem Sonnenteleskop (Brennweite 14,5 m) von Erich Mendelsohn. Der Bau des Turmes sollte die Einstein-Theorie der Verschiebung der Spektrallinien im Schwerefeld der Sonne experimentell bestätigen. Klappte aber nicht.

Dafür wurde auf dem Telegrafenberg die Seismologie begründet (1889) und der „Potsdamer Schwerewert“ ermittelt, der von 1909–1971 weltweit der Referenzwert für die Erdanziehungskraft war.

Heute trägt der Wissenschaftspark den Namen Albert Einsteins. Ihm angeschlossen sind das *Deutsche GeoForschungsZentrum*, das *Alfred-Wegener-Institut für Polar- und Meeresforschung*, das *Potsdam-Institut für Klimafolgenforschung*, das *Leibniz-Institut für Astrophysik Potsdam* (Hauptsitz in Babelsberg) und der *Deutsche Wetterdienst*. Über 1000 Leute arbeiten hier.

Architekturikone: der Einsteinturm auf dem Telegrafenberg

Am Eingang zum Wissenschaftspark gibt es zwar einen Pförtner und eine Schranke, tagsüber darf aber jedermann das Areal betreten. Kopfsteingepflasterte Sträßlein führen zwischen Buchen, Kastanien und Ahornbäumen zu den Forschungseinrichtungen. Infotafeln vor den Gebäuden klären auf. Es gibt auch einen Rundgang mit 14 Stationen, ausführliche und spannende Infos dazu auf https://geschichte.telegrafenberg.de.

Einsteinturm: Von Sept.–April finden jeden ersten Sa im Monat um 10 Uhr Führungen durch den Turm statt, 8 €, erm. 6 €, eine Anmeldung unter ✆ 0331-291741 ist erforderlich. www.urania-potsdam.de. Vom Hbf. fährt Bus 691 alle 20 Min. auf den Telegrafenberg. Zu Fuß sind es vom Hbf. 1,3 km bis zum Einsteinturm, einfach der Albert-Einstein-Str. bergauf folgen.

Praktische Infos

→ Karte S. 34/35

Essen & Trinken

Restaurants

Kochzimmer **43**, mit einem Michelin-Stern geadelte neupreußische Küche. Cool-edles Ambiente ohne eine Spur von Piefigkeit in der historischen „Gaststätte zur Ratswaage“, in der Gäste schon seit 1783 bewirtet werden. Dazu ein hübsch begrünter Innenhof samt Brunnen. Was man so isst? Challans-Entenbrust mit Reiscreme und anatolischen Datteln, Beelitzer Kaninchen mit glasiertem Kohlrabi oder Makrele mit Algenkrokant. Menüs 135–175 € ohne Wein. Mi–Sa ab 18 Uhr. Am Neuen Markt 10, ✆0331-20090666, www.restaurant-kochzimmer.de.

Restaurant Waage **42**, Edelitaliener mit hübscher Sommerterrasse (deutlich schöner als das Interieur!) in der ehemaligen königlichen Malz- und Kornwaage auf dem idyllischen Neuen Markt. Hier isst man *Carciofi Modena* mit Tomatencarpaccio, Fettuccine mit Garnelen und Hummersud oder *Saltimbocca alla Romana*. Hg. 12,50–23,50 €. Di–Sa 16–24 Uhr, So 12–22 Uhr. Am Neuen Markt 12, ✆0331-8170674, www.restaurant-waage.de.

Genusswerkstatt **45**, im Marstall. Innen nettes, fast hipstereskes Ambiente mit langen Holztischen unter hohen Decken, draußen mit Topfpalmen bestückte Terrasse mit Blick auf Schloss, Hotel Mercure und Straßenbahn. Gefällige Karte mit Pasta, Risotto, Salaten, aber auch ein paar Exoten wie pakistanisches Curry oder *Bobotie* (südafrikanischer Hackfleischauflauf). Hg. 10–24 €. Tägl. (außer Mo) 10–22 Uhr. Breite Str. 1A, ✆0331-74037707, www.genusswerkstatt-potsdam.de.

Cafés

11-Line **36**, Café, Bar und Veranstaltungsraum im Vintage-Stil. Nett, licht, faire Preise. Es gibt u. a. Pasta, Quiches und Kuchen. Tägl. 11–22 Uhr. Charlottenstr. 119, ✆01520-9470803, www.11-line.de.

Café Ricciotti **37**, neben dem Nikolaisaal. Ein stilvoller Ort mit lauschigem Innenhof. Frühstück, wechselnder Mittagstisch. Tägl. 9–17 Uhr. Wilhelm-Staab-Str. 11, ✆0331-58565220, www.cafe-ricciotti.de.

Café Freundlich **47**, eine sehr hübsche Location mit Gartenterrasse. Der Backsteinbau aus dem Jahr 1926 diente dem Physiker Erwin Finlay-Freundlich einst als Wohnhaus. Empfehlenswerter Mittagstisch und viel gescheites Publikum. Mo–Fr 7.30–16 Uhr. Telegrafenberg, Haus 34, ✆0331-2882720, www.cafe-freundlich.de.

Kantine/schnelle Küche

Landtagskantine **46**, zeitgemäß-sterile Kantine im 4. OG des Stadtschlosses (→ Sehenswertes). Von dort auch Zugang zur Dachterrasse. Ausgesprochen gute Kantinenküche, jung und innovativ, auch gibt es stets etwas Vegetarisches. Hg. 6,50–7 €. Für Externe Mo–Fr 13–14.30 Uhr.

Essen & Trinken (S. 33/34 und S. 43/44)

2 La Maison du Chocolat
3 Café Heider
4 Café Guam
5 Maison Charlotte
6 Bŭya Izakaya
8 Belmundo
9 Juliette
10 Biocafé Kieselstein
14 Café à la Russe
16 Taverna Mesedopolio to Steki
18 Babelsberger Küche
19 Kaffeerösterei Junick
22 GUDEs
23 Buena Vida Coffee Club
24 Café Rosenberg
25 Backstoltz
26 Lewy Wein-Bistro
28 My Keng
29 Chi Keng
29 Assaggi
30 Eismanufaktur Potsdam
32 Zanotto
35 Krümelmonster (S. 173)
36 11-Line
37 Café Ricciotti
39 Globus Grill-Bar
42 Restaurant Waage
43 Kochzimmer
45 Genusswerkstatt
46 Landtagskantine
47 Café Freundlich

Globus Grill-Bar **39**, Schnellrestaurant mit leckeren Goldbroilern aus einem Brandenburger Betrieb. Das DDR-Relikt im gläsernen Vorbau eines Plattenbaus kommt trotz so einiger Restaurierungsversuche (man beachte die Spielautomaten!) noch immer sehr oldschool daher. Kultig! Abgerocktes Mobiliar, die Bedienungen teilweise so charmant wie der Eiserne Vorhang. Halbes Hähnchen mit Pommes 7,50 €. Alle Gerichte auch zum Mitnehmen. Tägl. 10–21 Uhr. Am Kanal 52, ✆0331-293363.

Einkaufen

Lebensmittel

LEDO **40**, in schlichtem Ambiente werden außergewöhnliche russische und osteuropäische Lebensmittel verkauft. Was gibt es nicht alles? Sguschtschönka (gezuckerte Kondensmilch), Kwas Lidskij (Erfrischungsgetränk aus Belarus), eingelegte Waldpilze, eingefrorene Pelmeni, Original Krimsekt, Wein aus Moldawien, Sprotten aus Riga, Schnaps in bärenförmigen Flaschen, russische Brühwurst und dazu jede Menge bunte Matroschkas. Mo–Sa 8–20 Uhr. Am Kanal 50, www.ledo-supermarkt.de/angebote/ledo-potsdam.

meinTipp Fischerhof Potsdam **38**, Mario Weber ist der einzige Fischer Potsdams, der sein Metier noch hauptberuflich ausübt. In seinem urigen Hof an der Havel samt Reusen, Fischernetzen und am Steg vertäuten Booten gibt es auch eine kleine Verkaufsstelle. Der geräucherte Saibling ist der Wahnsinn! Im Sommer werden zudem Fischbrötchen verkauft. Auch Angelkarten und Fangtipps. Di–Do 12–16 Uhr, Fr 11–17 Uhr, Sa 10–13 Uhr. Große Fischerstr. 12, www.fischerhofpotsdam.de.

Shoppen und essen

Tour 2

Zwischen Altem Markt und Nauener Tor, zwischen Brandenburger Tor und Bassinplatz ist der Potsdamer Alltag prall gefüllt: mit originellen Lädchen, guten Restaurants und Wohlfühl-Cafés.

- **Holländisches Viertel**, hartelijk welkom in Nederland, viel Spaß beim Schlendern! S. 41
- **Gedenkstätte Lindenstraße**, die Ausstellung im ehemaligen Stasiknast ist so informativ wie erschütternd, S. 42
- **Brandenburger Straße und Brandenburger Tor**, hier zeigt sich Potsdam von seiner lebendigsten Seite, S. 38

Puppenstubiges Potsdam

Zwischen Bassinplatz und Luisenplatz

Auf der einen Seite die Backsteinidylle des Holländischen Viertels, auf der anderen Seite barocke Straßenzüge in zarten Farben und Dachvasen auf den Gesimsen. Und mittendrin die geschäftige Friedrich-Ebert-Straße samt ihrem fotogenen Abschluss, dem neogotischen Nauener Tor. Im Norden seines Zentrums kommt Potsdam ziemlich puppenstubig und modelleisenbahnhaft daher, hat weniger zu kämpfen mit den Brüchen, die Krieg und Sozialismus hinterließen. Die anmutigen Straßenzüge gehen zurück auf die beiden barocken Stadterweiterungen im 18. und 19. Jh.

In dem Rechteck zwischen Platz der Einheit und Nauener Tor, zwischen Bassinplatz und Brandenburger Tor trifft man sich zum Fischbrötchen auf dem Wochenmarkt oder in den zahlreichen Cafés. Hier stöbert man in Buchläden, schaut sich in niedlichen Boutiquen um, kauft Edelspirituosen, Badeöle oder Bioschokolade. Diese gepflegte Urbanität ohne Flecken und Falten gefällt auch Touristen, die hier zwischen Schloss, Park und Schifffahrt ein wenig Stadtluft schnuppern.

Spaziergang

Länge ca. 3 km, **Dauer** ca. 2 Std., **Karte** S. 34/35.

Unser Spaziergang beginnt dort, wo der letzte aufhörte: am → **Platz der Einheit**, der zu preußischen Zeiten Wilhelmplatz hieß. Den Norden des Platzes nahm einst das schmucke **Gontard-Haus** ein. Heute schließt dort die **Wil-**

helmgalerie, ein unspektakulärer Bau aus den späten 1990er-Jahren, den Platz ab. *Potsdam TV* ist darin zu Hause.

Durch die Passage in der Wilhelmgalerie gelangt man zur Charlottenstraße, wo man rechter Hand schon den nächsten Platz sieht, den **Bass[illegible]**. Er ist der größte Platz Potsdams, aber sicher nicht der schönste. Seinen Namen erhielt er von einem Bassin, das der Soldatenkönig anlegen ließ, um die sumpfige Gegend trockenzulegen. Das Becken wurde später zugeschüttet. Heute erstreckt sich hier eine in Teilen begrünte Fläche mit Busparkplatz, Café und öffentlichem WC. Montags bis samstags ist Markt (→ Einkaufen). Den Platz zieren auch zwei Kirchen: die **→ Französische Kirche** und die **→ Kirche St. Peter und Paul.**

Den Blick auf die Kirche St. Peter und Paul genoss übrigens schon Wolfgang Amadeus Mozart, der im Frühjahr 1789 im Haus Am Bassin 10 wohnte und dort eine Klaviersonate für Prinzessin Friederike von Preußen komponierte. An seine Frau Constanze schrieb er: „Potsdam ist ein teurer Ort und ich muss hier auf eigene Kosten zehren." Heute ist das adrette Backsteingebäude nach dem ewig klammen Komponisten benannt und beherbergt u. a. eine Patisserie.

Ab nach Holland

Nun ab ins **→ Holländische Viertel,** das sich nördlich des Bassinplatzes ausbreitet. Die Benkertstraße führt hinein. In der Mittelstraße können Sie sich zu Kaffee und Kuchen niederlassen, ein hübsches Sommerkleid kaufen oder einfach nur umherschlendern und nach Souvenirs Ausschau halten.

Danach treffen wir uns an der Friedrich-Ebert-Straße, von wo wir unseren Spaziergang entlang der Gutenbergstraße Richtung Westen fortsetzen. Die Gutenbergstraße ist eine schmucke Altbaustraße, in der sich Concept Stores, kleine Boutiquen und Lokale aneinanderreihen. Bei den Häusern handelt es sich um sog. Typenhäuser, die während der barocken Stadterweiterung ab 1733 alle nach dem gleichen standardisierten Bauplan errichtet wurden. Auf diese Weise ließen sich Kosten sparen. Nach der Wende wurde die Straße – damals glich sie einem Abrissviertel, selbst Kriegsfilme wurden hier gedreht – zu einem Mekka der Hausbesetzer (→ Geschichte, S. 158). In die Stadtannalen ging die Räumung des Hauses Gutenbergstr. 105 im Jahr 1993 ein, bei der das Gebäude zum Schluss in Flammen stand.

Nicht nur Stadtidylle

Wir biegen links ab in die lindenbestandene Lindenstraße und stehen schon nach wenigen Schritten vor einem düsteren Stück Erinnerung inmitten dieses Stadtidylls: Was sich heute **→ Gedenkstätte Lindenstraße** nennt, war früher das Untersuchungsgefängnis der Stasi. Nehmen Sie sich Zeit für diesen Ort der Unmenschlichkeit!

Danach geht es auf der **Brandenburger Straße** weiter, die zu DDR-Zeiten übrigens nach dem tschechoslowakischen

Diktator Klement Gottwald benannt war, der Hunderte von Menschen hinrichten oder in Arbeitslagern verrecken ließ. Heute wird die Fußgängerzone auch schon mal „Broadway" genannt. An der lebendigen, von Straßenmusikanten beschallten Flaniermeile steht auch einer der schönsten „Karstädte" des Landes. Das 1905 als *Warenhaus F. Schwarz* errichtete Stadtpalais hat Jugendstilanklänge und eine kunstvolle Glasdecke über dem Lichthof.

Von einem Tor zum nächsten

Wir spazieren die Brandenburger Straße gen Westen. Dabei geht es vorbei an Hausnr. 70 (rechter Hand), wo Theodor Storm im Jahr 1853 für einige Monate lebte. Er war nicht freiwillig hergezogen: Nach der dänischen Besatzung musste er seine Heimatstadt Husum verlassen. Storms Potsdamer Zeit war geprägt von Existenznöten und furchtbarem Heimweh. Heute ist in dem Gebäude ein Café samt Apartmentvermietung untergebracht. Einige Zimmer blicken direkt aufs **Brandenburger Tor.** Ja, auch Potsdam hat eins. Und was für eins! Das erste Stadttor an jener Stelle entstand gar früher als das Berliner Tor, nämlich im Jahr 1733. Nach dem Siebenjährigen Krieg wurde daraus ein stattlicher Triumphbogen samt Durchfahrt, den Friedrich II. in Auftrag gegeben hatte. Die Stadtseite (von Carl von Gontard gestaltet) fällt dabei deutlich schlichter aus als die Feldseite (von Georg Christian Unger).

Hinter dem Tor befindet sich der quadratische **Luisenplatz**, ein netter Platz mit viel historischer Bausubstanz, Terrassenrestaurants und einem Springbrunnen – ein Kinderspaß im Sommer.

Um unser nächstes Ziel zu erreichen, spazieren wir über die Schopenhauer- und die Gutenbergstraße in die Hermann-Elflein-Straße und damit durch ein architekturgeschichtlich gar nicht so unspannendes Eck. Hier nämlich versuchte die DDR in den 1980er-Jahren, die vorher abgerissenen barocken Typenhäuser mittels kleiner historisierender Plattenbauten zu kopieren – selbst die Skulpturen über den Türen vergaß man nicht.

Auch Potsdam hat sein Brandenburger Tor

Ganz anders dagegen das → **Museumshaus „Im Güldenen Arm"** in der Hermann-Elflein-Straße. Das original erhaltene Fachwerkhaus stammt aus dem Jahr 1737.

Weiter geht es entlang der Hegelallee – die Promenade zeichnet den Verlauf der ehemaligen Stadtmauer nach. Dabei passiert man zunächst das **Jägertor,** das älteste erhaltene Stadttor aus dem Jahr 1733. Es steht heute, seiner Funktion beraubt, ein wenig verloren in der Gegend herum.

Kurz darauf erblickt man linker Hand das **Amtsgericht,** untergebracht in einem mächtig-prächtigen Stadtpalais aus dem Jahr 1880. Hier sowie in den Plattenbauten daneben und dahinter saß die Bezirksverwaltung des Ministeriums für Staatssicherheit der DDR. Um die Stasi daran zu hindern, ihr Handeln dem Reißwolf zu überantworten, wurde das Gebäude im Dezember 1989 besetzt.

Unser Spaziergang endet am **Nauener Tor,** das im Jahr 1755 errichtet wurde und damals noch dem Jägertor (s. o.) ähnelte. Und wie das Jägertor diente es nicht nur dem Schutz vor Gefahren von außen – vielmehr sollten Mauer und Tore die zum Dienst gezwungenen Soldaten vom Desertieren abhalten. Für sein graues neogotisches Kitschkleid zeichnet nicht etwa Playmobil verantwortlich, das Nauener Tor trägt es schon seit dem 19. Jh. Rund ums Tor ist immer was los: Potsdamer und Touristen sitzen in den Terrassencafés und schauen der Straßenbahn dabei zu, wie sie sich durchs Tor quetscht. Samstags ist Markt (→ Einkaufen).

Am Nauener Tor

Zwischen Bassinplatz und Luisenplatz → Karte S. 34/35

Sehenswertes

Pichler und Denkmäler

Platz der Einheit

Die beiden sich diagonal kreuzenden Wege, die über den Platz führen, gab es schon in preußischer Zeit – sie gehen auf den Gartenbaumeister Peter Joseph Lenné zurück. Neueren Datums sind die Sitztreppen, auf denen sich die Pichler treffen. Ansonsten ist hier kaum mehr etwas, wie es war. Nur drei Gebäude, die den Platz säumen, haben den Zweiten Weltkrieg überlebt. Dazu gehört das **Postgebäude** am südöstlichen Eck, dessen Frontfassade zur Straße am Kanal weist. Daneben, zum Platz hin, stand die **Alte Synagoge.** Sie wurde bereits in der Reichskristallnacht 1938 geschändet und in weiten Teilen zerstört – eine Gedenktafel erinnert daran. Die Südseite des Platzes dominiert heute das **Bildungsforum,** das selbst ernannte „klügste Haus der Stadt" (www.bildungsforum-potsdam.de).

Französische Kirche

In der Mitte des Platzes stand früher ein Bronzestandbild Friedrich Wilhelms III. Heute gibt es zwei Denkmäler, eines aus DDR-Zeiten, das den antifaschistischen Widerstandskämpfern gedenkt (1975), und (ganz im Südwesten des Platzes) das Denkmal des unbekannten Deserteurs des türkschen Bildhauers Mehmet Aksoy, der viele Jahre in Berlin lebte. Es handelt sich um eine Skulptur aus weißem Marmor, die die Silhouette eines menschlichen Körpers erahnen lässt (1989). Zu Füßen des Denkmals sind auf einer Tafel die Worte Kurt Tucholskys zu lesen: „Hier lebte ein Mann, der sich geweigert hat, auf seine Mitmenschen zu schießen. Ehre seinem Andenken!". Klar, dass eine Arbeit, die Deserteure ehrt, nicht jedem gefällt. Wilhelm II., der seine Rekruten darauf einschwören ließ, notfalls auf die eigenen Eltern und Kinder zu schießen, hätte das Denkmal niemals aufstellen lassen. Die Stadt Bonn wollte das Denkmal ebenfalls nicht haben, daher kam es überhaupt erst nach Potsdam.

Tram 91, 92, 93, 94, 96, 98, 99 bis Platz der Einheit.

Barock trifft Klassizismus

Französische Kirche

Säulenportikus, Giebeldreieck, Kuppel über elliptischem Grundriss: Das an das Pantheon in Rom angelehnte Tempelchen, dessen Fassade sich vom Bassinplatz fast unhöflich abwendet, entstand 1751–53 für hugenottische Flüchtlinge. Gleich drei große preußische Baumeister waren daran beteiligt: Von Knobelsdorff entwarf die Kirche, Jan Bouman baute sie, Schinkel kümmerte sich später um das Interieur. Die Kirche überstand die Kriegstage weitgehend unversehrt, während das französische Viertel drum herum zerstört wurde. Noch heute wird die Kirche, die leider nur zu Gottesdiensten geöffnet ist, von der *Französisch-Reformierten Gemeinde* genutzt. Ihr Inneres ist überaus interessant: Es gibt keinen Altar, kein Kruzifix und keinen Taufstein, dafür eine hübsche Barockorgel.

Termine für Gottesdienste und kulturelle Veranstaltungen auf www.reformiert-potsdam.de. Bassinplatz. Bus 603, 692 bis Bassinplatz.

Verona und Byzanz in Potsdam

Kirche St. Peter und Paul

Den besten Blick auf die Fassade der Backsteinkirche, die zwischen 1867 und 1870 entstand, hat man von der Brandenburger Straße – zugleich ein schönes Fotomotiv. Verantwortlich für den Bau zeichnen Friedrich August Stüler und sein Schüler Wilhelm Salzenberg, der ein großer Fan italienischer und byzantinischer Kirchenbauten war. So wundert es nicht, dass der 64 m hohe Kirchturm dem Campanile San Zeno in Verona nachempfunden ist. Und so wundert es auch nicht, dass die goldglänzenden Mosaiken in der Apsis ein wenig an die Hagia Sophia in Istanbul erinnern. Außerdem bemerkenswert: die bemalte Holzbalkendecke und die drei Gemälde des Franzosen Antoine Pesne (1683–1757), der ab 1711 als preußischer Hofmaler tätig war. Heute gehört die Kirche zum Erzbistum Berlin.

Im Osten schließt ein **sowjetischer Ehrenfriedhof** an die Kirche an. Über 300 gefallene Rotarmisten liegen hier unter Efeu begraben.

Di–Sa 12–17 Uhr, Mi 12–12.30 Uhr kleine Orgelmusik. Am Bassin 2, www.katholische kirche-potsdam.de. Tram 92, 96 bis Brandenburger Straße.

Backsteinidylle

Holländisches Viertel

Das baumbestandene gemütliche Viertel geht auf den Soldatenkönig zurück, der als Kronprinz schwer beeindruckt durch Holland gereist war und später auch in seiner Stadt solch hübsche Ziegelsteinhäuser haben wollte. Leider starb der König vor der endgültigen Fertigstellung des Projekts im Jahr 1742. Das Viertel besteht aus vier Karrees und 134 roten Backsteinhäusern mit weißen Fugen, kunstvollen Giebeln und geschnitzten, weiß oder grün bemalten Portalen und Fensterrahmen.

Eigentlich, so plante man bei Hof, sollten holländische Handwerker ins Viertel ziehen und sich dort wie zu Hause fühlen – ihr Wissen in Sachen Trocken-

Bilderbuchromantik im Holländischen Viertel

Zwischen Bassinplatz und Luisenplatz → Karte S. 34/35

legung von Feuchtgebieten war in Potsdam sehr gefragt. Doch daraus wurde nichts. Die Handwerker blieben trotz so mancher Anreize lieber in ihrem eigenen flachen Land. Und so zogen Soldaten ein.

Heute ist das Viertel ein niedliches, vielleicht ein wenig übermanikürtes Eck, durch das man gerne schlendert. Wer mag, kann das **Jan Bouman Haus** besuchen, ein originalgetreu restauriertes Siedlungshaus aus dem Jahr 1735: schmal und tief, mit einem Hausgarten und einem kleineren Fachwerkgebäude im Hinterhof. Der Name des Hauses erinnert an den Schiffszimmermeister und späteren Oberbaudirektor Jan (Johan) Bouman, der für den Bau des Viertels verantwortlich zeichnet. Dass das Holländische Viertel überhaupt noch existiert, ist der Wende zu verdanken. In den 1980er-Jahren war es so heruntergekommen, dass die Genossen bereits den Abriss erwogen. Zu jener Zeit war das Viertel ein Mekka der „Schwarzwohner", wie die stillen Hausbesetzer der DDR genannt wurden (→ S. 158).

Jan Bouman Haus: Mo–Fr 13–18 Uhr, Sa/So 11–18 Uhr. 3 €, erm. 2 €. Mittelstr. 8, www.jan-bouman-haus.de. Tram 92, 96 bis Nauener Tor.

Im Stasi-Knast

Gedenkstätte Lindenstraße

Der ursprünglich zwischen 1734 und 1737 als Wohnhaus errichtete Backsteinbau wurde Anfang des 19. Jh. zum Potsdamer Stadtgericht umgewandelt (Theodor Storm arbeitete hier als Gerichtsassessor). Aus den Stallungen im Hinterhof wurde ein Gefängnistrakt. Die Nazis kerkerten hier Andersdenkende und Andersaussehende ein und machten aus dem Amtsgericht ein Erbgesundheitsgericht. Hier wurden Männer und Frauen zu Zwangssterilisationen verurteilt – dafür reichte es schon, Epileptiker zu sein. Nach dem Zweiten Weltkrieg verhörten und folterten hier die Sowjets. 1952 zog die Stasi ein und machte ein Untersuchungsgefängnis aus dem Komplex. Heute beherbergt das „Lindenhotel", so der sarkastische Spitzname zu DDR-Zeiten, eine so erschütternde wie informative Gedenkstätte. Die Ausstellung im Gefängnistrakt erstreckt sich über mehrere Etagen. Man durchläuft beklemmende labyrinthische Gänge, erfährt Einzelschicksale und sieht den Freigangkomplex: Die fünf Zellen gleichen Käfigen ohne Dach. Die Gefangenen durften hier für 20–30 Min. pro Tag den blauen Himmel durchs Gitter betrachten.

Tägl. (außer Mo) 10–18 Uhr, jeden Sa um 14 Uhr öffentliche Führungen. 4 €, erm. die Hälfte. Lindenstr. 54, www.gedenkstaette-lindenstrasse.de. Tram 91, 94, 98 bis Dortustraße.

Bunte Keramik im Fachwerkhaus

Museumshaus „Im Güldenen Arm"

Das einzige erhaltene Fachwerkgebäude dieser Art in Potsdam wurde 1737 für den süddeutschen Holzbildhauer und Böttcher August Melchior Erhardt errichtet. Ein Eyecatcher ist das Eingangstor, über dem pausbäckige Putten Werkzeuge in der Hand halten und ein muskulöser goldener Arm die Kraft des Bildhauers ausdrückt. Im EG gibt es wechselnde Ausstellungen zu sehen, oben bürgerliche und bäuerliche Keramik: Butterdosen, Tintenflaschen, Kaviargefäße, Einmachtöpfe oder karnickelförmige Karnickelbratpfannen. Das Interieur ist größtenteils noch im Originalzustand, die schönen Kachelöfen kamen jedoch erst später hinzu.

Mi–So 12–18 Uhr. Eintritt frei, Spende erwünscht. Hermann-Elflein-Str. 3, www.imgueldenenarm.de. Bus 614, 692, 695, 697 bis Luisenplatz Nord/Park Sanssouci.

Praktische Infos

→ Karte S. 34/35

Essen & Trinken

Restaurants

Zanotto 32, feine italienische Küche aus dem Veneto. Nur kleine Karte mit ein paar Vorspeisen wie Oktopussalat oder *Vitello Tonnato*, zudem 3–4 Pastagerichte, das war's. Im kuschelig-ländlichen Bistrostil eingerichtet, jedoch sitzt man eng an eng. Nette Gehwegterrasse. Pasta 17,50–22,50 €. Mi–So ab 18 Uhr. Dortustr. 53, ✆0157-52424304, www.daszanottopotsdam.de.

Assaggi 29, ein weiterer Edelitaliener, den wir empfehlen möchten. Prima saisonale Gerichte, die Tagesgerichte (Antipasti, Primi, Secondi) werden auf einer Tafel angeschrieben, hervorzuheben die hausgemachte Pasta. Hg. 15–30 €. Tägl. 12–24 Uhr. Luisenplatz 3, ✆0331-28795452, www.assaggi-potsdam.de.

Juliette 9, in dem gehobenen französischen Lokal, einem der besten Restaurants der Stadt, ließ es sich angeblich schon Mick Jagger schmecken. Was er wohl gegessen hat? Perlhuhn vermutlich nicht, da Vegetarier. Confierten Saibling mit eingelegter Melone vermutlich auch nicht. Aber vielleicht die Variation vom Blumenkohl mit Portulak? Die Teller strotzen hier auf jeden Fall nur so vor Leckereien. 3-Gänge-Menü 62 €. Wer sich gerade im Holländischen Viertel herumtreibt, kann auch das Schwesterlokal **Maison Charlotte 5** an der Mittelstr. 20 aufsuchen. Mi–Fr 17–22 Uhr, Sa/So 12–14.30 u. 17–22 Uhr. Jägerstr. 39, ✆0331-2701791, www.restaurant-juliette.de.

Lewy Wein-Bistro 26, stilvolles Lokal für Genießer. In der Küche trifft Brandenburg auf Südtirol – Beelitzer Spargel mit Bozener Soße, Kotelett vom Brandenburger Apfelschwein, Pasta mit Trentiner Bergkäse – hmm! Man sitzt auch sehr nett draußen auf der Gehwegterrasse. Und wenn kein Platz ist: Das **Bistro Backstoltz 25** gegenüber ist auch sehr nett! Hg. 14,50–26,50 €. Mo–Sa 12–22.30 Uhr. Dortustr. 17, ✆0331-2008802, www.lewy-potsdam.de.

meinTipp **Taverna Mesedopolio to Steki 16**, unprätentiöser Familienbetrieb und unser Lieblingsgrieche! Viel Stammpublikum, die meisten Gäste begrüßt der Wirt per Handschlag. Drinnen recht gemütlich, draußen eher unspektakuläre Hofterrasse. Hier gibt es keinen *Athena-* und keinen *Olymposteller*. Stattdessen: leckere Vorspeisen mit Fisch (wie *Tarama* oder *Gavros*, gegrillte Sardinen), Fleisch (zartes *Souvlaki*) oder vegetarisch (gute Salate, Auberginencreme und *Dakos*, das kretische Gerstenbrot mit Tomate und Schafskäse). Alles schmeckt zum Fingerablecken und arm wird man dabei auch nicht. Mi–Mo ab 11.30 Uhr. Gutenbergstr. 33, ✆0331-2805353, www.taverna-tosteki.de.

Chi Keng 29, panasiatisches Restaurant, stilsicher ohne Dekorationsgemüse eingerichtet, aus der offenen Küche grüßt es duftig. Große Terrasse. Suppen, Reis- und Nudelgerichte kommen überaus fotogen daher und schmecken bombig. Auch Sushi. Hg. 12,50–33 €. Tägl. 12–21.40 Uhr. Keine Reservierung möglich. Luisenplatz 3, www.chikeng.de. Das Chi Keng hat übrigens ein Schwesterlokal: das **My Keng 28** an der Brandenburger Str. 20.

Būya Izakaya 6, minimalistisch gestyltes, aber doch schummrig-gemütliches japanisches Ramen-Restaurant. Es gibt ein paar Vorspeisen und als Hauptgerichte lediglich 5 Ramen-Suppen (13.50–15,50 €). Sehr lecker und dazu sehr entspannte Atmosphäre. Mi–So 12–21 Uhr. Benkertstr. 19, ✆0331-20081737, www.buyarestaurants.com.

La Maison du Chocolat 2, beliebter Touristentreff im Holländischen Viertel. Tagesrestaurant und Café mit hauseigener Konditorei, ein Renner ist die heiße Schokolade. Hervorragende Kuchen, hausgemachte Pasta der mittleren Preisklasse. Mi–So 12–18 Uhr. Benkerstr. 20, ✆0331-2370730, www.schokoladenhaus-potsdam.de.

Belmundo 8, ein gemütlicher Vintageladen, in dem man nicht nur leckerste *Kumpir* (verschiedenartig gefüllte Ofenkartoffeln) oder portugiesische Croissants essen, sondern auch stöbern und shoppen kann. Fast alles hier drin ist käuflich! Mo–Fr 11.30–15.30 Uhr. Jägerstr. 40, ✆0331-23184822, www.belmundo-potsdam.de.

Cafés/Eisdiele

Café à la Russe 14, kleines russisches Caféresturant mit ein paar Tischen draußen auf dem Gehweg, sehr gastfreundlich geführt. Leckere, frisch zubereitete Gerichte wie *Pelmeni*, *Vareniki* oder Borschtsch, dazu auch

Zwischen Bassinplatz und Luisenplatz → Karte S. 34/35

diverse Blini-Variationen oder Schaschlik (nur Fr/Sa). Die Portionen könnten allerdings größer ausfallen. Auch Torten. Hg. 13–23 €. Di–Do 13–20 Uhr, Fr/Sa bis 21 Uhr. Lindenstr. 2, ✆ 0331-58397780, www.cafealarusse.de.

Café Heider 3, charmantes Kaffeehaus und Restaurant mit Terrasse am Nauener Tor. Es gibt u. a. Frühstück (warmes und kaltes Büfett) und lecker Wiener Schnitzel. Hg. 12–24 €. Das selbst ernannte „Wohnzimmer der Stadt" besteht seit 1878. Zu DDR-Zeiten war das Heider das einzige privat betriebene Café in Potsdam und ein wilder Szenetreff mit einer „Mischung aus Irren aller Kategorien und normalen Kaffeetrinkern und Kuchenessern" (Zitat aus „Damals im Café Heider", → S. 190). Und weiter: „Die Pisse stand immer einen halben Meter im Klo. Die Schaben rannten durch die Küche, auch mal über den Tresen." So heruntergekommen war der Laden, dass ihn der Potsdamer Hygieneinspektor in den 1980er-Jahren mehrmals schließen ließ. Der hieß übrigens Matthias Platzeck und wurde viele Jahre später brandenburgischer Ministerpräsident (2002–2013). Heute ist hier alles ordentlich, versprochen! Tägl. ab 9 Uhr. Friedrich-Ebert-Str. 29, ✆ 0331-2705596, www.cafeheider.de.

Kaffeerösterei Junick 19, selbst gerösteter Kaffee und hausgemachte Kuchen. Dazu gutes Frühstück und spannend belegte Bagels. Mo–Sa 9–18 Uhr, So ab 10 Uhr. Keine Reservierungen. Lindenstr. 57, ✆ 0331-2011789, www.havelbohne.de.

MeinTipp **Café Guam 4**, in diesem kleinen Café brummt der Bär, und das zu Recht. Hier gibt es ausschließlich Käsekuchen aus der hauseigenen Konditorei – davon aber i. d. R. über 10 Sorten! Die Teilchen schmecken so gut, dass man beim Gabeln fast stöhnen könnte. Ein Stück hat gefühlt 100.000 Kalorien. Im Sommer sitzt man draußen vor der Tür oder im netten Hof. Tägl. 11–19 Uhr. Mittelstr. 38, www.cafeguam.de.

Café Rosenberg 24, das ansprechende vegane Café serviert variantenreiche Bowls, Frühstück und ebenfalls super Kuchen. Gemütliche Kissen auf der Fensterbank. Mit Gehwegterrasse. Keine Reservierungen. Tägl. 10–18 Uhr. Dortustr. 15, www.rosenberg-potsdam.de.

Buena Vida Coffee Club 23, kein wirklich origineller Name für diese hipstereske Kaffeerösterei. Andere Minuspunkte hat es aber nicht. Zum *Flat White* & Co gibt's Croissants, Franzbrötchen und geniale Stullen. Man sitzt auch sehr nett draußen. Mo–Sa 9–18 Uhr, So ab 10 Uhr. Am Bassin 7, ✆ 0331-87093393, www.buenavidacoffeeclub.de.

Biocafé Kieselstein 10, Café im vormaligen Badewannentrakt des Werner-Alfred-Bads. Alles bio, vieles vegan, der Rest vegetarisch. Quiches, Pasta mit Zucchini-Hafer-Soße, Bowls etc. Die Terrasse nach vorne ist etwas laut, die nach hinten recht idyllisch. Di–Fr 11–17 Uhr, Sa/So ab 10 Uhr. Hegelallee 23, ✆ 0331-6012377, www.cafe-kieselstein.de.

La Maison du Chocolat 2, → Restaurants.

Eismanufaktur Potsdam 30, Eisdiele mit genialen Sorten: Limone-Limette-Minze, Banane-Erdnussbutter, Sizilianische Pistazie ... Brandenburger Str. 67.

Schnelle Küche

GUDEs 22, wo essen Hipster Wurst- und Pastrami-Stullen? Genau hier! Der Edelmetzger verkauft Fleisch und Wurst aus artgerechter Haltung, regionale Delikatessen und ausgesuchte Weine. Di–Fr 11–18 Uhr, Sa ab 10 Uhr. Gutenbergstr. 16, ✆ 0331-27370334, www.gude-potsdam.de.

Babelsberger Küche 18, kantinenartiges, leider ein wenig miefiges Schnellrestaurant für alle mit viel Hunger und wenig Knete. Schlichte Gerichte wie Eisbein, Wurstgulasch oder Schnitzel zu 5,50–7,50 €. Mo–Fr 10–14 Uhr. Gutenbergstr. 100, ✆ 0331-2013556, www.babelsbergerkueche.de.

Shopping

Fashion

Arnulf Maßatelier 20, Volkmar Arnulf, der vormals am Ku'damm ansässig war, ist ein Maßschneider der alten Schule. Nobler Laden mit Antiquitäten, Leuchter und Paravent. Hinten wird geschneidert, vorne verkauft. Ein Anzug hat natürlich seinen Preis, mit ca. 4000 € sollte man rechnen. Am besten vereinbart man einen Termin unter ✆ 0331-74039666. Gutenbergstr. 108, www.arnulf-massatelier.de.

Hutatelier Maliné 15, schöne handgefertigte Hüte und Basecaps für sie und ihn. Basecaps bereits ab 30 €, Hüte ab 75 €. Di–Sa 10–18 Uhr. Jägerstr. 36, www.huete-potsdam.de.

Christin Lau 7, die Potsdamer Modedesignerin kreiert zeitlose Damenmode. Motto: „Mode berührt". Mo 11–17 Uhr, Mi–Sa 11–18 Uhr. Mittelstr. 22, www.christin-lau.de.

Das nördliche Zentrum steckt voller netter Läden

Bücher

Internationales Buch 21, Buchhandlung mit beeindruckender Auswahl an Literatur zu Potsdam, selbst Antiquarisches ist dabei. Auch der Bereich „Reiseliteratur" kann sich sehen lassen. Mo–Fr 9.30–19.30 Uhr, Sa bis 18 Uhr. Brandenburger Str. 41–42, https://int-buch.buchhandlung.de.

Sputnik 34, im Gebäude des Hausprojekts „Charlotte 28". Linksalternativer Buchladen mit Bollerofen. Viele Bücher mit Themen, die auf „-mus" enden. Aber auch Comics und Kinderbücher. Über die Buchhandlung gelangt man in den hauseigenen Umsonst-Laden. Mo–Fr 13–19 Uhr. Charlottenstr. 28, www.buchladen-sputnik.de.

Lebensmittel

Q-Regio h.o.f.laden 11, die hier verkauften Produkte kommen ausschließlich aus Brandenburg. Wurst und Käse, Sanddornerzeugnisse, Leinöl, Spreewaldgurken u. v. m. Mo–Fr 9–18.30 Uhr, Sa 8–15 Uhr. Gutenbergstr. 83, www.q-regio.de.

Bäckerei W. Braune 27, Familienbetrieb seit über 160 Jahren, der selbst zu DDR-Zeiten nie verstaatlicht wurde. Die Einrichtung aus den 1930er-Jahren ist komplett erhalten – großartig! Und auch das Angebot ist very retro: Frankfurter Kranz, Nougatcremetorte ... Di–Fr 6.30–18 Uhr, Sa bis 14 Uhr, So/Mo geschl. Friedrich-Ebert-Str. 101, www.baeckerei-braune.de.

Confiserie Felicitas 17, Filiale der belgischen Bio-Schokoladen-Manufaktur, die eigentlich in der Lausitz ansässig ist. Belgisch deswegen, da die Chocolatiers aus Belgien kommen. Bei der Schokoproduktion kann zugeschaut werden. Vom Feinsten! Mo–Sa 10–18 Uhr. Gutenbergstr. 26, www.felicitas-schokolade.de.

Porzellan

KPM Outlet 33, 1763 ließ Friedrich der Große die *Königliche Porzellan-Manufaktur* in Berlin gründen, er wollte sein eigenes weißes Gold haben. In Potsdam gibt's einen Outlet-Store gegenüber dem Brandenburger Tor. Tägl. (außer So) 10–18 Uhr. Brandenburger Str. 3, www.kpm-berlin.com.

Märkte

Markt am Nauener Tor, Sa von 9–16 Uhr. Klein, aber fein und der Treff schlechthin. Obst und Gemüse aus Werder, Sanddornprodukte, Wurst vom Grill, selbst gebackener Kuchen, Käsetorten. Der Renner ist der Fischstand: super Backfisch, genialer Fischburger, hier steht man gerne Schlange. www.markt-am-nauener-tor.de.

Markt am Bassinplatz, ein guter Ort für regionale Wurst- und Backwaren, und das schon seit Jahrzehnten. Dazu Räucherfisch, der eine oder andere Kleinbauer aus der Umgebung und Kittelschürzen am Klamottenstand. Mo–Fr 7–16 Uhr, Sa bis 12 Uhr.

Zwischen Bassinplatz und Luisenplatz → Karte S. 34/35

Gut beschirmt: Terrassenrestaurants im Holländischen Viertel

Potsdam im Kasten

Rundumschlag: Radtour rund ums Zentrum

Route: Hauptbahnhof – Alter Markt – Nauener Tor – Alexandrowka – Kapellenberg – Pfingstberg – Neuer Garten – Glienicker Brücke – Klein Glienicke – Babelsberger Park – Nuthe-Park – Hauptbahnhof. **Länge** ca. 12 km. **Dauer** ca. 4–5 Std.

Start dieser Tour ist der **Hauptbahnhof** von Potsdam, wo man den Ausgang „Babelsberger Straße" wählt. Gleich linker Hand befindet sich ein Fahrradverleih (→ S. 182). Wir wechseln die Straßenseite und halten uns links (Beschilderung „Zentrum"). Schon kurz darauf geht es nach rechts über die **Lange Brücke** und dahinter, vor dem wieder aufgebauten **Stadtschloss** (→ S. 25), erneut rechts in die Humboldtstraße. Diese führt direkt zum **Alten Markt** mit all seinen Sehenswürdigkeiten zu (→ S. 19).

Radelt man am Portal zum Schloss vorbei gen Westen, findet man sich kurz darauf auf der **Friedrich-Ebert-Straße** wieder, auf der auch die Straßenbahn verkehrt. Linker Hand erblickt man den **Marstall** (→ S. 27). Wir aber biegen rechts ab und radeln am begrünten **Platz der Einheit** (→ S. 39) vorbei die Friedrich-Ebert-Straße entlang, eine der Hauptachsen im Zentrum. Wenn wir die Mittelstraße passieren, bietet sich nach rechts ein Abstecher ins **Holländische Viertel** an (→ S. 41). Das lebendige Geschäftszentrum Potsdams verlassen wir über das **Nauener Tor** (→ S. 51). Dahinter fahren wir für rund 600 m immer geradeaus weiter, bis die Straße leicht nach links abschwenkt und wir die russische Kolonie **Alexandrowka** (→ S. 51) durchqueren. Bei der Kreuzung 150 m hinter dem Museum von Alexandrowka folgen wir der Nedlitzer Straße (Beschilderung „Neu Fahrland"), aber nur für rund 200 m. Denn dann biegen wir nach rechts auf einen Kiesweg durch den Wald zur **Alexander-Newski-Gedächtniskirche** (→ S. 53) auf dem Kapellenberg ab. Von der Kirche radelt man (oder schiebt man) sein Rad weiter den Weg bergauf zum Aussichtsschloss **Belvedere auf dem Pfingstberg.** Dieser Abschnitt ist ausführlich im Spaziergang 3 auf S. 54 beschrieben.

Vom **Belvedere auf dem Pfingstberg** folgt man zunächst der Beschilderung zum „Kades Restaurant am Pfingstberg" und dann zum „Schloss Cecilienhof". Dabei passiert man hinter dem Belvedere nach rund 200 m eine echte Potsdamer Villendiva, die neoklassizistische **Turmvilla Henckel** aus dem Jahr 1870 (Große Weinmeisterstr. 43/43a). Sie gehört dem Springer-Vorstandschef Mathias Döpfner. Teile des weitläufigen Parks sollen laut Planungen künftig der Öffentlichkeit zugänglich gemacht werden.

Schließlich erreicht man den **Neuen Garten** (→ S. 56). Gleich hinter dem Eingang linker Hand lädt die **Ausflugsgaststätte Meierei** auf ein selbst gebrautes Bier ein. Danach bietet sich ein Abstecher zum **Schloss Cecilienhof** an (→ S. 57). Ansonsten geht es auf dem parallel zum Jungfernsee verlaufenden Radweg weiter gen Süden. Dabei passiert man die sog. **Eremitage,** ein seltsames fensterloses Gebäude, das auf S. 56 näher beschrieben wird. Etwa 700 m weiter verlässt man über die hölzerne Schwanenbrücke den Park, radelt am Ufer des Jungfernsees weiter und passiert auf diese Weise die rekonstruierte kaiserliche **Matrosenstation Kongsnæs.** Das Original diente als Anlegestelle für die Ausflugsschiffe Kaiser Wilhelms II., im Nachbau befindet sich heute ein Restaurant samt Traumterrasse am See. 300 m weiter hat man die **Villa Schöningen** (→ S. 60) und damit die geschichtsträchtige **Glienicker Brücke** (→ S. 110) erreicht.

Wir fahren über die Glienicker Brücke. Rechts fällt bereits der Blick auf den **Park Babelsberg** samt Schloss und Fontäne davor. Etwa 300 m hinter der Brücke befindet sich linker Hand der Zugang zum **Schloss Glienicke** (→ S. 111). Wir aber halten uns rechts und folgen dem Berliner Mauerradweg (Beschilderung „Bhf. Griebnitzsee" und „Park Babelsberg"). Der Park rechts des Mauerradwegs ist der Park des **Jagdschlosses Glienicke** (→ S. 107), nicht zu verwechseln mit dem oben erwähnten Schloss ohne „Jagd". 200 m hinter dem Jagdschloss verlassen wir die ehemalige DDR-Exklave **Klein Glienicke** (→ S. 108) über die schmale, nur einspurig befahrbare **Parkbrücke,** einst die einzige Verbindung Klein Glienickes mit der DDR.

Direkt dahinter geht es rechts ab in den **Park Babelsberg** (→ S. 93). Der Reihe nach passiert man hier das **Maschinenhaus,** das **Schloss Babelsberg** (Achtung, der Radweg verläuft am Ufer, hinauf zum Schloss müssen Sie zu Fuß gehen), das **Kleine Schloss** (zuletzt wegen Restaurierung geschlossen, vorher Café), den **Flatowturm** (ebenfalls nicht mit dem Rad ansteuerbar) und schließlich das Strandbad.

Kurz vor der **Nuthebrücke** – man hat den offiziellen, zur *Stiftung preußische Schlösser* gehörenden Parkbereich bereits hinter sich gelassen – taucht linker Hand ein etwas heruntergekommener, graffitiverzierter Flachbau auf. Es handelt sich um **La Datscha,** das letzte besetzte Haus Potsdams (seit 2008). Immer auf dem Hauptweg bleibend, gelangt man via **Nuthe-Park** zurück zum Hauptbahnhof – alles bestens beschildert.

Blaues Blut und Geldadel

Tour 3

Eine abwechslungsreiche Tour: edle Villenviertel, fast dörfliche Idylle und die „Hinterlassenlandschaften" der preußischen Monarchen im Neuen Garten. Nachdenklich stimmt die ehemalige „Verbotene Stadt" des sowjetischen Geheimdienstes.

Pfingstberg, hier bekommt man den Über-Blick! S. 54

Alexandrowka, holzverkleidete Häuser mit Geranienbalkonen, Obstgärten und Pelmeni zum Mittagessen, S. 51

Gedenk- und Begegnungsstätte Leistikowstraße, Ausstellung im ehemaligen Untersuchungsgefängnis des sowjetischen Geheimdienstes, S. 55

Neuer Garten, ein bezaubernder Park mit zwei Schlössern, S. 56

Die nördlichen Vorstädte

Rund um den Heiligen See

Russisch anmutende Blockhütten (Alexandrowka), ein Aussichtsschloss im Stil einer italienischen Renaissancevilla (Belvedere auf dem Pfingstberg), eine Pyramide wie in Ägypten (Neuer Garten), ein Schloss wie in England geklaut (Neuer Garten), eine Matrosenstation im norwegischen Drachenstil (das Restaurant Kongsnæs) – ein Potsdamer muss nur einmal um den Heiligen See spazieren, um die halbe Welt zu sehen. Dabei kann er jede Menge stattliche Villen mit prächtigen Gärten entdecken. Die pompösesten, die eine oder andere karyatidengeschmückt, findet man am Ostufer des Sees in der Mangerstraße und der Seestraße. Hier, in der **Berliner Vorstadt**, ist die Promidichte hoch: Herbert Grönemeyer, Günther Jauch, Johannes B. Kerner, Alexander Gauland. Nicht alle davon möchte man gerne als Nachbarn haben, oder?

Westlich des Heiligen Sees erstreckt sich hingegen die **Nauener Vorstadt.** Zusammen mit der Berliner Vorstadt und der **Jägervorstadt** (in Nachbarschaft des Parkes Sanssouci) bilden sie die sog. Nördlichen Vorstädte Potsdams.

Allein der Architekt Ernst Petzholtz, der im späten 19. Jh. als Hofbaumeister tätig war, zeichnet hier für über 60 Villen und palastartige Mietshäuser verantwortlich. Ihm ist die architektonische Harmonie der Vorstädte zu einem großen Teil zu verdanken. Deutlich profaner zeigt sich die Berliner Vorstadt entlang der breiten Berliner Straße. Der dortige *Aldi* ist aber etwas Besonderes: Er kann mit dem Boot angefahren werden – in einer Wasserstadt wie Potsdam eine verdammt praktische Sache.

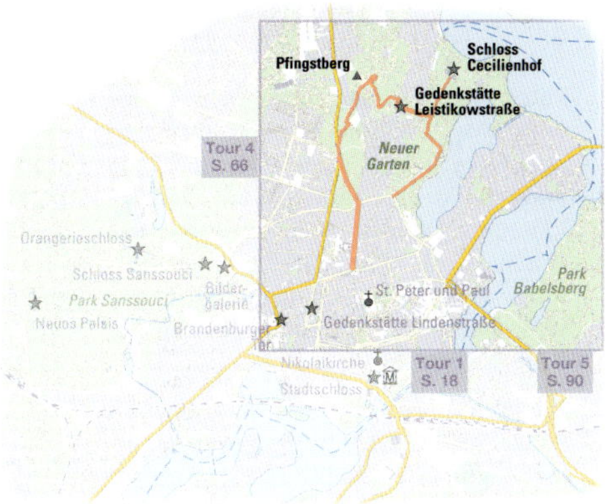

Spaziergang

Länge ca. 5 km, **Dauer** ca. 3:30 Std., **Karte** S. 61/62.

Wir verlassen das Zentrum durch das **Nauener Tor** und folgen dahinter den Straßenbahngleisen in Richtung Alexandrowka. Bereits nach 200 m passieren wir das **Rathaus** und damit einen wilhelminischen Prunkbau aus den Jahren 1902–1907 mit fast 500 Räumen. Eleganter wirkt das spätklassizistische **Palais am Stadthaus** (1874) gegenüber, für das Reinhold Persius verantwortlich zeichnet. Zu DDR-Zeiten befand sich darin eine chemische Reinigung.

Bei der Kreuzung 400 m weiter halten wir uns schräg links. Nun begrüßen uns Apfelbäume, Holzhäuser mit Schnitzgiebeln und Geranien auf den Balkonen – willkommen in der Idylle **→ Alexandrowkas!** Schauen Sie sich in Ruhe um, essen Sie *Pelmeni* in der Teestube (→ Essen & Trinken) oder besuchen Sie das Museum!

Bei der Kreuzung 150 m hinter dem Museum queren wir die Straßenbahngleise, folgen für etwa 40 m dem Radweg Richtung Neu Fahrland und wechseln dann auf den „13-Uhr"-Pfad in den Wald. Bei der Weggabelung kurz darauf hält man sich rechts. 100 Schritte weiter steht man vor der nächsten Sehenswürdigkeit: der **→ Alexander-Newski-Gedächtniskirche** – eigentlich mehr Kapelle als Kirche.

Auf dem Pfingstberg

Von der Kirche weist ein Hinweisschild zum Belvedere auf dem Pfingstberg – wir folgen diesem und passieren dabei nach rund 200 m die **Villa Gericke.** Der schmucke, reich verzierte Klinkerbau im Stil des Historismus wurde 1892/93 errichtet – quasi als Kopie der originalen Villa Gericke, die einst im Berliner Tiergarten stand. Heute residiert hier die Honorarkonsulin von Monaco. Gegenüber der Villa, hinter der hohen Mauer, befindet sich der **→ Jüdische Friedhof** (Eingang ums Eck).

Nach weiteren 200 m bergauf steht man oben auf dem **Pfingstberg,** der von dem prächtigen Aussichtsschloss **→ Belvedere auf dem Pfingstberg gekrönt wird.** Vom Pfingstberg ist der Weg zum Neuen Garten ausgeschildert (Wegmarkierung „Gelber Punkt").

Weiter in die „Verbotene Stadt"

Folgt man stets dem Hauptweg, gelangt man bei der ockerfarbenen **Villa Quandt** auf die Große Weinmeisterstraße. Die stattliche Villa von italienischem Typus, nicht zu verwechseln mit der gleichnamigen Villa in Neubabelsberg (→ S. 98), beherbergt das *Fontane-Archiv*, das sich als Literaturarchiv, Forschungsinstitut und Kultureinrichtung versteht. Im Gebäude sitzt zudem das *Brandenburgische Literaturbüro*, das Literaturschaffende unterstützt. Mit Lesungen und Vorträgen zu Politik und Zeitgeschehen bereichern beide Institutionen das intellektuelle Leben der Stadt (→ Kultur, S. 163).

In unmittelbarer Nachbarschaft zur Villa Quandt steht das **→ Lepsiushaus**

Potsdam. In dieser vornehmen Turmvilla, einst das Haus eines Kammerdieners Friedrichs II., lebte zwischen 1908 und 1926 der Orientalist und Theologe Johannes Lepsius. Er machte auf das Schicksal der vom Völkermord betroffenen osmanischen Armenier aufmerksam, während das Deutsche Reich zur Seite schaute.

Nauener Vorstadt nennt sich der Teil Potsdams, in dem wir uns gerade befinden – ein in Abschnitten fast dörflich wirkendes Stadtidyll mit schmucken Villen, baumbestandenen Obstwiesen und Sonnenblumen, die ihre Köpfe über Zäune hängen. Das Idyll bekommt schnell einen fahlen Beigeschmack, wenn man von der Nutzung weiter Teile der Vorstadt zu DDR-Zeiten erfährt. Zwischen 1945 und 1994 befand sich hier, auf 16 ha und auf ca. 100 Gebäude verteilt, die Deutschlandzentrale des sowjetischen Geheimdienstes KGB und der Militärspionageabwehr. Die Geheimdienstler lebten mit ihren Familien in vornehmen Villen, deren Besitzer enteignet worden waren. Dazu gehörten auch das Lepsiushaus und die Villa Quandt. In den russisch benannten Straßen gab es Geschäfte, eine Poliklinik und eine Tankstelle. **„Militärstädtchen Nr. 7"** war der fast schon putzig klingende Name des Areals, das durch hohe Mauern, Tore und Wachtürme von der DDR-Außenwelt abgeschirmt war. Die „Verbotene Stadt" wurde 1994 von den Russen in einem völlig verwahrlosten Zustand zurückgelassen. Heute erinnert nur noch das ehemalige Gefängnis, nun die **→ Gedenk- und Begegnungsstätte Leistikowstraße**, an die vormalige Nutzung des Areals. Die Besichtigung ist kostenlos und empfehlenswert.

Im Anschluss führt unser Weg entlang der Leistikowstraße zum **Kaiserin-Augusta-Stift** aus dem Jahr 1902. Bis 1945 war darin ein Internat untergebracht, danach das Militärgericht der Sowjets. Wo Menschen einst ihr Todesurteil erfuhren, lebt man heute sehr komfortabel – aus dem Gebäude wurde eine recht luxuriöse Apartmentanlage.

Durch den Neuen Garten

Wir betreten den **→ Neuen Garten** und kehren so von den Sowjets zu den

Ort mit wechselhafter Geschichte: Kaiserin-Augusta-Stift

Wunderschöne Parkettböden und viel Pastell: Marmorpalais

Royals von Potsdam zurück. Der Landschaftspark grenzt an zwei Seen: an den Heiligen See, der die Nauener Vorstadt von der Berliner Vorstadt trennt, und an den Jungfernsee. Zu DDR-Zeiten verlief im Norden des Neuen Gartens die Mauer, Teile des Parks lagen im Sperrgebiet. Neben zwei Seen hat der Park auch zwei Schlösser zu bieten: Wer das → **Schloss Cecilienhof** besichtigen will, hält sich im Park links. Nach rechts hingegen geht es zum → **Marmorpalais.**

Vom Marmorpalais hat man einen herrlichen Blick über den Heiligen See auf die hochherrschaftliche **Berliner Vorstadt:** Luxusvillen verschiedener Epochen säumen das Seeufer. Dem Marmorpalais vis-à-vis steht die weiße, neoklassizistische **Villa Metz.** Hier wohnte Wolfgang Joop bis zu seinem Umzug ins Krongut Bornstedt (→ S. 86), „Villa Wunderkind" wurde sie während dieser Zeit genannt. Heute hat in der Villa die Hasso-Plattner-Stiftung ihren Sitz. In einem Neubau zwei Häuser weiter rechter Hand residiert Günther Jauch. Dem schwerreichen Moderator gehört auch die historische **Villa Kellermann** etwas weiter südlich am Seeufer. Darin betreibt Sternekoch Tim Raue ein Restaurant (→ Essen & Trinken).

Um den Spaziergang abzuschließen, folgt man im Neuen Garten dem Ausgang „Alleestraße", von wo der Weg zurück ins Zentrum ausgeschildert ist.

Sehenswertes

Russland in Potsdam

Alexandrowka

Die dörflich anmutende „Russische Kolonie" zwischen Jägerallee und Neuem Garten passt so gar nicht zum Rest der Stadt. Angelegt wurde die Siedlung 1826 auf Geheiß von Friedrich Wilhelm III., einem großen Russlandfreund. Wo Blockhaus draufsteht,

Rund um den Heiligen See → Karte S. 62/63

In der Russischen Kolonie

ist allerdings nicht Blockhaus drin: Bei den 14 Gebäuden mit geschnitzten Giebeln, Balkönchen und weitläufigen Obstgärten handelt es sich um holzverkleidete Fachwerkhäuser.

Für die Planung der russischen Kolonie zeichnet kein Geringerer als der famose Gartenkünstler Peter Joseph Lenné verantwortlich. Er legte die Wege in Form eines Andreaskreuzes an, um so des russischen Schutzpatrons zu gedenken. Die Siedlung selbst ist, wie so oft in Potsdam, eine Kopie. Im Falle Alexandrowkas wurde das russische, heute nicht mehr erhaltene Musterdorf Glasowo zitiert (im Park der Zarenresidenz Pawlowsk südlich von St. Petersburg). Architekt Glasowos wiederum war der Italiener Carlo Rossi (1775–1849), der auch große Teile des Petersburger Zentrums gestaltete.

In Alexandrowka brachte der König Mitglieder eines russischen Sängerchors unter, die letztendlich nichts anderes als Kriegsgefangene waren. Schon 1861 starb der letzte der Sänger, bis 2008 jedoch lebten noch deren Nachkommen in der Kolonie. Ab 1945 wohnte die Rote Armee in den Häusern, die einstigen Bewohner durften nur noch in den Ställen (!) hausen. 1950 wurde die gesamte Kolonie Volkseigentum. 1975 schließlich gab es Pläne, die Häuser in einen Hotelkomplex zu integrieren. Daraus wurde zum Glück nichts. In der Nachwendezeit umfassend restauriert, gehört Alexandrowka heute zu den großen Sehenswürdigkeiten der Stadt.

Das kleine **Museum** in der Kolonie informiert nicht nur über die Geschichte Alexandrowkas, sondern gewährt auch Einblicke in die langjährige Restaurierung des Hauses und des Gartens. Angeschlossen sind ein Shop und ein Café. Nett einkehren kann man auch ein paar Schritte weiter im ehemaligen Aufseherhaus (→ Essen & Trinken).

Museum in der Alexandrowka: März nur Fr–So 10–18 Uhr, April–Okt. Do–Di 10–18 Uhr, sonst geschl. 3,50 €, erm. 3 €. Russische Kolonie 2, www.alexandrowka.de. Tram 92, 96 bis Reiterweg/Alleestraße.

Ein Kirchlein für die Kolonie

Alexander-Newski-Gedächtniskirche

Die russische Kolonie sollte auch eine russisch-orthodoxe Kirche bekommen, und die errichtete man zwischen 1826 und 1829 auf dem heutigen Kapellenberg bzw. auf dem damaligen Minenberg nördlich der Alexandrowka. Das Kirchlein mit den fünf schönen Zwiebeltürmen ist die älteste russisch-orthodoxe Kirche Deutschlands. Die hübsch anzusehende Mischung aus russisch-orthodoxer und klassizistischer Architektur geht zurück auf – ja wen wohl: Karl Friedrich Schinkel. Highlight des Inneren, das nur 50 Personen Platz bietet, ist die Ikonostase, eine mit aus Russland stammenden Ikonen reich geschmückte Bildwand. Benannt wurde die Kirche nach Alexander Newski, einem russischen Nationalhelden des 13. Jh. Bis heute ist sie das Zentrum der kleinen orthodoxen Gemeinde Potsdams. Erzpriester Anatolij Koljada wohnt nahebei im ehemaligen „Königlichen Landhaus" der Alexandrowka.

Leider nur zu Gottesdiensten geöffnet. Kapellenberg. Tram 92 und 96 bis Am Schragen.

Ort der Besinnung

Jüdischer Friedhof

Der Friedhof auf dem heutigen Pfingst- und früheren Judenberg wurde 1743 angelegt. Grund und Boden waren ein Geschenk Friedrichs II., bis dahin hatten die Juden ihre Verstorbenen zur Bestattung nach Berlin gebracht. Da der Friedhof noch heute genutzt wird, existieren hier Gräber aus vier Jahrhunderten. Während es sich bei den älteren Gräbern größtenteils um schlichte Sandsteinstelen mit hebräischen Schriftzeichen handelt, fallen auf den neuen russische Namen auf.

Noch in den 1920er-Jahren zählte die jüdische Gemeinde Potsdams rund 600 Mitglieder. Durch Flucht und Abtransport in die osteuropäischen Ver-

Die Alexander-Newski-Gedächtniskirche ist die älteste russisch-orthodoxe Kirche Deutschlands

Rund um den Heiligen See → Karte S. 62/63

nichtungslager erlosch im Jahr 1943 das jüdische Leben Potsdams für Jahrzehnte. Während der DDR-Zeit verwahrloste das Friedhofsareal völlig, die ehemalige Trauerhalle diente als Lager und Reparaturwerkstätte. Erst 1996 gründete sich wieder eine jüdische Gemeinde in Potsdam, heute gibt es gar zwei. Auch wird wieder eine jüdische Zeitung verlegt, die monatlich erscheinende Zeitung Alef (www.jg-potsdam.de) mit vornehmlich russischsprachigen Artikeln.

April–Sept. Mo–Fr 9–16 Uhr, So 10–16 Uhr, sonst Mo–Fr 9–14 Uhr, So 10–13 Uhr. Auf dem Friedhofsareal besteht Kipa-Pflicht für Männer (Verleih am Eingang). Puschkinallee 18. Bus 604, 697 bis Am Pfingstberg.

Fern-Seh-Programm

Belvedere auf dem Pfingstberg

Das Aussichtsschlösschen im Stil italienischer Hochrenaissancebauten auf einem der höchsten Berge Potsdams (immerhin 7600 cm ü. d. M.!) geht auf Skizzen des Italo-Romantikers Friedrich Wilhelm IV. zurück. Für die Ausführung der imposanten, säulengeschmückten Doppelturmanlage engagierte er Ludwig Persius und Friedrich August Stüler. Peter Lenné – wer sonst? – gestaltete den Landschaftsgarten drum herum. Leider konnte der gute König die Aussicht nicht mehr selbst genießen, er starb 1861 und damit zwei Jahre vor der Fertigstellung der Anlage.

Zu DDR-Zeiten war die traumhafte Aussicht auf Havel, Pfaueninsel und bis nach Berlin für Otto-Normal-Bürger ein Tabu, bis zur Wende war der Pfingstberg gesperrt. Man hätte ja Dinge sehen können, die man nicht sehen sollte – die Grenzanlagen und die „Verbotene Stadt" (→ S. 55).

Einer rührigen Arbeitsgemeinschaft ist es zu verdanken, dass das Belvedere vor dem Verfall gerettet werden konnte. Im Inneren informiert eine kleine Ausstellung über die wechselvolle Geschichte des Pfingstbergs.

Zu Füßen des Aussichtsschlosses steht zudem der **Pomonatempel**, das Erst-

Aussichtsschlösschen Belvedere auf dem Pfingstberg

lingswerk Karl Friedrich Schinkels aus dem Jahr 1801, das ehrlich gesagt auch ein wenig nach Debüt aussieht. Kein König gab das Tempelchen mit den vier Säulen und Giebeldreieck in Auftrag, sondern der Hofrat Carl Ludwig von Oesfeld. Seiner Gattin wollte er damit einen romantischen Teepavillon inmitten des familieneigenen Weinbergs schenken. Benannt wurde das Tempelchen nach der römischen Göttin der Früchte. Heute werden hier im Sommer Kunstausstellungen gezeigt.

Belvedere: April–Okt. tägl. 10–18 Uhr, März u. Nov. nur Sa/So 10–16 Uhr, sonst geschl. 6 €, erm. 4,50 €. www.spsg.de. Pomonatempel: Ostern bis Okt. Sa/So 14–17 Uhr, Eintritt frei. www.pfingstberg.de. Puschkinallee 18. Bus 604, 697 bis Am Pfingstberg.

Lepsius, Kämpfer gegen das Unrecht

Lepsiushaus Potsdam

Der Orientalist und Theologe Johannes Lepsius (1858–1926) setzte sich jahrzehntelang für die im Osmanischen Reich verfolgten Armenier ein, von deren schrecklicher Situation er als Missionar der Deutschen Orientmission in Ostanatolien Zeuge war. Bereits nach ersten Massakern an den Armeniern zwischen 1894 und 1896 gründete er eine Hilfsorganisation, immer wieder machte er auch in Publikationen auf die Not der Armenier aufmerksam. Im Sommer 1916 schließlich verschickte Lepsius von Potsdam aus rund 20.000 Exemplare seines Berichts über die Lage des Armenischen Volks in der Türkei. Darin beschrieb er die grausamen Vorkommnisse, die er ein Jahr vorher in Anatolien beobachtet hatte und die die Reichsregierung verschwieg, um den osmanischen Bündnispartner nicht zu vergraulen: die kollektive Deportierung der Armenier Süd- und Ostanatoliens in die syrische Wüste. Ca. 1,5 Mio. Menschen starben. Bis heute weist die Türkei den Vorwurf des Genozids zurück. Johannes Lepsius wurde von Franz Werfel in *Die 40 Tage des Musa Dagh*, einem der größten Tatsachenromane aller Zeiten, verewigt.

Das einstige Wohnhaus von Lepsius beherbergt heute eine Begegnungs- und Forschungsstätte zur Gewaltgeschichte des 20. Jh. Im Gebäude befindet sich auch eine kleine **Ausstellung** zu Lepsius und dem Genozid an den Armeniern, die allerdings nur nach Anmeldung besichtigt werden kann.

Große Weinmeisterstr. 45, ✆ 0331-58164511, www.lepsiushaus-potsdam.de. Bus 603 bis Langhansstraße/Große Weinmeisterstraße.

Rundgang durchs Folterhaus

Gedenk- und Begegnungsstätte Leistikowstraße

Das Militärstädtchen Nr. 7 war einer der bedeutendsten KGB-Standorte des Kalten Krieges. Es war eine Stadt in der Stadt. Die heutige Ausstellung der Gedenk- und Begegnungsstätte befindet sich im ehemaligen Untersuchungsgefängnis. Oder anders gesagt, im einstigen Pfarrhaus. Die sowjetische Militärspionageabwehr hatte kurzerhand den Pfarrer aus seinem Haus vertrieben und dieses in einen Knastbunker umgewandelt: Erker wurden demoliert, Fenster zugemauert, aus dem Kinderzimmer wurde das Verhörzimmer. Bis 1955 saßen hier auch über 35.000 deutsche Zivilisten vorübergehend ein, die danach zum Tod durch Erschießen oder zum Gulag verurteilt wurden. Ab 1955 knöpfte man sich hier nur noch die eigenen Leute vor. Spionageverdächtige wurden gefoltert, viele Häftlinge starben.

Die heutige Ausstellung der Gedenk- und Begegnungsstätte ist so erschütternd wie informativ. Am vergewaltigten Pfarrhaus wurde wenig überschminkt. Man sieht die Einzelzellen,

Rund um den Heiligen See → Karte S. 62/63

Im ehemaligen KGB-Knast befindet sich heute eine so erschütternde wie informative Ausstellung

die Sanitärbereiche (Hockklo an Hockklo ohne jegliche Intimsphäre) und die Fundamente der Freigangzellen im Hof. Zudem werden Einzelschicksale vorgestellt.

In der Gedenkstätte sind kostenlose Flyer samt Karte erhältlich, die den **Geschichtspfad „Militärstädtchen Nr. 7"** dokumentieren. Der 2,5 km lange Pfad führt vorbei an 14 Infostelen.

Tägl. (außer Mo) 14–18 Uhr. Eintritt frei. Leistikowstr. 1, www.leistikowstrasse-sbg.de. Bus 603 bis Persiusstraße.

Spielplatz des „Dicken Lüderjahns"

Neuer Garten

Der knapp 103 ha große Park in Form eines Seepferdchens kuschelt sich an den Heiligen See. Und liegt gleichzeitig an den Ufern des Jungfernsees.

Angelegt wurde der Neue Garten im späten 18. Jh. als erster Landschaftsgarten englischen Stils unter Friedrich Wilhelm II., dem „Dicken Lüderjahn". Gestaltet wurde er von einem der weniger bekannten preußischen Gärtner, nämlich von Johann August Eyserbeck (Lenné kam erst später bei der Umgestaltung ins Spiel). Das Ergebnis: ein natürlicher grüner Garten mit verstreutem Gehölz statt steifer barocker Blumenrabatten.

Auf einer Terrasse am Ufer des Heiligen Sees baute sich der König mit dem **Marmorpalais** (s. u.) ein ganz privates Sommerschlösschen – damit distanzierte er sich auch räumlich von Sanssouci und dem Erbe seines wenig geliebten Onkels Friedrich des Großen.

Verstreut im Park ließ Friedrich Wilhelm II. allerlei mehr oder weniger kitschige Kleinbauten errichten. Dazu gehörten im Norden u. a. eine **Muschelgrotte** zum Abkühlen an heißen Sommertagen und die sog. **Eremitage,** ein reetgedecktes, mit Eichkork umblendetes, fensterloses, kielüberstehendes Gebilde für die innere Einkehr (2007 rekonstruiert, das Original wurde 1964 abgerissen). Weiter südlich stößt man auf eine **Pyramide,** die die Funktion eines Kühlhauses hatte, und – wir bleiben im antiken Ägypten – auf die **Orangerie.** Diese wird von einer Sphinx und zwei schwarzen Göttern bewacht. Letztere stammen von Johann Gottfried Schadow und wurden einer Antinoos-Statue nachempfunden, die man in der Hadriansvilla in Tivoli entdeckt hatte. Auch heute noch überwintern in der Orangerie die empfindlichen Orangenbäume des Neuen Gartens.

Ganz im Süden des Parks befindet sich schließlich noch die herrlich am Seeufer gelegene **Gotische Bibliothek,** ein neugotischer Turmpavillon, in dem die Büchersammlung des Königs untergebracht war. Alle erwähnten Kleinbauten sind i. d. R. verschlossen.

Das sich ebenfalls im Neuen Garten befindliche **Schloss Cecilienhof** (s. u.) hat mit Friedrich Wilhelm II. so ganz und gar nichts zu tun. Es entstand erst deutlich später, nämlich 1913–1917 als letzter Schlossbau der Hohenzollern.

Zu DDR-Zeiten fuhren Busse durch den Neuen Garten. Heute darf man viele Wege nicht mal mit dem Rad befahren (für Radwege durch den Neuen Garten → Karte S. 62/63).

Tägl. ab 8 Uhr bis Sonnenuntergang. Eintritt frei. www.spsg.de. Bus 603 bis Glumestraße.

Ort der Potsdamer Konferenz

Schloss Cecilienhof

Schloss Cecilienhof sieht gar nicht aus wie ein Schloss, eher wie ein englischer Landsitz. Es gibt keinen Schlossturm, keine Kuppel, nur eine Vielzahl an kunstvoll verzierten Kaminen. Das Obergeschoss des zweistöckigen, 176 Räume fassenden Schlosses ist eine Fachwerkkonstruktion.

Erbaut wurde das Schloss während des Ersten Weltkrieges – die Frontsoldaten starben im Giftgas, unterdessen wählte das Kronprinzenpaar Wilhelm und Cecilie Parkettböden aus. Sie wünschten mehr Komfort, im altbackenen Marmorpalais (s. u.) wollten sie nicht mehr weilen. Nach der Novemberrevolution 1918 wurde das Vermögen der Hohenzollern zwar beschlagnahmt, dem Kronprinzen und seiner Familie jedoch lebenslanges Wohnrecht gewährt. Zu Besuch kam u. a. des Kronprinzen vermeintlicher Freund Hitler, an Mussolini schickte Wilhelm Glückwünsche.

Nach dem Zweiten Weltkrieg, vom 17. Juli bis zum 2. August 1945, trafen sich in Schloss Cecilienhof die Siegermächte, um über die politische und geografische Neuordnung Deutschlands, die Entmilitarisierung, den Umgang mit Kriegsverbrechern und Reparationszahlungen zu konferieren. Die Vereinbarungen und Beschlüsse gingen als „Potsdamer Abkommen" in die Geschichte ein. In den 1960er-Jahren wurde aus etwa zwei Dritteln des Schlosses ein Hotel – Seeblick aber gab es damals nicht, am Ufer verlief die Mauer.

An die Potsdamer Konferenz erinnert heute im Erdgeschoss des Schlosses eine **Ausstellung.** Man passiert dort u. a. hübsche Salons mit schönem Schnitzwerk, den Festsaal, in dem sich die Regierungschefs und ihre Außenminister trafen, das Schreibkabinett, das Stalins Arbeitszimmer wurde, den Rauchersalon, in den sich Churchill zu Beratungen zurückzog, und die Bibliothek, wo Truman und sein Stab saßen. Der kurioseste Raum aber ist das Kajütenzimmer im maritimen Ambiente, entworfen von NS-Architekt Paul Ludwig Troost.

Nur im Rahmen einer Führung können die **Privatgemächer** im Obergeschoss besichtigt werden. Darunter befinden sich die Ankleidezimmer des Kronprinzenpaars samt zweier Badezimmer – das des Prinzen in Blau gehalten und mit Nymphenrelief versehen, das der Kronprinzessin rosafarben mit einer in

Des Herrschers Ferienhaus: das Marmorpalais

den Boden eingelassenen Wanne. Außerdem sieht man das Schlafzimmer mit Kaminecke und Erker, wo der Kronprinz gerne saß und die Kriegsromane des NS-Schriftstellers Hans Zöberlein las. Als das Schloss als Hotel genutzt wurde, konnten diese Räume als Suite gebucht werden.

April–Okt. tägl. (außer Mo) 10–17.30 Uhr, Nov.–März tägl. (außer Mo) 10–16.30 Uhr. Historische Stätte der Potsdamer Konferenz (mit Multimediaguide, 45 Min.): 10 €, erm. 7 €. Privaträume des Kronprinzenpaars (mit Führung, 40 Min.): 8 €, erm. 6 €. www.spsg.de. Bus 603 bis Schloss Cecilienhof.

Die Datsche des Königs

Marmorpalais

Das Marmorpalais wurde zwischen 1787 und 1793 als eine Art Sommerdatsche für Friedrich Wilhelm II. im frühklassizistischen Stil errichtet. Entgegen seinem Namen wurde im Gebäude gar nicht so viel Marmor verbaut. Das, was man zunächst als Marmor wahrnimmt, ist meist imitierender Stuckmarmor.

Bei der Führung durch das Palais, die rund 1 Std. dauert, bekommt man zunächst das Erdgeschoss zu sehen, u. a. das Musikzimmer (der „Dicke Lüderjahn" spielte ausgezeichnet Cello) und den wunderschönen Speisesaal. Er öffnet sich zum Heiligen See hin und ist daher auch dem Thema „Wasser" gewidmet: Muscheln und Schnecken zieren ihn, auf dem Deckengemälde erkennt man Poseidon. Eine Küche gab es im Palais selbst nicht. Diese war in der nahen „Tempelruine" untergebracht und durch einen unterirdischen Gang mit dem Palast verbunden.

Im Obergeschoss befinden sich die Gesellschaftsräume, darunter ein imposanter Konzertsaal und das orientalische Zeltzimmer, wunderbar kitschig ausgestattet mit Straußenfedern und leopardenfellgemusterten Stoffen. So stellte man sich im ausgehenden 18. Jh. das Morgenland vor. Überall im Palais lohnt der Blick auf die Details am Rande: auf die Sammlung wertvoller *Wedgewood*-Keramik, auf Standuhren, die einst Madame Pompadour gehörten, auf feinfühlig rekonstruierte Seidentapeten, auf illusionistische Parkettböden.

Den Anbau der Seitenflügel ab 1797 erlebte der König nicht mehr. Er starb kurz vorher – wo sonst als in seinem geliebten Marmorpalais?

Ab dem 19. Jh. lebte hier vornehmlich die Kronprinzenfamilie. Nach dem

Zweiten Weltkrieg diente das Palais als Offizierskasino der Roten Armee, später wurde es als Armeemuseum missbraucht.

Mai–Okt. tägl. (außer Mo) 10–17.30 Uhr, Nov.–März Sa/So 10–16 Uhr, April Sa/So 10–17.30 Uhr. 6 €, erm. 5 €. www.spsg.de. Bus 603 bis Glumestraße.

Sehenswertes abseits des Spaziergangs

Pracht am Jungfernsee

Bertinistraße

Die schöne Uferstraße beginnt bei der Ausflugsgaststätte Meierei im Neuen Garten (→ S. 62) und führt gen Norden entlang des Jungfernsees. Etliche Hast-du-nicht-gesehen-Villen mit parkähnlichen Gärten, die zwischen 1830 und 1930 entstanden, säumen die Straße. Hier lebten vorrangig Industrielle und Bankiers. Ab 1961 trennte der antifaschistische Schutzwall die Villen vom See. Erst 2012 verschwanden die letzten Mauerreste an der Bertinistraße.

Von der Meierei kommend, passiert man zunächst die **Casa Bartholdy** (Hausnr. 3–5, links). Sie gehörte einst Otto von Mendelssohn Bartholdy, dem Enkel des Felix, der einer der reichsten Männer der Vorkriegszeit war. Er überlebte die Judenverfolgung in Potsdam und wanderte nach dem Krieg in die Schweiz aus. Bis 1994 wohnten vietnamesische Vertragsarbeiter in der Villa, heute ist sie wieder in Familienhand.

Entlang der Bertinistraße führt nicht nur der **Berliner Mauerweg**, sondern auch eine von uns vorgeschlagene kleine **Radtour** zur Heilandskirche Sacrow (→ S. 121). Auch ist die Straße Teil der **Open-Air-Ausstellung „Achtung Grenze"**, die zwischen Bertinistraße und Glienicker Brücke mit Infotafeln über den einstigen Grenzalltag informiert.

Etwa 500 m weiter folgt die **Villa Gutmann** (Hausnr. 16, links). Hausherr war früher Herbert M. Gutmann (1879–1942), der Direktor der *Dresdner Bank*, der 1936 mit seiner Familie nach England emigrierte. Zu DDR-Zeiten nutzte man die Villa vorübergehend als Altenheim, kurz nach der Wende wurde sie besetzt. Hausherrin ist heute die Schauspielerin Nadja Uhl, die das gute Stück langsam, aber sicher restauriert. Hier möchte man gerne mal Mäuschen spielen – in der Über-50-Zimmer-Villa gibt es u. a. ein Dampfbad, eine expressionistisch gestaltete Turnhalle und ein sog. *Arabicum*, einen im orientalischen Stil gefertigten Raum mit wertvollen Holzvertäfelungen.

Nahebei macht sich der Jungfernsee besonders schlank. An dieser Engstelle befand sich zu DDR-Zeiten die Grenzübergangsstelle (= „GÜST") Nedlitz/Jungfernsee (→ Kasten).

Nochmals 150 m weiter, etwas erhöht über dem See am Bertiniweg 2, steht schließlich die **Villa Jacobs.** Sie ist kein historisches Gebäude, sondern der Nachbau des 1981 abgerissenen Originals. Das Original, eine Turmvilla toskanischen Stils, war 1835 von Ludwig

Ehemaliger DDR-Wachturm an der Bertinistraße

Rund um den Heiligen See → Karte S. 62/63

Potsdam im Kasten

Grenze auf dem Wasser

An der schmalsten Stelle des Jungfernsees befand sich zu DDR-Zeiten eine Grenzübergangsstelle für Schiffe, „GÜST Nedlitz/Jungfernsee" genannt. Quer über den See verlief eine Pontonsperre. Zum Ufer hin gab es schmale Durchfahrtsstellen, die mit Seilsperren samt Kettennetzen gesichert waren. Für die Durchfahrt eines Schiffes konnten diese in 35 Sekunden abgesenkt werden. Binnenschiffe, die – beladen mit Kohle, Heizöl oder Baustoffen – von Westdeutschland durch die DDR nach West-Berlin schipperten, mussten die Grenzübergangsstelle passieren. Das waren etwa 15 bis 20 Schiffe pro Tag, die zuvor auf Teufel komm raus gefilzt wurden. Mit Spürhunden gingen die Kontrollettis auf die Suche nach Schmuggelgut oder Flüchtlingen. Doch trotz aller Grenzschutzvorkehrungen fanden hier angeblich acht erfolgreiche Fluchten statt, selbst Grenzpolizisten sollen sich an der GÜST Nedlitz dünngemacht haben. Einziges Überbleibsel: der direkt an der Enge gelegene Grenzwachturm (nicht zugänglich).

Persius für den Zuckerfabrikanten Ludwig von Jacobs errichtet worden. Den 6 ha großen Landschaftsgarten samt Obstgarten und Weinberg drum herum plante Lenné, er ist heute Teil des UNESCO-Welterbes von Potsdam. Die Rekonstruktion der Villa übernahm das Architektenpaar Marianne und Stefan Ludes, das hier auch wohnt und wieder Wein anbaut – Ertrag: rund 700 Flaschen Frühburgunder im Jahr. Mehrmals jährlich laden die Ludes zu Weinfesten, Degustationen und kulturellen Veranstaltungen (Termine auf www.villajacobs.de).

Bus 603 bis Höhenstraße.

Kunstreigen am Jungfernsee

Villa Schöningen

Am Jungfernsee nahe der Glienicker Brücke steht die **Villa Schöningen.** Sie wurde Mitte des 19. Jh. für Kurd Wolfgang von Schöning, den Hofmarschall des Prinzen Carl von Preußen, erbaut. Nach dem Tod Schönings ging die Villa in den Besitz der Wallichs über, Hermann Wallich war Mitbegründer der Deutschen Bank. Zu DDR-Zeiten – da wurde die Villa als Kinderheim genutzt – verlief direkt vor dem Gebäude die Mauer. Wer Kinder besuchen wollte, benötigte wegen der Grenznähe einen Passierschein. Nach der Wende stand die Villa 15 Jahre lang leer, bis sie von Axel-Springer-Vorstand Mathias Döpfner und dem Finanzinvestor Leonhard Fischer erworben und saniert wurde. Heute wird hier Kunst in wechselnden Ausstellungen gezeigt.

Gegenüber der Villa erblickt man eine vergoldete Bronzeplastik auf einer schmalen Granitsäule: Die Skulptur *Nike 89* stammt von Wieland Förster und wurde 1999 zum 10. Jahrestag des Mauerfalls aufgestellt.

Fr–So 12–18 Uhr. 9 €, erm. 7 €. Berliner Str. 86, www.villa-schoeningen.de. Tram 93 bis Endstation Glienicker Brücke.

Kurzurlaub in den Tropen

Biosphäre Potsdam

Nordwestlich der russischen Kolonie Alexandrowka wird Potsdam von Neubausiedlungen geprägt. Dazwischen befinden sich der **Volkspark** und eine feuchtwarme und erfreulicherweise moskitofreie Tropenwelt, in der Vögel zwitschern und es stündlich gewittert. Die Indoor-Dschungellandschaft auf der Fläche von der Größe eines Fußballfeldes ist bestückt mit rund 20.000 Tropenpflanzen und rund 130 Tierarten, darunter Frösche, überaus imposante Leguane und Schlangen. Dazu gibt es u. a. einen Wasserfall, ein unbedingt besuchenswertes Schmetterlingshaus und einen Luftschiffsimulator, in dem man über den Regenwald von Malaysia und über die Victoria-Wasserfälle fliegen kann. Kinder werden für die Bedeutung des Regenwaldes und der Ozeane sensibilisiert, auch finden diverse Veranstaltungen wie „Nachts im Dschungel" statt. Zudem kann man bei Tierfütterungen zuschauen (Affen Di um 12 Uhr, Vögel Do um 12 Uhr). Mitten im Dschungel gibt es ein Café und ein Restaurant. Der angeschlossene Shop dürfte mit seinen kuscheligen Plüschtieren ein Eltern-Albtraum sein. Wer danach in den **Volkspark** (→ S. 172) will, sollte nicht vergessen, ein Ticket zu lösen (gibt's am Parkscheinautomaten am Eingang).

Mo–Fr 9–18 Uhr, Sa/So 10–19 Uhr. 12,50 €, erm. 10,50 €. Georg-Hermann-Allee 99, www.biosphaere-potsdam.de. Tram 96 bis Volkspark.

Essen & Trinken

→ Karte S. 62/63

Restaurants

Villa Kellermann 7, Hausherr der pompösen Seevilla aus dem Jahr 1914 ist Günther Jauch. Sternekoch Tim Raue betreibt darin ein Raue-typisch edles, aber nicht spießiges Restaurant – man beachte die Elefantentapete und den Warhol in einem der 4 Salons. Raue fungiert als „kulinarischer Berater", das Kochen überlässt er anderen – und die machen ihre Arbeit verdammt gut! Kredenzt wird Hausmannskost *with a twist*, die Gerichte nennen sich „Kartoffelklöße | Rotkohl | Kumquat | Koriander" oder „Eisbein vom Spanferkel | Gelbe Erbsen | Sauerkraut". Und vorab gibt's ein leckeres Leberwurstbrot! Tolle Terrasse, Weine von Günther. Hg. 26–34 €. Kleine Gruselstory: Bei Arbeiten im Garten wurde 2019 ein Skelett aus dem Zweiten Weltkrieg ausgebuddelt ... Mi–Fr 18–23 Uhr, Sa/So 12–14 u. 18–23 Uhr. Mangerstr. 34, ✆ 0331-20046540, www.villakellermann.de.

Kades Restaurant am Pfingstberg 2, herrlicher kleiner Biergarten mit Blick über Potsdam, besonders schön zum Sonnenuntergang. Feine brandenburgische Küche kommt hier auf den Teller, so Matjes-Bohnen-Salat, Medaillons vom Jüterboger Heuschwein oder Fläminger Frischlingskeule. Hg. 15–27,50 €. Do–Mo 12–21 Uhr. Große Weinmeisterstr. 43 b, ✆ 0331-293533, www.restaurant-pfingstberg.de.

Teestube in der Alexandrowka 5, uriges russisches Lokal im ehemaligen Aufseherhaus in der Alexandrowka, toller Garten. Hier kommen Gerichte wie Riga-Sprotten, *Pelmeni*, *Schtschi* (Sauerkrautsuppe) oder Kosakentopf auf den Tisch. Trotz vieler Touristen keine Falle, Hg. 11,50–15 €. Tägl. (außer Mo) 12–21 Uhr. Alexandrowka Haus 1, ✆ 0331-2006478, www.alexandrowka-haus1.de.

Meierei 1, die burgähnliche Meierei aus dem Jahr 1790 lag zur Zeit des Eisernen Vorhangs als Brandruine unzugänglich innerhalb des Mauerstreifens. Heute ist sie eine der am schönsten gelegenen Ausflugsgaststätten der Stadt mit Terrasse am Ufer des Jungfernsees. Diese unterteilt sich in einen einfachen Biergarten (Bulette & Co) sowie einen À-la-carte-Bereich (Haxe & Co, Hg. 11–16 €). Super hausgebrautes Bier. Aber Achtung: Busgruppenabsteige! Mi/Do/So 12–20 Uhr, Fr/Sa bis 22 Uhr. Im Neuen Garten 10, ✆ 0331-7043211, www.meierei-potsdam.de.

meinTipp **Garage du Pont** 3, originelles französisches Café-Restaurant (mit kleinem angeschlossenem Oldtimermuseum), das es sich auf dem Gelände einer Tankstelle aus den 1930er-Jahren gemütlich gemacht hat. Draußen hübsche Terrasse zwischen Kübelpalmen und nostalgischen Zapfsäulen, drinnen auch sehr nett. Mittags gibt es leichte Lunchgerichte, abends *Steak-Frites*, Fischeintopf aus der Normandie oder Flammkuchen zu 12–28 €. Auch hier Weine von Günther! Angeschlossen ein Oldtimermuseum. Do–So 12–23 Uhr. Berliner Str. 88 (nahe der Glienicker Brücke), ✆ 0331-87093272, www.garagedupont.de.

Schiffsrestaurant John Barnett 9, benannt nach einem in Preußen groß gewordenen englischen Schiffsbauingenieur. Zunächst die

Rund um den Heiligen See → Karte S. 62/63

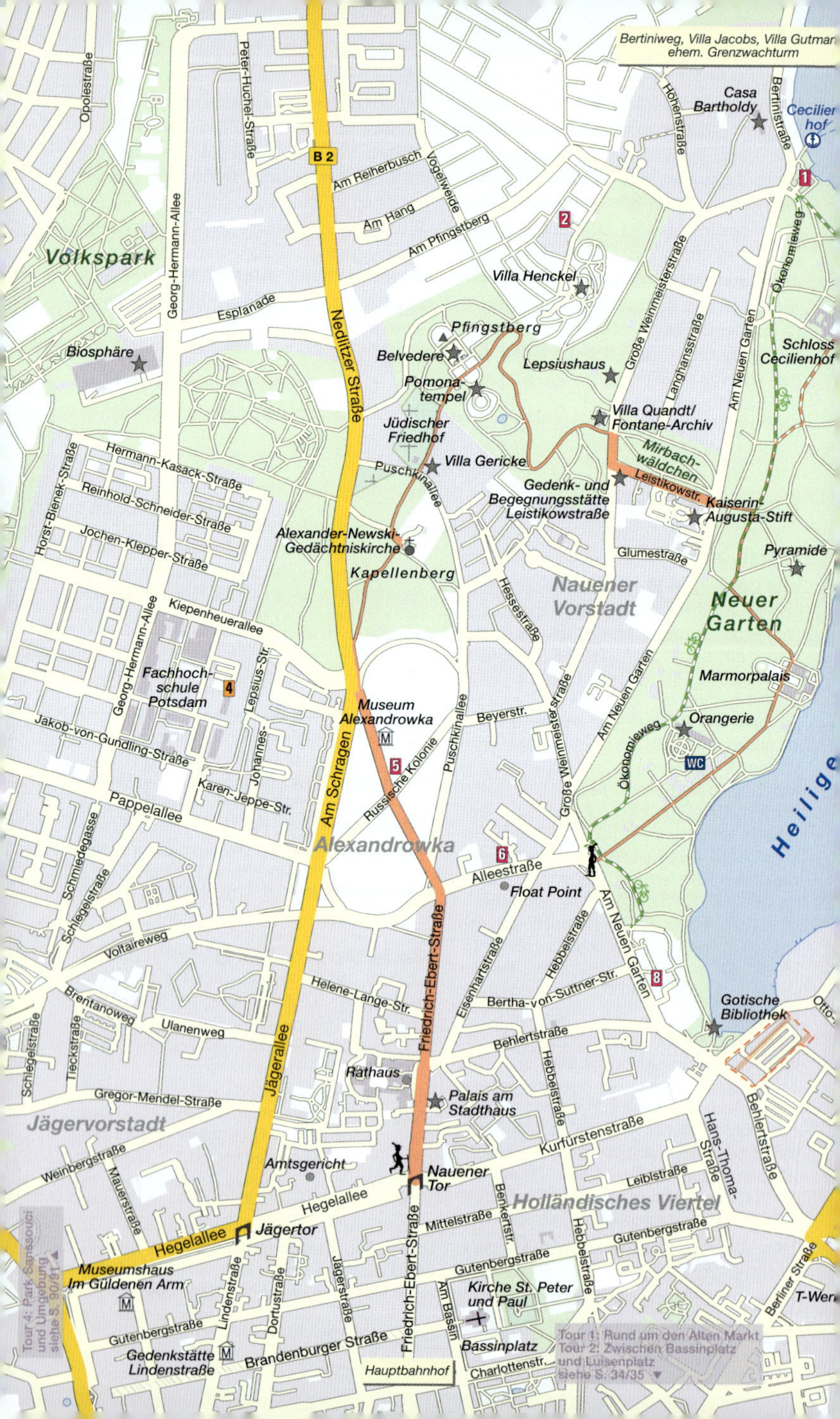

Bertiniweg, Villa Jacobs, Villa Gutman
ehem. Grenzwachturm
Casa Bartholdy
Cecilienhof
Volkspark
B 2
Am Reiherbusch
Am Hang
Am Pfingstberg
Vogelweide
Villa Henckel
Esplanade
Pfingstberg
Belvedere
Pomonatempel
Lepsiushaus
Biosphäre
Jüdischer Friedhof
Villa Gericke
Villa Quandt/ Fontane-Archiv
Mirbachwäldchen
Leistikowstr.
Gedenk- und Begegnungsstätte Leistikowstraße
Kaiserin-Augusta-Stift
Alexander-Newski-Gedächtniskirche
Kapellenberg
Glumestraße
Pyramide
Nauener Vorstadt
Neuer Garten
Schloss Cecilienhof
Marmorpalais
Orangerie
WC
Fachhochschule Potsdam
Museum Alexandrowka
Alexandrowka
Float Point
Alleestraße
Nedlitzer Straße
Am Schragen
Jägerallee
Friedrich-Ebert-Straße
Heilige
Gotische Bibliothek
Rathaus
Palais am Stadthaus
Jägervorstadt
Amtsgericht
Nauener Tor
Holländisches Viertel
Jägertor
Hegelallee
Museumshaus Im Güldenen Arm
Gedenkstätte Lindenstraße
Brandenburger Straße
Hauptbahnhof
Kirche St. Peter und Paul
Bassinplatz
Charlottenstr.
Tour 4: Park Sanssouci und Umgebung siehe S. 90/91
Tour 1: Rund um den Alten Markt
Tour 2: Zwischen Bassinplatz und Luisenplatz
siehe S. 34/35
T-Wer
Berliner Straße

Essen & Trinken (S. 60–64)
1 Meierei
2 Kades Restaurant am Pfingstberg
3 Garage du Pont
5 Teestube in der Alexandrowka
6 Künstlercafé Matschke
7 Villa Kellermann
8 Café Midi
9 Schiffsrestaurant John Barnett
11 Otto
12 Café fabrik
Nachtleben (S. 164)
4 Casino
10 Waschhaus
13 Theaterschiff
Wassertaxi
Eremitage
schelgrotte
Jungfernsee
Berlin
Potsdam
Wassertaxi
Schwanenbrücke
Matrosenstation Kongsnæs
Park Glienicke
Hasengraben
Tizianstraße
Böcklinstraße
Rembrandtstraße
Menzelstraße
Schwanenallee
Schloss Glienicke
Tour 6: Insel Wannsee siehe S. 118/119
Glienicker Brücke
Villa Schöningen
B 1
Berliner Vorstadt
Leonardo-da-Vinci-Straße
Fritz-Rumpf-Str.
Seestraße
Ludwig-Richter-Straße
Rubensstraße
Mühlenweg
Berliner Straße
Villa Kampffmeyer
Glienicker Lake
Berlin
Potsdam
Teltowkanal
ALDI
Schloss Babelsberg
Tour 5: Babelsberg siehe S. 104/105
Kleines Schloss
Berliner Straße
Tiefer See
Park Babelsberg
Schiffbauergasse
Wassertaxi
Zichorienmühle
Hans Otto Theater
Stadtbad Park Babelsberg
Flatowturm
museum LUXUS+
Huckleberrys (Floßverleih)
Tanztheater fabrik
Marina am Tiefen See
Humboldtbrücke
La Datscha
Kindermannsee
150 m
Tour 3: Rund um den Heiligen See

Pluspunkte: Auf dem Deck des Schiffs an der Schiffbauergasse sitzt man herrlich mit Blick auf den Flatowturm im Babelsberger Park. An lauschigen Sommerabenden genial. Innen rustikal. Es gibt brandenburgisch-internationale Küche zu 11,50–20,50 €, zudem Mo–Fr eine Mittagskarte – u. E. aber eher mit Tendenz zur Kombüsen- als zur Hochküche. Immer wieder kulturelle Veranstaltungen und kleinere Konzerte. Mi–Fr ab 16 Uhr, Sa/So ab 12 Uhr. Schiffbauergasse 12A, ✆ 0331-2012099, www.john-barnett.de.

Kantine

MeinTipp **Otto 11**, in der Kantine des Hans Otto Theaters in der Schiffbauergasse legt man seine herkömmlichen Vorstellungen von Kantinenfutter schnell ad acta. Für 6–7 €/Hg. gibt es z. B. Falafel mit Zitronenjoghurt und Cumminkraut oder Backhendl mit Kartoffel-Gurken-Salat. Daumen hoch, gefällt uns sehr! Tägl. 8–23 Uhr, Mittagstisch für Externe Mo–Fr 12.30–15 Uhr. Schiffbauergasse 11, www.hansotto theater.de.

Cafés

Künstlercafé Matschke 6, überaus charmantes, mit jeder Menge Kunst und einem gusseisernen Ofen bestücktes Galeriecafé im ehemaligen Pferdestall einer Villa. 2 Etagen, knarrende Dielenböden, Kerzenlicht. Lauschiger Hof, immer wieder Lesungen und Konzerte. Man kann auch essen, und zwar nicht nur Kuchen, sondern auch Waldpilzragout mit Serviettenknödel, Borschtsch oder Pelmeni. Dazu gibt's das Bier der Prager Brauerei *Staropramen* oder eine Potsdamer Stange. Dresscode: graues bis weißes Haar. Di–Fr 12–22 Uhr, Sa/So ab 12 Uhr. Alleestr. 10, ✆ 0331-2800359, www.matschkes-galeriecafe.de.

Café fabrik 12, in der Schiffbauergasse. Hübsches, dem gleichnamigen Tanztheater angeschlossenes Café, das unter der Woche feinen vegetarischen Mittagstisch anbietet (ca. 7 €). Im Sommer wird vor der Tür zudem eine gemütliche Strandbar bewirtschaftet (mit Beachvolleyball und Kinderspielplatz). Café tägl. 10–18 Uhr und veranstaltungsbegleitend, Garten April–Okt. je nach Witterung. Schiffbauergasse 10, ✆ 0331-2800314, www.fabrik potsdam.de.

Café Midi 8, im Neuen Garten. Das freundliche Café gehört zum *Treffpunkt Freizeit*, einem Jugend- und Familienzentrum. Werktags gibt es ein leckeres wechselndes Lunchangebot, die Gerichte kosten 6,50–7,50 €. Ein Tipp für die preiswerte Einkehr zwischen Schloss und Schloss. Mo–Fr 9–18 Uhr, Sa/So ab 12 Uhr. Am Neuen Garten 64, ✆ 0331-27351557, www.cafemidi.de.

Selbstgebrautes Bier in Traumlage: Meierei

Potsdam im Kasten

Schiffbauergasse: Von der Werft zum Kulturstandort

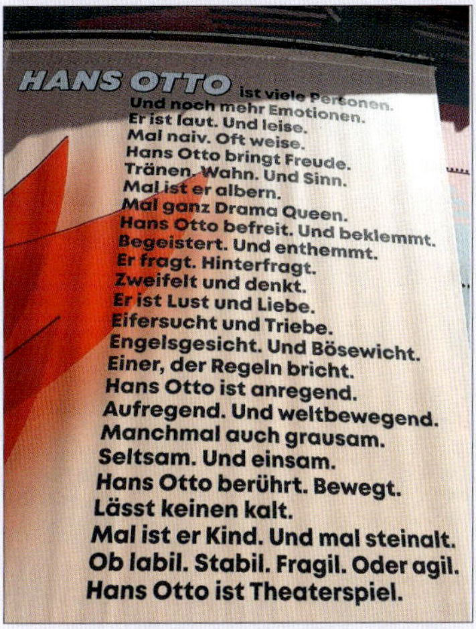

Hans Otto ist viel

Von wegen Gasse! Die Schiffbauergasse ist keine einzelne Gasse, sondern ein ca. 12 ha großes Areal südlich der Berliner Vorstadt und gleichzeitig *der* Potsdamer Kulturstandort schlechthin. Seine Lage am Tiefen See könnte nicht besser sein.

Ab dem frühen 18. Jh. baute man auf dem Gelände Schiffe, daher der Name. Im 19. Jh. wurde es mehr und mehr militärisch genutzt. Unter anderem entstanden eine Kaserne für die 600 Husaren der königlichen Leibgarde und eine **Reithalle,** die von Hofbaumeister Karl Friedrich Schinkel höchstpersönlich projektiert wurde. Auch Industrie siedelte sich an: So wurde hinter der kitschig-romantischen Fassade der **Zichorienmühle** direkt am Wasser aus den getrockneten Wurzeln des Chicorée „Mocca faux" (falscher Mocca, bekannter als „Muckefuck") gemahlen. Heute befindet sich darin ein gehobener Italiener. 1856 kam die Freundsche Gasanstalt hinzu, von wo die Straßenlaternen Potsdams zum Leuchten gebracht wurden. Während der DDR-Zeit verkam das Areal völlig. Aber schon kurz nach der Wende – den Hausbesetzern sei Dank (→ S. 158) – entwickelte sich an der Schiffbauergasse ein erstes alternatives Kulturleben.

Heute wird hier Hochkarätiges in Sachen Kunst und Kultur geboten. In den ehemaligen Pferdeställen der Husaren ist das **museum Fluxus +** untergebracht, das sich der Fluxus-Bewegung um den Happening-Künstler Wolf Vostell (1932–1998) und anderen Künstlern der Avantgarde aus der zweiten Hälfte des 20. Jh. widmet. Angeschlossen sind ein Café und ein Shop (Schiffbauergasse 4f; Mi–So 13–18 Uhr, 7,50 €, erm. 3 €, www.fluxus-plus.de).

Eyecatcher der Schiffbauergasse ist der architektonisch spannende, direkt am Wasser stehende Neubau des **Hans Otto Theaters,** eine coole rote Muschel. In der **fabrik** nahebei legt man den Schwerpunkt auf Tanz- und Bewegungskunst. Theater, Varieté, Comedy etc. gibt es auch im **T-Werk** und auf dem **Theaterschiff** samt Kneipe. Ins **Waschhaus,** die einstige Garnisonswäscherei, geht man hingegen, wenn man Lust auf Party, Livemusik oder Improtheater hat. Davor eine Kneipe samt Biergarten. Im Sommer trifft man sich hier zu spaßigen Open-Air-Veranstaltungen. Alle Locations sind im Kapitel „Kultur" bzw. „Nachtleben" ab S. 162 genauer beschrieben.

Übrigens muss hier keiner für immer und ewig an Land bleiben. In der **Marina am Tiefen See** werden Boote verliehen und bei **Huckleberrys** (→ S. 170) etwas weiter sogar richtig zünftige Holzflöße für rustikale Ausflüge über die Havelseen.

Tram 93, 94, 99 bis Schiffbauergasse. www.schiffbauergasse.de.

Ein Must-see

Tour 4

Viele Städte sind stolz auf ihren Schlosspark und auf ihr Schloss im Park. Potsdam ist anders. Potsdam hat mehrere Schlossparks. Und Park Sanssouci gar mehrere Schlösser.

Schloss Sanssouci, das berühmteste Schloss Potsdams thront erhaben über den Weinbergterrassen. S. 72

Bildergalerie, ein Tempel der Künste. Das Auge fährt hier Karussell, S. 72

Orangerieschloss, das ist *Bella Italia,* wie es sich Friedrich Wilhelm IV., der Romantiker auf dem Thron, vorstellte. S. 75

Neues Palais, nichts anderes als Protz und Prahlerei und der steingewordene Beweis, dass man guten Geschmack mit Geld nicht kaufen kann. S. 77

Auf zum Schlösser-Hopping!

Park Sanssouci und Umgebung

Schlösser der Lust, des Sommers und der Prahlerei stehen im Park Sanssouci, dem Inbegriff des „preußischen Arkadiens". Hierher flüchteten die Könige und Kaiser, die Berlin nicht mochten. Diese kapriziös verspielte Kunstwelt ist alles andere als klein, sondern fast 300 ha groß, was rund 400 Fußballfeldern entspricht. Ein Wegenetz von rund 70 km führt hindurch. Durch ein Paradies mit Blumenrabatten und Wasserspielen, mit über 1000 Skulpturen, Grotten und Tempelchen. Und mit Schlössern an jeder Ecke! Tauchen Sie ein in den Park Sanssouci, die „sorglose" Spielwiese der preußischen Royals.

Zwei Könige zeichnen für das Gros der Bauten verantwortlich: Friedrich der Große und Friedrich Wilhelm IV. Dabei vertrauten sie v. a. zwei Architekten: Georg Wenzeslaus von Knobelsdorff und Ludwig Persius. Als Gartenkünstler tobte sich hier insbesondere Peter Joseph Lenné aus (→ Kasten, S. 117). Heute sind rund 60 Gärtner mit Hacke, Gertl und Heckenschere damit beschäftigt, das royale Erbe zu erhalten. Für die Pflege der Grasnarbe sind noch mal so viele Schafe im Einsatz.

Obwohl der Park Millionen Besucher anzieht, ist er kein reiner Touristen-Hotspot, sondern wird auch von der Bevölkerung Potsdams aktiv genutzt. Schließlich grenzt er direkt an die City und beherbergt im Westen in prächtigen Bauten Fakultäten und Einrichtungen der Universität Potsdam. Im Süden schließt die Brandenburger Vorstadt an, im Norden Bornstedt. Die dortigen Sehenswürdigkeiten sind ab S. 82 unter „Sehenswertes abseits des Spaziergangs" beschrieben.

Spaziergang

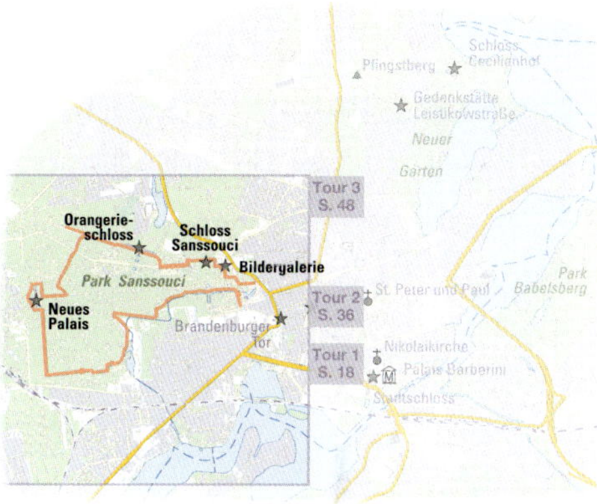

> **Länge** ca. 6,5 km, **Dauer** ca. 2:30 Std. **Achtung:** Der hier beschriebene Rundgang ist nur zu Fuß machbar! Radfahren ist auf vielen Wegen verboten. **Karte** S. 90/91.

Ausgangspunkt des Spaziergangs ist der Obelisk an der Schopenhauerstraße. Zu Mitte des 18. Jh. wurde der Obelisk errichtet, als großes Schmuckstück samt Hieroglyphen. Doof nur: Das altägyptische Schriftsystem war zu jener Zeit noch gar nicht entziffert – das gelang erst dem Franzosen Jean-François Champollion im Jahr 1822. Somit haben die Hieroglyphen dieses Obelisken die Aussagekraft des Gekritzels eines Kindes, das schreiben möchte, aber nicht kann: viele Zeichen, aber nichts dahinter.

Potsdam im Kasten

Park und Schlösser Sanssouci – ein paar Infos vorab

Der **Park Sanssouci** ist von 8 Uhr bis zum Einbruch der Dunkelheit frei zugänglich. Wichtig: Potsdam ist nicht Berlin, v. a. nicht im Park Sanssouci! Legen Sie sich um Himmels willen niemals ins Gras, nicht mal für ein Nickerchen – sonst 10 € Strafe!

Der Besuch von **Schloss Sanssouci** und des **Neuen Palais** (ganzjährig haben nur diese beiden geöffnet) ist an feste Zeiten gebunden, die auf den Tickets angegeben sind. Das Ticket für das Neue Palais ist nur am jeweiligen Tag ab 10 Uhr an den Besucher- bzw. Schlosskassen erhältlich, jenes für Schloss Sanssouci kann auch online gebucht werden. Von November bis März/April sind die meisten Sehenswürdigkeiten dicht. Montag ist nicht der ausschließliche Ruhetag: Das Neue Palais hat dienstags geschlossen. Überlegen Sie sich gut, ob Sie alle Schlösser an einem Tag besichtigen wollen (Schlosskoller!).

Informationszentren: Die „Stiftung Preußische Schlösser und Gärten Berlin-Brandenburg (SPSG)“ unterhält zwei Informationszentren: das *Besucherzentrum an der Historischen Mühle* (An der Orangerie 1, Mo geschl.) und das *Besucherzentrum am Neuen Palais* (Am Neuen Palais 3, Di geschl.). Dort sowie an allen Schlosskassen erhalten Sie auch das *Kombiticket sanssouci+*, das den Besuch aller geöffneten Schlösser und Pavillons der SPSG in Potsdam (Ausnahmen: Schloss Sacrow und Jagdschloss Stern, ermäßigter Eintritt für das Belvedere auf dem Pfingstberg) an einem Tag inkl. einer festen Einlasszeit für das Schloss Sanssouci beinhaltet (19 €, erm. 14 €, Familienticket inkl. 4 Kinder 49 €). Diese Tickets kann man auch online unter www.spsg.de erwerben. Einzeleintrittspreise sind unter den jeweiligen Sehenswürdigkeiten angegeben. Zu Ostern, Pfingsten oder an verlängerten Wochenenden, wenn also viele Touristen in der Stadt sind, ist es ratsam, sich die zeitgebundenen Einlasstickets für Schloss Sanssouci lange im Voraus zu besorgen!

Triumphales Entree zum Winzerberg

Blickt man vom Obelisken gen Norden, fällt das **Triumphtor am Winzerberg** ins Auge (→ Sehenswertes abseits des Spaziergangs, S. 84). Dreht man sich gen Westen, blickt man auf das **Obeliskportal**, einen der Haupteingänge von Park Sanssouci. Korinthische Säulen bilden das Portal, daneben Flora und Pomona, die Göttinnen der Blumen und Früchte. Vom Obeliskportal führt geradlinig die rund 2 km lange Hauptallee zum Neuen Palais am anderen Ende der Parkanlage. Der Mittelbau des Schlosses samt Kuppel ragt aus der Sichtachse empor.

Gleich hinter dem Portal führt linker Hand ein Fußweg zur Friedenskirche, die sich in einem Teich spiegelt – an der Kirche wird unser Spaziergang enden. Hält man sich hingegen rechts, gelangt man zur **Neptungrotte,** verziert mit Muschelschalen und Bergkristallen. Obenauf grüßt der Gott des Meeres mit dem Dreizack in der Hand. Die Grotte ist ein fürchterlich kitschiges Ding, Ausdruck der Sehnsucht Friedrichs II. nach Zauberwelten am rauschenden Meer.

Kunst und Kartoffeln

Neben der Grotte befindet sich der **Holländische Garten** mit Laubengängen und 80 Bäumen historischer Apfelsorten. Durch den Garten gelangt man zur **→ Bildergalerie** – ein wahrlich königlicher Kunstgenuss. Im Sommer kann man die Bildergalerie unten betreten und oben, auf gleicher Höhe wie Schloss Sanssouci, verlassen. Montags und im Winter jedoch muss man über die Weinbergterrassen zum Schloss aufsteigen.

Vorm **→ Schloss Sanssouci,** auf der obersten Terrasse rechter Hand (also zur Bildergalerie hin), liegt der einstige Schlossherr, Friedrich der Große, begraben. Auf seiner Grabplatte werden immer wieder „Tartuffeln" – so nannte man Kartoffeln früher – abgelegt. Der Alte Fritz nämlich ließ sie in das von Hungersnöten geplagte Preußen einführen. Auf seinem eigenen Speiseplan wollte er jedoch keine Tartuffeln sehen.

Das Schloss selbst ist ein Lustschloss, das dem sonst so kompromisslosen

Herrscher und Kriegsherren Zerstreuung und Vergnügen abseits der Pflichten zu Hofe bereiten sollte: „Ein Augenblick der Lust ist für den, der genießt, so viel wert wie ein Jahrhundert der Ehre, dessen schöner Schein trügt."

An der Fassade des Mittelbaus sonnen sich Bakchantinnen und Bakchanten, des Weingottes Dionysos verführerische Begleiter. Sie blicken über die Weinbergterrassen hinweg auf den Ziergarten mit dem Wasserspiel in der Mitte. Auf dem Gebälk über ihnen fällt die rätselhafte Inschrift „SANS, SOUCI" ins Auge. Es gibt zig Theorien, warum die Wörter nicht, wie es sich gehört, zusammengeschrieben, sondern durch ein Komma getrennt sind. Recht populär ist jene, die des Rätsels Lösung in *virgule*, dem französischen Wort für „Komma", bzw. dessen lateinische Basis *virgula* sieht: *Virgula* bedeutet nämlich auch „Rute" oder „Stäbchen", sodass die Inschrift, so die These, von Friedrich bewusst als codierter Hinweis auf seine Impotenz bzw. Zeugungsunfähigkeit zu lesen sei. Was ihn zu diesem wenn auch verschlüsselten öffentlichen Bekenntnis veranlasst haben sollte, ist aber ebenso wenig geklärt wie die Frage, ob es mit der königlichen Potenz tatsächlich nicht zum Besten gestanden hat.

Hinein ins Schloss geht es von der anderen Seite, der dunkleren Nordseite. Dort bilden zwei Kolonnadengänge ein Halbrund um einen Ehrenhof. Von der Lücke zwischen den Kolonnadengängen besteht eine Sichtachse zum **Ruinenberg** (→ Sehenswertes abseits des Spaziergangs, S. 85).

Vom Ehrenhof führt zudem ein Schotterweg zur **→ Historischen Mühle,** zu deren Füßen die **→ Neuen Kammern** liegen, das Gästehaus des Schlosses Sanssouci. Im Garten der Neuen Kammern stehen wie zu Zeiten Friedrichs des Großen Kirschbäume.

Gärten über Gärten

Weiter geht es entlang der Maulbeerallee. Die Gartenanlage, die auf die Neuen Kammern linker Hand folgt, ist der **Sizilianische Garten.** Von der reich geschmückten Balustrade mit den weißen Seelöwen hat man einen schönen Blick auf die Anlage: An die Antike angelehnte Skulpturen schmücken sie, im Frühsommer blühen Granatapfelbäume.

Konterpart auf der anderen Straßenseite ist der **Nordische Garten** mit einer hinter einer klassizistischen Fassade versteckten Muschelgrotte. Durch den Nordischen Garten führt ein Treppenweg zum **→ Orangerieschloss.** Es war das letzte große Bauwerk, das im Park Sanssouci hochgezogen wurde. Dass es in Anlehnung an italienische Hochrenaissancevillen entstand, ist unverkennbar. Spaziert man die gesamte Front des Orangerieschlosses entlang, passiert man an dessen westlichen Ende eine Brücke. Von dieser blickt man hinab in den **→ Paradiesgarten,** hinter dem sich – auf der gegenüberliegenden Seite der Maulbeerallee – der **→ Botanische Garten** ausbreitet. Allen Hobbygärtnern sei ein Abstecher in diese Lehr- und Schaugärten der Universität Potsdam empfohlen.

Royale Laube:
Stibadium im Paradiesgarten

Wer den Abstecher auslässt, spaziert einfach geradeaus weiter auf das Rundtempelchen auf dem Klausberg zu, das sog. **Belvedere auf dem Klausberg.** Die Aussicht von dort ist nicht sonderlich spektakulär, die einstigen Sichtachsen sind z. T. zugewachsen. Der Rundtempel, in den Jahren 1770–72 erbaut, ist i. d. R. nicht zugänglich. Als Eventlocation aber kann man ihn buchen (mit 1000 € für einen Abend gar nicht mal so teuer).

Zu Füßen des Belvedere erstreckt sich der **Königliche Weinberg.** Die preußischen Könige tranken übrigens keine preußischen Weine, die waren ihnen zu sauer. Mittlerweile (Klimawandel!) wächst hier ein weißer *Phönix*, eine Kreuzung aus *Bacchus* und *Villard Blanc*, der durchaus trinkbar ist. Wer's nachprüfen will, bestellt über www.mosaik-shop.de.

Weiter zum Neuen Palais

Beim **Drachenhaus,** auf halbem Weg zum Belvedere auf dem Klausberg, halten wir uns links. Im Drachenhaus wohnte früher der Gärtner des Weinbergs. Seinen Namen erhielt das Haus, das im Stil einer chinesischen Pagode gehalten ist, wegen der Drachen auf dem Dach – so viele sind es, dass der Heilige Georg nur noch fluchen würde. Heute befindet sich im Drachenhaus ein Restaurant (→ Essen & Trinken).

Spaziert man am Drachenhaus geradewegs vorbei hinab und überquert die Maulbeerallee, gelangt man wieder in den umzäunten Bereich der Parkanlage von Sanssouci und zum **Antikentempel.** Friedrich der Große ließ den Rundtempel zur Aufbewahrung seiner antiken Statuen erbauen. Seit 1920 wird er als Mausoleum der Hohenzollern genutzt (nicht zugänglich).

200 m weiter steht der **Freundschaftstempel,** ein schmucker Pavillon, den Friedrich der Große für seine verstorbene Lieblingsschwester Wilhelmine von Bayreuth errichten ließ.

Zwischen dem Antikentempel und dem **Freundschaftstempel** führt die Hauptallee direkt auf das → **Neue Palais** zu, einen mächtigen Bau, dessen schönste Räume im Stil des Rokoko ausgestattet sind. Auf den Balustraden und auf der Terrasse steht eine Skulptur neben der anderen, viele von eher minderer Kunstfertigkeit.

Es lohnt sich, um das Palais herumzugehen, denn rückwärtig stehen dem Schloss die sog. **Communs** gegenüber, die über einen imposanten Kolonnadengang mit einem Triumphtor verbunden sind. Der Platz zwischen den Communs und dem Neuen Palais wird **Mopke** genannt. Was wie ein Berliner Schnaps klingt, hat seinen Ursprung im Niederdeutschen und steht für eine Pflasterung mit Ziegel- und Klinkersteinen nach holländischer Art. In den Communs befanden sich einst die Wirtschaftsräume und die Küche des Neuen Palais. Das Essen wurde unterirdisch ins Neue Palais gebracht.

Heute sitzt in den Communs die Philosophische Fakultät der Universität Potsdam.

Park Charlottenhof

Südlich des Schlosses beginnt die sog. **Lindenavenue.** Auf dieser setzen wir unseren Spaziergang fort. Etwa 70 m vor dem Tor der Parkanlage halten wir uns links. Schon sehen wir am Ende der Sichtachse den Giebel des Schlosses Charlottenhof. Auf dem Weg dorthin queren wir einen Park im Park: den Park Charlottenhof im Park Sanssouci. Dabei passieren wir u. a. die ehemalige **Fasanerie** mit schönen gusseisernen Balkonen. In den 1920er-Jahren wohnte hier übrigens die Verlegerin Irmgard Kiepenheuer, später der Dirigent Wilhelm Furtwängler. Heute leben hier Mitarbeiter der Schlösserverwaltung.

Das **→ Schloss Charlottenhof** ist kein pompöser Bau. Es hat eher etwas von einer klassizistischen Villa. Hinten raus besitzt es einen hübschen Rosengarten, der bis zum Maschinenteich reicht. Der Name des Teichs erinnert daran, dass hier einst Preußens erste Dampfmaschine im Einsatz war.

Am Maschinenteich liegen auch die **→ Römischen Bäder.** Davor steht auf einem hüfthohen Sockel ein seltsam bearbeiteter Sandsteinquader mit der Jahreszahl 1740 und den Initialen „FW". Es ist eine polyedrische Sonnenuhr.

Folgt man dem Richtungsanzeiger des kleinen WC-Schildchens bei der Sonnenuhr, gelangt man zur ehemaligen **Meierei,** die zuletzt umgangreich restauriert wurde.

Die Meierei liegt an einem künstlichen Wasserlauf, der den Maschinenteich mit dem Friedensteich an der **→ Friedenskirche** verbindet, der letzten Station auf unserer Tour. So spazieren wir nun einfach mehr oder weniger parallel zum Wasserlauf weiter. Unterwegs bietet sich ein Abstecher zum **→ Chinesischen Haus** an, das wie das Drachenhaus die Chinabegeisterung des 18. Jh. widerspiegelt.

Der Platz zwischen den Communs und dem Neuen Palais wird Mopke genannt

Park Sanssouci und Umgebung → Karte S. 90/91

Sehenswertes im Park Sanssouci

Tempel der Künste

Bildergalerie

„Ich lasse in Sanssouci eine Galerie bauen, eine neue Torheit wenn du willst, aber durch die kommt die Welt ja nur vorwärts, denn wenn man im Leben der Menschen nur die vernünftigen Handlungen ansehen wollte, so würde die Geschichte sehr kurz sein." Die Zeilen entstammen einem Brief Friedrichs des Großen an seine Schwester Wilhelmine von Bayreuth. Und schon bevor die Torheit nach achtjähriger Bauzeit 1763 vollendet war, notierte der französische Schriftsteller und Philosoph Marquis d'Argens: „Was die Galerie betrifft, so ist sie, abgesehen von San Peter in Rom, das Schönste der Welt." Kostbarer afrikanischer Marmor, der aus römischen Ruinen stammt, ziert die Wände. An der Decke vergoldete Ornamente, im Boden farbige Steinintarsien. Die heute älteste erhaltene Galerie Deutschlands überreizt sämtliche Sinne: Dicht gehängt präsentiert sie 143 Meisterwerke der flämischen und holländischen Barockmalerei, der italienischen Renaissance und des italienischen Barock. Darunter befinden sich Caravaggios *Ungläubiger Thomas*, Anton van Dycks *Pfingsten*, Peter Paul Rubens' *Heiliger Hieronymus* und *Die vier Evangelisten*, zudem Werke von Carlo Maratta, Ciro Ferri und Jacob Jordaens sowie antike und französische Skulpturen des 18. Jh. Ein Handout mit der Abbildung aller Gemälde hilft dem Besucher, den Überblick zu bewahren. In der Wand hinter den Bildern befindet sich eine Heizung, die dafür sorgt, dass die Bilder im Winter keinen Schaden nehmen.

Mai–Okt. tägl. (außer Mo) 10–17.30 Uhr. 6 €, erm. 5 €, für Kombitickets → S. 67. Park Sanssouci, www.spsg.de. Bus X15 und 695 bis Schloss Sanssouci.

Rokoko 'n' Roll

Schloss Sanssouci

Sanssouci heißt übersetzt „Ohne Sorge". Und ohne Sorgen, ohne Hofstaat und ohne Frau (!) wünschte Friedrich der Große, hier abseits des Potsdamer Stadtschlosses und des Berliner Trubels in der Natur zu weilen. In einem Schloss, ähnlich dem *Grand Trianon*, dem Lustschloss im Park von Versailles, das sich Ludwig XIV. ein Dreivierteljahrhundert zuvor geleistet hatte. Friedrich der Große zeichnete den Entwurf für Schloss Sanssouci selbst, sein Architekt Georg Wenzeslaus von Knobelsdorff setzte ihn um. 1747, nach zweijähriger Bauzeit, war das eingeschossige Sommerschlösschen fertig. Es war ganz auf die Bedürfnisse Friedrichs zugeschnitten, der sich gerne mit geistreichen Persönlichkeiten umgab und für diese Gästezimmer (Westseite) einrichten ließ. Diese Räume wie auch die königlichen Gemächer (Ostseite), allesamt Räume voller Eleganz und Prachtentfaltung, besitzen noch weitestgehend ihre ursprüngliche Ausstattung. Lediglich das Arbeits- und Schlafzimmer ist nicht mehr im Originalzustand erhalten, nach dem Tod Friedrichs des Großen (17. August 1786) war es zu verwohnt. Und es stank, so berichteten zumindest Gesandte und Freunde Friedrichs, die den König hier noch vor seinem Tod besucht hatten. Seine letzten Tage nämlich hatte der alte Alte Fritz mit seinen Windhunden verbracht, alle in einem Bett. Hunde, so meinte Friedrich, „haben alle guten Eigenschaften des Menschen, ohne gleichzeitig ihre Fehler zu besitzen". Die Diener, so heißt es, hatten die Hunde auf Französisch anzusprechen und zu siezen. Mehr zu Friedrich II. → S. 148.

Potsdams Postkartenmotiv: Schloss Sanssouci

Friedrich der Große liegt heute neben seinen Windhunden vor dem Schloss begraben (am östlichen Ende der obersten Terrasse, → Spaziergang). Die Grabstelle an diesem Ort hatte er selbst in Auftrag gegeben. Doch bevor dieser letzte Wille seine Erfüllung fand, gingen des Alten Fritzens sterbliche Überreste auf Reisen. Von der Garnisonkirche, wo Friedrich Wilhelm II. seinen Onkel hatte bestatten lassen, wechselte der Sarkophag 1943 in Görings Hauptquartier. 1945 reiste er ins Kalibergwerk Bernterode, nach Kriegsende in die Marburger Elisabethkirche und 1952 in die Christuskapelle der Burg Hohenzollern in Baden-Württemberg. Erst 1991 kehrte der Alte Fritz nach Potsdam zurück.

Durch das Schloss: 1873 wurde das Rokokoschloss Sanssouci als Museum der Öffentlichkeit zugänglich gemacht. Aber schon zu Friedrichs Zeiten hatten Besucher die Gelegenheit, das Schloss zu besichtigen, wenn der König nicht da war. Heute wie damals betritt man das Schloss über das *Vestibül*. Anders aber als zu Friedrichs Zeiten werden die Gäste nicht direkt in den Festsaal weitergeleitet, sondern zunächst in die *Kleine Galerie* mit antiken Skulpturen, französischer Malerei und schmalen rosafarbenen Sofas. Letztere waren nicht zum Sitzen gedacht, sie dienten lediglich der Dekoration.

Im Anschluss passiert man die *Bibliothek*, die man leider nicht betreten darf. Friedrich liebte die griechische und römische Dichtung. Fast alle Bände sind in französischer Sprache.

Es folgt das *Arbeits- und Schlafzimmer*, das Friedrich Wilhelm II., Friedrichs Nachfolger, im klassizistischen Stil neu gestalten ließ. Danach betritt man das *Konzertzimmer*, an dessen Decke Hunde Hasen jagen und Kinder Fische fangen. Wer den Audioguide nutzt, hört hier Musik Friedrichs, über 120 Flötensonaten hat der König komponiert. Der nächste Raum ist der *Audienzsaal*. Dessen Wände sind mit rosafarbenem Seidenmast bespannt, der Lieblingsfarbe des Königs. Hier fanden häufig die mittäglichen Tafelrunden statt, die zwei bis drei Stunden dauerten.

Daran schließt der *Marmorsaal* an, der zentrale Saal, in dem rauschende Feste gefeiert wurden. Den marmornen Boden zieren Weinranken. In der Kuppel Putten, Venus Urania und Apollon in zwei Nischen.

Der Westflügel ist der *Gästetrakt*. In den Gästezimmern wurden halbseidene Tapeten verwendet, im königlichen Trakt vollseidene. Die Zimmer haben Alkoven (rückwärtige Bettnischen), sind aber nicht sonderlich isoliert: Das Schnarchen des einen hörte man im Zimmer des anderen. Das schönste Gästezimmer ist das vierte. Es fällt aus der Reihe und wird auch *Voltairezimmer* genannt, weil der große Philosoph hier gerne weilte. Die Eichenholzvertäfelung zeigt Blumen, Papageien, Früchte und Äffchen.

Über die *Bedienstetenzimmer* im rückwärtigen Trakt verlässt man das Schloss wieder. Überraschend dort: ein Siebdruck, der den Alten Fritz darstellt, aus der letzten Schaffensphase Andy Warhols, in der er ikonische Figuren paraphrasierte.

April–Okt. tägl. (außer Mo) 9–17.30 Uhr, sonst tägl. (außer Mo) 10–16.30 Uhr. 14 €, erm. 10 €, für Kombitickets → S. 67. Maulbeerallee, www.spsg.de. Bus X15 und 695 bis Schloss Sanssouci.

Durch die Schlossküche: Auch Friedrich Wilhelm IV. wählte Schloss Sanssouci zur Sommerresidenz. Er verehrte seinen Urgroßonkel, beließ daher auch das Schloss weitestgehend in seinem Originalzustand. Die seitlichen Wirtschaftsflügel jedoch ließ er für seinen Hofstaat ausbauen. Auch gönnte er sich eine neue Küche und engagierte einen chinesischen Teekocher, schließlich galt Kaffee zu jener Zeit unter gestandenen Preußen als unmännlich und sollte der Frau vorbehalten bleiben.

Die Hauptküche des Traktes ist 115 m² groß, ausgestattet mit einer aus der Mitte des 19. Jh. stammenden „Kochmaschine" – heute würde man sie als gusseisernen Herd bezeichnen. Was wurde hier nicht alles gezaubert! Ein paar Menükarten sind ausgestellt, die Speisenfolge einer königlichen Mittagstafel konnte z. B. folgendermaßen aussehen: Schildkrötensuppe, Ostender Steinbutten, Poularde auf italienische Art, Englischer Hummersalat, Schinkenauflauf mit frischen Morcheln, Kalter Rehrückensalat, Artischockenböden mit Mark, Holländische Bombe, Käsestangen.

Einblick erhält man auch in die Backstube und den Weinkeller. Unter Friedrich dem Großen stapelte sich hier v. a. *Monbazillac* aus Südwest-Frankreich. Unter Friedrich Wilhelm IV. gab es hier Kisten voller Champagner, aber auch Rhein- und Moselweine, Burgunder, Tokajer wie auch Weine aus Spanien und Südafrika.

April–Okt. tägl. (außer Mo) 10–17.30 Uhr. 4 €, erm. 3 €, für Kombitickets → S. 67. Maulbeerallee, www.spsg.de. Bus X15 und 695 bis Schloss Sanssouci.

Verschnaufpause gefällig? In vielen Schlössern stehen Stühle – Sitzen ist okay, Anlehnen jedoch nicht!

Von wegen

Historische Mühle

Schon vor dem Bau des Schlosses Sanssouci stand hier eine Mühle, und zwar eine Bockwindmühle. Als Friedrich II. sein Schloss errichten ließ, war der Müller wenig begeistert, weil das Schloss und die neu gepflanzten Bäume ihm den Wind nahmen. Den Wunsch des Müllers, seine Mühle verlegen zu dürfen, lehnte der König ab, „weil die Mühle dem Schlosse zur Zierde gereiche." 1790/91 wurde schließlich eine größere Galeriemühle nach holländischem Vorbild mit steinernem Unterbau errichtet. In den letzten Tagen des Zweiten Weltkrieges ging diese in Flammen auf, bis zum Wiederaufbau verstrich fast ein halbes Jahrhundert. Heute wird in der Mühle nicht nur regelmäßig gemahlen (und Biobrot verkauft), heute kann die Mühle auch besichtigt werden. Sie beherbergt eine Ausstellung zu Müllerzunft, Mühlentypen und Mühlenwirtschaft von ihren Anfängen bis in die Gegenwart.

April–Okt. tägl. 10–18 Uhr, Nov. und Jan.–März Sa/So 10–16 Uhr. 4 €, erm. 3 €, für Kombitickets → S. 67. Maulbeerallee 5, www.historische-muehle-potsdam.de. Bus X15 und 695 bis Schloss Sanssouci.

Historische Mühle

Das Gästeschloss

Neue Kammern

Zu Füßen des Schlosses Sanssouci ließ Friedrich der Große 1747 eine Orangerie für die Kübelpflanzen des Schlossgartens errichten. Verantwortlicher Architekt: Georg Wenzeslaus von Knobelsdorff. Im Sommer, wenn die südländischen Obstbäume im Freien stehen konnten, war die Halle leer und wie geschaffen für Bälle und Konzerte.

Um mehr Persönlichkeiten im Schloss Sanssouci beherbergen zu können (dort gab es ja nur fünf Gästezimmer), ließ Friedrich der Große die Orangerie zwischen 1771 und 1775 in ein Gästeschloss umbauen. Schließlich liebte es der Angeber, mit seiner neu geschaffenen Bildergalerie Besucher zu beeindrucken.

Das Gästeschloss mit vier festlichen Sälen und sieben sog. Kavalierszimmern (Gästequartieren) wurde „Neue Kammern" genannt. Damals assoziierte man mit Kammern noch keine Besen, sondern aristokratische Räumlichkeiten.

Zu den Höhepunkten der Besichtigung gehört der **Japsissaal** in der Mitte des Schlosses. Er ist mit schlesischem Marmor und rotem Japsis, einem Halbedelstein, ausgekleidet. Das Deckengemälde zeigt Venus samt Gefolge. Auf vergoldeten Konsolen stehen griechische und römische Büsten, teils Originale, teils Kopien (Originale in Berlin). Auch sehr beeindruckend: die **Ovidgalerie**, ein Konzertsaal, der etwas von französischen Spiegelsälen hat. Er ist mit goldenen Reliefs verziert, die Liebesszenen aus den Metamorphosen des römischen Dichters Ovid zeigen – Friedrich der Große war großer Ovid-Fan.

Unter den Gästezimmern sind v. a. das **Grüne Lackkabinett** mit Medaillons römischer Imperatoren und flämischen Taftvorhängen und das **Große Intarsienkabinett** sehenswert. Für Letzteres zeichnen die Gebrüder Spindler verantwortlich. Vier Jahre soll die Arbeit an den Einlegearbeiten – u. a. Blumen, Vögel, Früchte und Instrumente – aus Palisander, Ebenholz, Maulbeere und Ahorn in Anspruch genommen haben.

April–Okt. tägl. (außer Mo) 10–17.30 Uhr. 6 €, erm. 5 €, für Kombitickets → S. 67. Park Sanssouci, www.spsg.de. Bus X15 und 695 bis Schloss Sanssouci.

Italo-Prunk

Orangerieschloss

Was wurde bei Hofe nicht alles gezüchtet: Kirschen, Pflaumen, Aprikosen, Pfirsiche, Birnen, Äpfel, Feigen, Melonen, Ananas, Bananen und selbstverständlich Orangen, die „goldenen Äpfel des Paradieses", die zu Zeiten Friedrichs des Großen noch ewige Jugend

Park Sanssouci und Umgebung → Karte S. 90/91

Gemäldesaal im Orangerieschloss

versprachen. Bereits Ende des 17. Jh. zierten über 2000 Orangenbäume die Gärten. Der Saft wurde als Heilmittel verwendet, die ätherischen Öle aus Schale und Blüte waren begehrte Wohlgerüche. Und alle Südfrüchte brauchten im Winter ein Dach über dem Kopf.

Nachdem Friedrich der Große die Orangerie neben Schloss Sanssouci zu einem Gästeschloss hatte umbauen lassen, diente zunächst ein Fachwerkbau als neue Orangerie. Mitte des 19. Jh. war dieser aber bereits so in die Jahre gekommen, dass Italo-Fan Friedrich Wilhelm IV. beschloss, ein Orangerieschloss bauen zu lassen. 1864, nach 13-jähriger Bauzeit, war es fertig. Der Mittelbau mit Turmanlage erinnert an die Villa Medici in Rom, die Eckpavillons gemahnen an die Uffizien in Florenz. Die Front allein misst 300 m, damit wurde das Orangerieschloss das größte Bauwerk Sanssoucis. Die Orangerieflügel dienen bis heute der Aufnahme exotischer Pflanzen. Im Gegensatz zu früheren Zeiten sind sie nun beheizbar – die Gärtner von einst hatten in kalten Winternächten stets die aufgestellten Wasserschalen zu überprüfen: Begann das Wasser zu gefrieren, musste schnell ein Feuer geschürt werden.

Zwischen den Orangerieflügeln befinden sich zwei **Fürstenwohnungen,** und zwischen diesen wiederum liegt der **Gemäldesaal,** dessen Vorbild die *Sala Regia* im Vatikan ist. Er spiegelt die Formensprache der Hochrenaissance wider. Man nennt ihn auch **Raffaelsaal,** da er knapp 50 Kopien von Gemälden Raffaels beherbergt, darunter das Kultbild der Sixtinischen Madonna (Original in Dresden) mit den zwei putzig nach oben guckenden Engeln am unteren Bildrand.

Im ostseitigen Apartment ist das **Malachitzimmer** eine Augenweide (Tisch und mehrere Dekorationsstücke sind aus grünem Malachit gefertigt), im westseitigen das **Elfenbeinzimmer** (mit viel Meissner Porzellan). Hierher zog sich Friedrich Wilhelm IV. 1857 zurück, nachdem er die Regierungsgeschäfte aufgrund mehrerer Schlaganfälle weitestgehend aufgegeben hatte.

Achtung: Bis 2030 soll das Orangerieschloss umfassend saniert werden. Dadurch kann es zu Schließungen verschiedener Trakte kommen.

April Sa/So 10–17.30 Uhr, Mai–Okt tägl. (außer Mo) 10–17.30 Uhr, Di–Fr Besichtigungen nur mit Führung, Sa/So auch ohne Führung möglich (nicht aber im April). 6 €, erm. 5 €, für den Aussichtsturm (zuletzt geschl.) zahlt man extra, für Kombitickets → S. 67. An der Orangerie 3–5, www.spsg.de. Bus 695 bis Orangerie/Botanischer Garten.

Flower-Power zum Ersten

Paradiesgarten

Westlich der Orangerie-Terrassen liegt der Paradiesgarten. Es ist ein bezaubernder Ort mit einer bunten Zwiebelblumen- und einer Wildblumenwiese, mit einer Rosensammlung, mit Pergolen und Bänken und einem im Mai und Juni traumhaft schön blühenden Rhododendronhang. Mittendrin steht das sog. **Stibadium,** das sich Friedrich Wilhelm IV. 1840 von seinem Haus- und Hofarchitekten Ludwig Persius errichten ließ. In dem einer antiken Laube nachempfundenen Gebäude samt Säulen, Triglyphenfries (den bunte Vasen zieren), offenem Dach und Wasserbecken kam der Romantiker zur Ruhe – während die Welt um ihn herum im Chaos versank.

Tägl. ab 8 Uhr bis Sonnenuntergang. Eintritt frei. Das Stibadium ist nur von außen einsehbar. Maulbeerallee, www.uni-potsdam.de/botanischer-garten. Bus 695 bis Orangerie/Botanischer Garten.

Flower-Power zum Zweiten

Botanischer Garten

Mal kurz in die Tropen im Potsdamer Winter? Das geht ruck, zuck. Inmitten des Parks Sanssouci liegt der Botanische Garten der Universität Potsdam. Rund 9000 Pflanzenarten sind hier auf einer Fläche von 5 ha zu Hause. Neun Schaugewächshäuser gibt es, in denen tropische Nutzpflanzen wie Kaffee und Kakao gedeihen, zudem Palmen, Farne, Orchideen und Kakteen. Und fleischfressende Pflanzen im **Haus der tropischen Vielfalt.** Und Wasser- und Sumpfpflanzen im **Victoriahaus,** darunter im Sommer blühende Riesenseerosen, die bis zu 60 kg tragen können. Rund um die Häuser wachsen Stauden und Gehölze aus Ostasien, Färbe- und Faserpflanzen, Nadelgehölze u. v. m.

Noch mehr Tropenfeeling bekommt man in der **Biosphäre,** → S. 60.

April–Sept. tägl. 9.30–17 Uhr, Okt.–März bis 16 Uhr. Eintritt in den Garten frei, Eintritt Gewächshäuser 2 €, erm. 1 €. Maulbeerallee 2, www.uni-potsdam.de/botanischer-garten. Bus 695 bis Orangerie/Botanischer Garten.

Was heißt hier neu?

Neues Palais

Der eine belohnt sich mit einer Tafel Schokolade, Friedrich der Große tat dies mit einem neuen Schloss. Nach dem durchgestandenen Siebenjährigen Krieg (1756–1763) wollte der König prahlen, als seine „Fanfaronade" bezeichnete er den Schlossbau (1763–1769). Das Neue Palais sollte eine Demonstration der Stärke und Größe Preußens sein. Nach dem Tod Friedrichs des Großen zeigte die königliche Familie zunächst wenig Interesse an dem Palais. Das änderte sich erst wieder 1859 mit Kronprinz Friedrich Wilhelm

Sommer am Orangerieschloss

Park Sanssouci und Umgebung → Karte S. 90/91

(dem späteren Kaiser Friedrich III.). Unter ihm erfuhr das Schloss erste Modernisierungsmaßnahmen, der Kronprinz ließ Heizungen, Bäder und Toiletten einbauen. Bäder gab es davor keine im Schloss – noch bis ins 19. Jh. hielt so mancher die Körperreinigung für gesundheitsschädlich. Unter seinem Sohn Wilhelm II. kamen elektrische Leitungen hinzu, dann gab es auch Licht von Osram und einen Aufzug.

Das Schloss umfasst zwei Vestibüle, mehrere Festsäle, ein Theater und rund 200 Zimmer. Sie verteilen sich über drei Etagen, die über vier Treppenhäuser miteinander verbunden sind. Aber nur wenige Räume sind auf der Schlosstour zu besichtigen.

Die Räumlichkeiten des Schlosses stellen guten Geschmack auf die Probe. Allen voran der **Grottensaal**, der mit 250.000 Muschelschalen geschmückt ist, zudem mit einer Schubkarre voller Mineralien und Halbedelsteine. Friedrich der Große veranstaltete hier Feste, Bälle und Ritterspiele. Wilhelm II. feierte hier Weihnachten. Wilhelm II. ließ an der Nordseite des Saals auch den „Gipfelstein" des Kilimandscharo einarbeiten. Den Stein hatte er von Hans Mayer bekommen, der den damals höchsten Berg des Deutschen Reiches als Erster bestiegen hatte. Der Original-Gipfelstein ging im Laufe der Zeit verloren, der Ersatzstein ist immerhin auch vom Kilimandscharo.

An den Grottensaal grenzt rechter Hand die mit Spiegeln verzierte **Marmorgalerie.** Durch diese gelangte Friedrich II. in seine **Wohnung im Südostflügel** des Palais. Die dortigen Räume haben die kostbarste Ausstattung, überall versilberte Verzierungen und vergoldete Bildhauerarbeiten. Hinein kommt man im Rahmen einer separaten Führung, die nur im Sommer angeboten wird.

Links des Grottensaals schließt das **Untere Fürstenquartier** an. Highlights dort sind das bildhübsche **Ovale Kabinett** und das **Tressenzimmer,** in dem noch die originale Wandbespannung aus dem 18. Jh. erhalten ist – in Preußen gewebter Seidendamast, besetzt mit Goldtressen und Crepinen. Die Seide dafür stammte übrigens auch aus

Demonstration der Stärke Preußens: Neues Palais

Schloss Charlottenhof

Preußen, Friedrich der Große hatte dafür Maulbeerbäume pflanzen lassen. Ende des 18. Jh. gab es 3 Mio. Bäume im Königreich, die Seidenproduktion betrug 9 Mio. Tonnen.

Im **Oberen Fürstenquartier**, das Wilhelm II. mit seiner Frau Auguste Viktoria bewohnte, überrascht das große gemeinsame Schlafzimmer – die vorigen Generationen schliefen größtenteils getrennt. Außerdem gibt es dort eine Badewanne im Wandschrank und das **Konzertzimmer** mit kunstvollen Intarsienböden. Hier frühstückte der Kaiser gerne.

Einer der letzten Säle, die man betritt, ist der **Marmorsaal**, ein 600 m² großer Festsaal, der sich, direkt über dem Grottensaal gelegen, über zwei Etagen erstreckt. 900 t Marmor wurden hier verbaut – kein Wunder, dass der darunterliegende säulenlose Grottensaal schon nach wenigen Jahren einzustürzen drohte …

April–Okt. Mi–Mo 10–17.30 Uhr, Nov.–März Mi–Mo 10.30–16 Uhr. 10 €, erm. 7 €. Achtung: Besucher- und Infozentrum für das Neue Palais befinden sich nicht im Palais selbst, sondern in einem separaten Gebäude südwestlich davon. Tickets für das Neue Palais sind an feste Einlasszeiten gebunden, → S. 67. Führungen durch die Wohnung Friedrichs des Großen finden nur von April–Okt. um 12, 14, 15 und 16 Uhr statt. 8 €, erm. 6 €. Am Neuen Palais, www.spsg.de. Bus 695 bis Neues Palais.

Ein Meisterwerk Schinkels

Schloss Charlottenhof

Zu Weihnachten 1825 schenkte Friedrich Wilhelm III. seinem Sohn, dem Kronprinzen und späteren König Friedrich Wilhelm IV., ein altes Gutshaus. Der Kronprinz beauftragte Karl Friedrich Schinkel für den Umbau des Gebäudes. Inspiriert von den antiken Villen Roms und Pompejis sollte es ein kleines Lustschloss werden. Heraus kam einer der schönsten und bedeutendsten Schinkelbauten. Selbst die Innenausstattung entwarf Schinkel größtenteils selbst.

Die Führung, in Pantoffeln schlurft man hindurch, ist kurzweilig. Fast überall ist die originale Innenausstattung erhalten. Selbst das Tischservice

Park Sanssouci und Umgebung → Karte S. 90/91

mit einem Butt darauf ist zu sehen – „Butt" war der Spitzname des kleinen, rundlichen Kronprinzen. Unten befanden sich die Wirtschaftsräume, oben die Wohn- und Arbeitsräume, allesamt nicht allzu groß. Das kurioseste Zimmer ist das blau-weiße **Zeltzimmer.** Hier sollte man sich fühlen wie im Zelt eines römischen Feldherrn.

Mai–Okt. 30-minütige Führungen tägl. (außer Mo) von 10–17.30 Uhr. 6 €, erm. 5 €. Kombiticket mit den Römischen Bädern 8 €, erm. 6 €, für weitere Kombitickets → S. 67. Geschwister-Scholl-Str. 34 a, www.spsg.de. Von der Innenstadt kommend Tram 91, 94 und Bus 605 o. 606 bis Schloss Charlottenhof.

Eine fast perfekte Attrappe

Römische Bäder

Wie romantisch! Das efeuumarmte Ensemble besteht aus vier Gebäuden, die durch Lauben und Arkaden miteinander verbunden sind: dem Teepavillon, dem Hofgärtnerhaus, dem Gärtnergehilfenhaus und dem namengebenden Römischen Bad, der freien Nachbildung einer antiken Therme. Doch zum Baden war das Bad nie gedacht – auch wenn es ein Apodyterium (Umkleideraum) und Caldarium gibt, verziert mit eleganten Karyatiden, Mosaikböden und bemalten Wänden. Das Fantasieprodukt entsprang der Italiensehnsucht des Kronprinzen Friedrich Wilhelm. Nachdem der Umbau des Schlosses Charlottenhof fertig war, hatte er die Bäder in der Nachbarschaft errichten lassen. Für die Umsetzung waren Karl Friedrich Schinkel und Ludwig Persius verantwortlich. Und als die fast perfekte Attrappe fertig war (1840), war aus dem Kronprinzen König Friedrich Wilhelm IV. geworden.

Alles in allem sind die römischen Bäder ein herrlicher Ort voller Patina mit bemoosten Treppenaufgängen und vielen wunderschönen Details – nur wie lange noch? Eine umfangreiche Restaurierung ist angekündigt. Im Hofgärtnerhaus, wo Alexander von Humboldt zuweilen zu Gast war, finden heute wechselnde Ausstellungen statt.

Mai–Okt. tägl. (außer Mo) 10–17.30 Uhr. 5 €, erm. 4 €, Kombiticket mit Schloss Charlottenhof 8 €, erm. 6 €, für weitere Kombitickets → S. 67. Park Sanssouci, www.spsg.de. Von der Innenstadt kommend Tram 91, 94 und Bus 605 o. 606 bis Schloss Charlottenhof.

In den Römischen Bädern

Chinesisches Haus: Des Königs Teestube

Des Herrschers Teestube

Chinesisches Haus

China und der Ferne Osten standen während der Epoche des Rokoko hoch im Kurs. Es war die Zeit der Chinoiserie. Unter den Herrschenden war es en vogue, sich reich verzierte, asiatisch anmutende Pavillons in Parks zu erbauen. Dieser für Friedrich den Großen entstand zwischen 1754 und 1763.

Mit tatsächlicher chinesischer Architektur hat der Pavillon so wenig zu tun wie die Römischen Bäder mit der Antike. Er ist schlichtweg das Ergebnis davon, wie man sich China so vorstellte. Neben palmenförmigen Säulen schlürfen lebensgroße, vergoldete Figuren mit dünnen Schnurrbärten Tee. Affen und Vögel bevölkern die Deckengemälde der Terrassen. Am Tambour Indianerköpfe mit Federschmuck (!), auf der Kuppel sitzt ein Mandarin im Schneidersitz. Das kleeblattförmige Innere, in dem in den 1770er-Jahren intime Tafelrunden stattfanden, besticht durch illusionistische Deckengemälde und Gold. Die Goldschicht wird übrigens alle 30–40 Jahre erneuert.

In der Regel Mai–Okt. tägl. (außer Mo) 10–17.30 Uhr, bei der letzten Recherche jedoch geschl. Am Grünen Gitter, www.spsg.de. Bus 695 bis Orangerie.

Marmor, Stein und Mosaik

Friedenskirche

Friedrich Wilhelm IV. war tiefreligiös, ein Träumer und völlig verknallt in Italien. Alles zusammen resultierte in der Friedenskirche, einer dreischiffigen Säulenbasilika, die zwischen 1845 und 1848 von Persius und Stüler als „freier" Nachbau der Basilica di San Clemente in Rom errichtet wurde. Eyecatcher: der filigrane, 42 m hohe **Campanile**, um den sich das Kirchenensemble gruppiert.

Auch das Innere kann durchaus als imposant bezeichnet werden. Es besitzt ein originales, aus Italien hierher versetztes **Christusmosaik** aus dem 13. Jh. Das Mosaik stammte ursprünglich aus

Park Sanssouci und Umgebung → Karte S. 90/91

Grünes Gitter und Friedenskirche

der Kirche San Cipriano auf Murano bei Venedig. Friedrich Wilhelm IV. hatte es ein paar Jahre zuvor für angeblich 385 Taler erworben. Auch wurde viel unterschiedlicher Marmor verbaut: Grüner Hartenberger Marmor stützt z. B. die Arkaden aus Carrara-Marmor. Aus Pentelischem Marmor (Griechenland) sind u. a. Kanzel und Altartisch. Vor dem Altar liegt Friedrich Wilhelm IV. zusammen mit seiner Gemahlin Elisabeth begraben.

Höfe mit Säulengängen und mehrere klosterähnliche Nebengebäude umgeben die Kirche. 1888 kam noch das Kaiser-Friedrich-Mausoleum hinzu. Unter der Rotunde befinden sich nicht nur die Sarkophage des Soldatenkönigs und Friedrich Wilhelms III., sondern auch jener Victorias von Großbritannien und Irland sowie die zweier Prinzen. Im Süden des Gebäudekomplexes gelangt man über die *Allee nach Sanssouci* zum Luisenplatz und somit auf dem direktesten Weg in die Innenstadt Potsdams. Das dortige Portal, das z. T. mit Blattgold und den Initialen Friedrich Wilhelms IV. verziert ist, nennt sich **Grünes Gitter.**

Mai–Okt. Mo–Sa 10–18 Uhr, So 12–18 Uhr, Mitte März bis Ende April und im Okt. Mo–Sa 11–17 Uhr, So 12–17 Uhr, Nov. bis Mitte März nur Sa 11–16 Uhr und So 12.30–16 Uhr. Eintritt frei, aber Spende erbeten. Am Grünen Gitter 3, www.spsg.de. Bus 610, 631, 614 oder Tram 91, 94, 98 bis Luisenplatz.

Sehenswertes abseits des Spaziergangs

Prenzlberg in Potsdam

Brandenburger Vorstadt

Die Brandenburger Vorstadt schließt südlich an den Park Sanssouci an und erstreckt sich bis zur Havel. Von Osten her betritt man sie durch das Brandenburger Tor. Zu einem Kiezspaziergang lädt insbesondere der Bereich nördlich der Zeppelinstraße ein. Schattige, großbürgerliche Wohnstraßen prägen das Viertel, das bei jungen Akademikerfamilien enorm beliebt ist. Die Stadtpaläste mit Säulen, Balkonen und Balkönchen – sehr schöne stehen z. B. in der **Feuerbachstraße** – entstanden ab Mitte des 19. Jh. Am bildhübschen **Doktor-Rudolf-Tschäpe-Platz** erhebt sich die neugotische Erlöserkirche (1896–1898). Benannt ist der Platz mit altem Baumbestand und Backsteinvillen drum herum nach dem Astrophysiker, DDR-Bürgerrechtler und Kunstförderer Rudolf Tschäpe (1943–2002). An der **Geschwister-Scholl-Straße** gibt es ein paar nette Cafés und Läden.

Im Süden der Brandenburger Vorstadt stehen ein paar Plattenbauten. **Auf dem Kiewitt** nennt sich das Wohnviertel aus der DDR-Zeit. Folgt man von dort dem Rad- und Spazierweg an der Havel entlang weiter gen Süden, passiert man den Yachthafen Potsdam und nach 2 km den riesigen **Sportpark Luftschiffhafen.** Hier ließ Ferdinand Graf von Zeppelin ab 1912 insgesamt 16 Exemplare seiner fliegenden Zigarren bauen. Das Zeppelinglück währte jedoch nicht lange: Der Versailler Vertrag verbot nach dem Ersten Weltkrieg den Luftschiffbau. Die Halle wurde abgerissen, erhalten ist nur das historische Eingangstor. Heute befindet sich hier der **Olympiastützpunkt Potsdam,** eine Medaillenschmiede par excellence. Die Kanuten trainieren hier auf einer weltweit einzigartigen Kanu-Gegenstromanlage. Etwas weiter liegt die Elitesportschule Friedrich Ludwig Jahn.

Tram 91 und 94 fahren an der Brandenburger Vorstadt vorbei (Haltestellen Feuerbachstraße, Auf dem Kiewitt, Charlottenhof Bahnhof) und bis zum Olympiastützpunkt (Haltestelle Luftschiffhafen).

Klinkerbauten im Grünen

Halbinsel Hermannswerder

Gegenüber dem Wohnviertel „Auf dem Kiewitt" liegt die Halbinsel Hermannswerder. Sie trägt den Vornamen des Teppichfabrikanten Hoffbauer (1819–1884), der auf einer Nordafrikareise schwer erkrankte und von Diakonissen gesund gepflegt wurde. Als Dank verfügte er in seinem Testament die Gründung einer kirchlich geprägten Stiftung, seine Witwe kümmerte sich nach seinem Tod um deren Verwirklichung.

So entstanden auf der Halbinsel Hermannswerder eine Kirche, Waisenhäuser, Seminargebäude, ein Internat, ein Pflegeheim und weitere Gebäude, allesamt im Stil der neugotischen Backsteingotik. Bis heute ist die gemeinnützige **Hoffbauer-Stiftung** (www.hoffbauer-stiftung.de) auf Hermannswerder aktiv. Ebenfalls auf der Halbinsel, an der Tornowstr. 35, befindet sich die **WagenHausBurg Hermannswerder** – rund 20 Erwachsene und Kinder leben hier alternativ und naturnah in Bauwagen und zwei festen Häusern. Hin und wieder gehen dort kulturelle Veranstaltungen über die Bühne (www.wagenhausburg.org).

Vom Hbf. Bus 694 bis Hoffbauer-Stiftung. Oder von der Siedlung Auf dem Kiewitt von 7–18 Uhr (teils mehrmals stündl., teils stundenlang gar nicht) per Seilfähre zu erreichen (Fahrpläne auf www.swp-potsdam.de).

Waldgeflüster

Wildpark

Um ausreichend Wildbret auf den königlichen Tellern zu haben, ließ Friedrich Wilhelm IV. zu Mitte des. 19. Jh. südwestlich von Park Sanssouci einen Wildpark anlegen. Mit der Umsetzung betraute er seinen Hofgärtner Joseph Lenné. Bis zu 450 Stück Rotwild und 30 Stück Damwild zählte der Wildbestand. Zuweilen kamen die Könige und später die Kaiser selbst zur Jagd vorbei.

Wer heute im 875 ha großen Waldgebiet spazieren geht, kann ein paar Jagdgedenksteine entdecken, ein paar hübsche Forsthäuser und die **Wildmeisterei** im mittelalterlich-normannischen Stil (Ludwig Persius, 1842), wo einst der

Park Sanssouci und Umgebung → Karte S. 90/91

Potsdam im Kasten

Ente jut, allet jut: Die Entenfanganlage der Hohenzollern

Zwischen der Villensiedlung Wildpark-West und der Henning-von-Tresckow-Kaserne westlich des Wildparks befand sich einst der „Kleine Entenfangsee“ (eine Hinweistafel macht noch darauf aufmerksam). Sie müssen da aber nicht hin! Zu sehen gibt es nämlich kaum mehr etwas, zu erzählen aber schon: 1694 wurde an jener Stelle ein 120 x 120 m großer Teich ausgehoben, mit dem man den zunehmenden Entenhunger der Hohenzollern stillen wollte. Der königliche Hof liebte schmackhafte Wildenten, war es aber leid, immer wieder auf Schrot beißen zu müssen. So baute man in einer Gegend, die alljährlich als Zwischenrastplatz tausender Wildenten diente, eine so geniale wie gemeine Entenfanganlage. Dressierte Lockenten führten die Wildenten in netzartige Fangkanäle mit Fangkästen und Falltüren an deren Ende, aus denen es kein Entrinnen mehr gab. Bis zu 2000 Enten wurden in guten Jahren auf diese Art und Weise gefangen. Doch das genügte nicht. Um 1715 wurde die Anlage stillgelegt und nahebei der „Große Entenfangsee“ in Betrieb genommen.

höchste Forstbeamte lebte und heute die *Waldschule Potsdam* untergebracht ist. Auch gibt es das sog. **Bayerische Haus,** das Wilhelm IV. seiner Gattin Elisabeth schenkte, die ja aus Bayern kam. Bis 2021 residierte ein Vier-Sterne-Superior-Hotel samt Sternerestaurant darin. Künftig soll das Gebäude als psychosomatische Klinik genutzt werden.

Eine andere Skurrilität des Wildparks ist heute nicht mehr existent: Die **Skisprungschanze,** die man 1958 auf dem 83 m (!) hohen Schäfereiberg nahe Geltow errichtete. Sie hatte einen 11 m hohen hölzernen Turm für den Anlauf. Angeblich waren es Vertriebene aus dem Riesengebirge, die, mit Bergweh im Herzen, den Anstoß zum Bau der Schanze gegeben hatten. Tatsächlich wurden hier bis 1970 Wettkämpfe ausgerichtet.

Auf dem Ruinenberg

Zig Wege führen in den Wildpark. Einen Zugang gibt es z. B. südlich des Neuen Palais beim Bahnhof Park Sanssouci. Vom Zentrum fahren die Busse 605 u. 606 dorthin.

Weinerei

Winzerberg

Der ab 1763 terrassenförmig angelegte Winzerberg war einst Teil der Schlossanlage Sanssoucis, ist heute aber durch die Bundesstraße 273 davon abgetrennt. Man betritt das Areal durch ein kunstfertig mit Terrakottareliefs geschmücktes **Triumphtor.** Das Tor war jedoch nie als Zugang zum Winzerberg gedacht, sondern als Beginn einer nie gebauten Prachtstraße gen Süden.

Neben Wein wurde am Winzerberg auch Obst angebaut – wie im Gewächshaus hinter Glas. Im Zweiten Weltkrieg ließ Albert Speer Schutzbunker in den Berg treiben. Ab 1960 verwahrloste das Areal zunehmend und galt schließlich als unsanierbar. Doch von wegen! Der *Bauverein Winzerberg e. V.* schaffte es ab 2004, aus dem heruntergekommenen Gelände in rund zehn Jahren ein Kleinod zu machen. Seit 2012 wird hier auch wieder Wein angebaut (300 Rebstöcke), darunter alte Sorten wie *Agostenga, Black Hamburg* oder *Welschriesling*. Von Juni bis August ist der Winzerberg jeden Do und Fr von 17–20 Uhr geöffnet. Dann kann man sich in aller Ruhe auf den Terrassen umschauen, auf Liegestühlen chillen und ein Gläschen Wein trinken – angeboten wird bislang aber nur französischer, noch nicht der eigene. Der Erlös fließt in den Erhalt des Areals.

Schopenhauerstr. 23. Bus 614, 650, 697 bis Friedenskirche.

Kunst in der Villa

Villa Francke

In der edlen Jägervorstadt, nur einen Katzensprung vom Winzerberg entfernt, befindet sich dieser prächtige Reinhold-Persius-Bau. Bislang war die Villa nur selten zugänglich. Das soll sich ändern, denn die Eigentümer, ein Architekt und ein Kunsthistoriker aus Berlin, wollen hier nach umfangreichen Umbauarbeiten (frühestens ab 2024/25) auf rund 4500 m² größtenteils unterirdischer (!) Ausstellungsfläche moderne Kunst zeigen. Kollektionen international agierender Sammler ohne eigene Ausstellungsmöglichkeiten sollen zum Zuge kommen.

Gregor-Mendel-Str. 23. Bus X15 und 695 bis Schloss Sanssouci.

Skurrile Kulisse

Ruinenberg

Am Anfang war das Wasserbecken. Friedrich II. ließ es anlegen, als die Anhöhe nördlich von Schloss Sanssouci noch Höneberg hieß und die Hänge zur Zucht von Rebhühnern dienten. Mittels Pumpen sollte Havelwasser hinauftransportiert und im Bassin gesammelt werden. Von dort sollte es dann durch Röhren hinab in den Park Sanssouci fließen und durch Eigendruck die Fontänen zum Sprudeln bringen. Doch das teure Projekt funzte nicht, die Wasserspiele spielten nicht. Was Römern & Co schon vor 2000 Jahren gelang, brachten die Preußen nicht zustande. Erst als Friedrich Wilhelm IV. das Dampfmaschinenhaus (s. u.) bauen ließ, begannen die Fontänen zu sprudeln.

Dem Zeitgeist Friedrichs II. geschuldet sind die antikisierenden Ruinen, die das Becken auf dem Ruinenberg umgeben: ein **Rundtempel** mit „eingestürztem" Kuppeldach, eine **Pyramide**, drei einsame **Säulen** und die Mauer eines **Amphitheaters.** 1846 fügte Friedrich Wilhelm IV. den 23 m hohen **Normannischen Turm** hinzu, der einem mittelalterlichen Wachturm nachempfunden wurde. Dieser ist zu Sonderveranstaltungen zugänglich.

Ruinenberg, www.spsg.de. Bus X15 und 695 bis Schloss Sanssouci.

Potsdam meets Orient

Dampfmaschinenhaus

In Zeiten wachsender Islamfeindlichkeit wirkt das Dampfmaschinenhaus in Form einer maurischen Moschee fast schon ironisch. Zwischen 1841 und 1843 wurde es auf Geheiß des technikbegeisterten Friedrich Wilhelm IV. von Ludwig Persius errichtet. Von hier wurde Wasser über eine 1,8 km lange Leitung aus der Neustädter Havelbucht auf den Ruinenberg gepumpt, um von dort die Wasserspiele im Park Sanssouci zu speisen. Angetrieben wurde die Pumpe mittels einer rund 80 PS starken Dampfmaschine, die 4 t Kohle am Tag verschlang.

Führungen von Mai–Okt. jeden ersten So im Monat von 10–17.30 Uhr. 4 €, erm. 3 €. Breite Str. 28, www.spsg.de. Tram 91, 94, 98 bis Feuerbachstraße.

Park Sanssouci und Umgebung → Karte S. 90/91

Orient in Potsdam: Dampfmaschinenhaus

Essen, trinken, shoppen, feiern

Krongut Bornstedt

Der Komplex aus villenartigen Bauten im italienischen Landhausstil, die sich romantisch im Bornstedter See spiegeln, geht auf Friedrich Wilhelm IV. zurück. „Nun habe ich endlich mein italienisches Dörfchen!", soll er ausgerufen haben, als die Anlage 1849 fertiggestellt war. Das Mustergut diente mehreren Hohenzollern-Generationen als Landsitz. Insbesondere der spätere Kaiser Friedrich III. und seine englische Frau Victoria sollen sich hier sehr wohlgefühlt haben.

Das Areal stand eine Zeit lang touristisch hoch im Kurs. Seitdem es jedoch wegen Anwohnerbeschwerden von keinen Bussen mehr angesteuert werden darf, macht es einen leb- und trostlosen Eindruck – zumindest dann, wenn keine Veranstaltungen stattfinden. Viele Geschäfte haben dichtgemacht. Auch gastronomisch ist nicht mehr viel los, vom Café der **Königlichen Hofbäckerei** einmal abgesehen. Mal sehen, was die Zukunft bringt.

Ribbeckstr. 6–7, www.krongut-bornstedt.de. Bus 614, 650 bis Ribbeckstraße oder mit Tram 92 bis Endstation Kirschallee.

Zu Besuch bei Lenné & Co

Bornstedter Friedhof und Kirche

„Was in Sanssouci stirbt, wird in Bornstedt begraben" (Theodor Fontane). Dazu gehörten u. a. Kammerherren und Militärangehörige wie der „Lange Kerl" Wilhelm Wagenführer (1690–1758), ein Zwei-Meter-Mann, der nach seiner Militärlaufbahn ein wohlgeschätzter Weinhändler wurde. Aber auch Generalmajor Henning von Tresckow (1901–1944), einer der führenden Köpfe des Attentats auf Hitler, liegt hier bestattet. Er verstarb nicht in Potsdam, aus Angst vor Folter nahm er sich bei Ostrów Mazowiecki (Polen) das Leben. Nach ihm ist die Kaserne am nahen

Potsdam im Kasten

Wolfgang Joop und das Krongut Bornstedt

Wenn Sie meinen, gerade Wolfgang Joop gesehen zu haben – er ist es wirklich! Potsdam steckt voller Promis, nur die wenigsten allerdings sind gebürtige Potsdamer. Joop, der Mann mit dem Instinkt für Schönheit, ist einer davon. Der 1944 geborene Modedesigner verbrachte seine Kindheit auf Gut Bornstedt. Sein Urururgroßvater soll gar als „Langer Kerl" in der Leibgarde des Königs tätig gewesen sein. 1954 siedelte die Familie nach Braunschweig über. Wolfgang Joops Tante, Ulla Ebert, verblieb im Gut. 1995 ließ Joop den Schweinestall (!) als Alterssitz für seine Eltern umbauen. Seit 2018 lebt er selbst darin, zusammen mit seinem Mann Edwin Lemberg. Im ehemaligen Back- und Waschhaus befindet sich Joops Modelabel *Looks*. Im Haupthaus wohnt Tochter Florentine mit Mann und drei Kindern, in der Nachbarschaft Exfrau Karin. We are family!

Das besondere Souvenir: „TIERHEIM POTSDAM # ANIMALHOPE", steht auf dem von Wolfgang Joop designten T-Shirt, das man bekommt, wenn man den Bau des künftigen Tierheims mit einer Spende von mindestens 50 € unterstützt. Mehr dazu auf www.tierschutzverein-potsdam.de.

Schwielowsee benannt, wo heute das Einsatzführungskommando der Bundeswehr sitzt.

Der vom eigentlichen Friedhof abgetrennte **Sello-Friedhof** wurde von Hofgärtner Ludwig Hermann Sello (1800–1876) selbst angelegt und ist bis heute in Privatbesitz der Familie Sello. In efeuüberwachsenen Gräbern ruhen dort auch Hofgärtner Peter Joseph Lenné (1789–1866) und zwei große preußische Architekten: Vater Ludwig Persius (1803–1845) und Sohn Reinhold Persius (1835–1912).

Das Eingangstor zum Friedhof bildet die 1854–55 von August Stüler errichtete Bornstedter Kirche. Sie kommt ganz im Stil einer italienischen Basilika daher, mit Arkadengang und freistehendem Campanile. Das Innere präsentiert sich recht schlicht. Ein Epitaph erinnert an Jacob von Grundling, Saufkopf und Gelehrter zu Zeiten des Soldatenkönigs. Friedrich Wilhelm I. ließ ihn in einem Weinfass beisetzen, das Schweine nach Bornstedt gezogen hatten.

Kirche: Sa/So und manchmal auch werktags 14–17 Uhr, öffentliche Führungen durch die Kirche und über den Friedhof April–Okt. jeden ersten Sa im Monat um 14.30 Uhr. Spende erwünscht. Ribbeckstr. 41, www.bornstedter-friedhof.de. Bus 614, 650 bis Ribbeckstraße oder mit Tram 92 bis Endstation Kirschallee.

Im Abseits

Schloss Lindstedt

Etwa 1 km nördlich des Neuen Palais steht Schloss Lindstedt, das aber eher Villa ist als Schloss. Der ursprüngliche Gutshof, in dem zwischen 1803 und 1828 die Adelsfamilie von Bülow lebte (Loriot!), wurde ab 1859 auf Geheiß des italophilen Königs Friedrich Wilhelm IV. umgebaut. Eine klassizistische Turmvilla mit Säulengang und Freitreppe wollte er haben, sein Alterssitz sollte sie werden. Doch dazu kam es nicht: Friedrich Wilhelm IV. starb 1861, als die Villa noch gar nicht vollendet war. Schloss Lindstedt dient als Eventlocation, ist der Öffentlichkeit i. d. R. nicht zugänglich und gehört zu den Anwesen, in denen die Hohenzollern wieder wohnen wollen.

Lindstedter Chaussee, www.spsg.de. Bus 605, 606 u. 695 bis Abzweig nach Eiche. Von dort der Straße nach Bornstedt/Neu Fahrland folgen und nach 300 m links halten.

Park Sanssouci und Umgebung → Karte S. 90/91

Potsdam im Kasten

Heim ins Schloss: die Entschädigungsforderungen der Hohenzollern

Das Haus Hohenzollern will entschädigt werden. Es fordert ein Wohnrecht in früheren Preußenschlössern zurück, in Schloss Cecilienhof oder Schloss Lindstedt, dazu Tausende von Kunstwerken vom Staat. In der Summe geht es um Millionen. Es geht aber nicht um Eigentum der Hohenzollern, das bereits in der Weimarer Zeit dem Staat zugesprochen wurde. Es geht lediglich um Besitz der Familie, der nach 1945 von der sowjetischen Besatzungsmacht enteignet wurde. Eine Entschädigung ist aber nur möglich, wenn die Vorfahren dem Nationalsozialismus nicht „erheblichen Vorschub" geleistet haben, andernfalls schließt die Rechtslage Ansprüche aus. Nun stellt sich die Frage: Was ist „erheblich"? Darüber wird seit Jahren gestritten, Gutachten gegen Gutachten. Historiker, die im Auftrag der Familie Hohenzollern arbeiten, stellen entlastendes Material zusammen. Geschichtswissenschaftler mit einer anderen Sicht auf die Dinge werden auch schon mal durch Anwälte der Hohenzollern eingeschüchtert. Dabei ist bekannt, dass es Hitler ohne die Unterstützung der konservativen Eliten und deren Demokratiefeindlichkeit schwer gehabt hätte. Es gibt zahlreiche Fotos und Belege, die die Begeisterung des Kronprinzen Friedrich Wilhelm von Preußen und seines Bruders, des Prinzen August Wilhelm von Preußen, für die SA und die NSDAP zeigen. Einer, der diese Zeitdokumente gesammelt und ein Buch darüber geschrieben hat, ist der Historiker Stephan Malinowski (Literaturtipp auf S. 140). Mehrere Gutachten und eine unterhaltsame Betrachtung der Rückgabeforderung von Jan Böhmermann findet man auf www.hohenzollern.lol.

Praktische Infos

→ Karte S. 90/91

Restaurants

meinTipp **Pino 3**, Edelitaliener in einer idyllischen Wohnstraße in der Jägervorstadt. Egal ob *Pasta Vongole*, Seezungenfilet oder zur Saison Steinpilzgerichte – alles vom Feinsten, aber auch alles andere als billig. Das Tagesangebot ist auf einer Tafel angeschrieben. Sehr freundlicher Service. Der Speiseraum öffnet sich im Sommer komplett zur Terrasse hin, innen Backsteinambiente. Tägl. (außer So) 18–24 Uhr. Weinbergstr. 7, ☏ 0331-2703030, www.pino-potsdam.de.

Drachenhaus 2, 1770 als Wohnstätte des königlichen Winzers errichtet. 16 Drachen zieren die Pagode. Auf den Tisch kommen hier allerdings kein Hühnchen „Kung Pao", sondern Preußische Kartoffelcremesuppe (Terrine 8,50 €), ein Pfund Gambas (48 €) oder Kalbsschnitzel mit Kartoffelsalat (23,50 €). Vegetarier essen Reibekuchen oder Couscouspfanne. Sehr beliebt am Nachmittag zur Kaffee-und-Kuchen-Schlacht. Innen eher bieder, draußen nette Terrassen. April–Okt. tägl. 11–19 Uhr, sonst Di–So 12–19 Uhr. Maulbeerallee 4, ☏ 0331-5053808, www.drachenhaus.de.

Tamada 7, Potsdams einziges georgisches Restaurant ist durchaus einen Besuch wert. Gepflegt-freundliches Ambiente, draußen eine Terrasse. Spannende Gerichte mit Walnüssen, Koriander und Granatapfelkernen, viele richten sich auch an Vegetarier und Veganer. Gute Vorspeisen, Eintöpfe und *Khachapuri*, verschieden gefüllte Teigtaschen. Fast ausschließlich georgische Weine. Hg. 14–19 €. Mo–Fr 16–23 Uhr, Sa/So ab 11.30 Uhr. Sellostr. 19, ☏ 0331-23534453.

Seerose 8, nur einen Katzensprung vom Dampfmaschinenhaus entfernt an der Neustädter Havelbucht. In der Nachbarschaft unschöne Hochhäuser aus den 1980er-Jahren, selbst aber in einem architektonisch spannenden Gebäude untergebracht: Der transparente Betonschalenbau wurde zwischen 1980 und

1983 durch Ulrich Müther verwirklicht, einen auch im westlichen Ausland überaus anerkannten DDR-Bauingenieur. Zuletzt war hier ein Lokal mit italienischer Küche untergebracht, das uns gar nicht überzeugen konnte. Vielleicht aber hat die Seerose ja bis zu Ihrem Besuch schon einen neuen Pächter. Allein die Terrasse lohnt das Vorbeischauen.

Gartenlokal am Lindstedter Tor **1**, einer Kleingartenkolonie angeschlossen. Nicht hip, eher im Stil eines Vereinslokals. Grundsolide Küche, gut geschmeckt haben uns die Entensuppe und die Gänsesülze. Faire Preise. Mo/Di geschlossen, Sa/So nur bis 20 Uhr, sonst bis 22 Uhr. Amundsenstr. 60, ✆ 0331-520688.

Quendel **6**, das Bistrolokal serviert hochwertige Küche mit Tendenz zum Regional-Saisonalen: Beelitzer Hase, Welsfilet oder Carpaccio aus Roter Bete, Kiwi und Feigen. Tolle Desserts. Drinnen wie draußen auf der Gehwegterrasse sitzt man sehr gemütlich. 3-Gänge-Menü 42–49 €. Zuletzt nur Fr/Sa 17–23 Uhr, So 12–20 Uhr geöffnet. Sellostr. 15a, ✆ 0331-95140188, www.cateringpotsdam.de.

Theaterklause **5**, neben dem ehemaligen Hans Otto Theater. Das sympathische, lichte Lokal ist eine Mischung aus Tagescafé (tolle Kuchen) und Betriebsrestaurant (Mo–Fr günstiger und guter Mittagstisch). In den Sommermonaten mutiert die Klause zudem Mo–Do zur Weinbar und hat dann länger geöffnet. Draußen eine hübsche Terrasse. Mo–Do 10–22 Uhr, Fr 10–20 Uhr, Sa/So 12–20 Uhr. Zimmerstr. 10–11, ✆ 0331-64730174, www.theaterklause-potsdam.de.

Cafés

Mühlenhaus Café & Biergarten **4**, direkt neben der Historischen Mühle. Schwer touristisch, wie sollte es in dieser Ecke anders sein, und doch sehr, sehr atmosphärisch. Das charmant-verlotterte Mühlenhaus birgt in seinem Inneren ein lichtes, mit viel Retro eingerichtetes Café. Eingetischt wird im Sommer auch in den Arkaden der Mühle – schöner Blick. Hausgemachte Limonaden, Tomatensuppe, Snacks. Sehr freundlich. Zuletzt nur Fr–So 12–17 Uhr, was sich jedoch wieder ändern kann. Maulbeerallee 5, ✆ 01573-4558554.

Strandbar Potsdam **11**, zum Hotel am Havelufer gehörend. Chilliges Plätzchen mit Sand und Lümmelpaletten. Selbstbedienung. Bei gutem Wetter ca. 14–22 Uhr. Zeppelinstr. 136 (bzw. Georg-Klingenberg-Ufer, zwischen der Wohnsiedlung Auf dem Kiewitt und Yachthafen), ✆ 0331-98150.

Einkaufen

Rotholz **9**, Eco-Fashion-Label aus Potsdam. Schlicht-schöne Streetwear in dezenten Farben aus Bio-Baumwolle. Uns gefallen insbesondere die Hoodies und die Basecaps. Mo–Fr 10–18 Uhr. Geschwister-Scholl-Str. 94, www.rotholz-store.com.

Frühling an der Havel: Kirschblüte am Restaurant Seerose

Park Sanssouci und Umgebung → Karte S. 90/91

Schloss Lindstedt
Lindstedter Chaussee
Amundsenstraße
Grabenstraße
Eichenallee
Bornstedter Kirche
Bornstedter See
Krongut
Bornstedter Friedhof
Am Drachenberg
Belvedere auf dem Klausberg
Königlicher Weinberg
Ribbeckstraße
Kaiser-Friedrich-Straße
Maulbeerallee
An der Orangerie
Stibadium
Paradiesgarten
Orangerieschloss
Nordischer Garten
Botanischer Garten
Maulbeerallee
Sizilianischer Garten
Am Neuen Palais
Heckentheater am Neuen Palais
Antikentempel
Communs
Mopke
Neues Palais
Park Sanssouci
Freundschaftstempel
Schlosstheater am Neuen Palais
Ökonomieweg
Chinesisches Haus
Besucherzentrum Neues Palais
WC
P
Meierei
Römische Bäder
Q-Hof
Lindenavenue
Am Neuen Palais
Maschinenteich
Hans-Sachs-Straße
Kaiserbahnhof
Werderscher Damm
Schloss Charlottenhof
Hippodrom
Fasanerie
Am Wildpark
Forststr.
Geschwister-Scholl-Straße
Werderscher Weg
Feldweg
Maybachstraße
Kantstraße
Kastanienallee
Mittelweg
Rosеggerstraße
Haeckelstraße
Zeppelinstraße
Mittelweg
Potsdam West
Knobelsdorffstraße
Stormstraße
Knobelsdorffstr.
SUP TRIP
Yachthafen
Wasserta
Sportpark Luftschiffhafen, Wildpark
Essen & Trinken (S. 88/89)
1 Gartenlokal am Lindstedter Tor
2 Drachenhaus
3 Pino
4 Mühlenhaus Café & Biergarten
5 Theaterklause
6 Quendel
7 Tamada
8 Seerose
11 Strandbar Potsdam
Einkaufen (S. 89)
9 Rotholz
Nachtleben (S. 164)
10 Waschbar

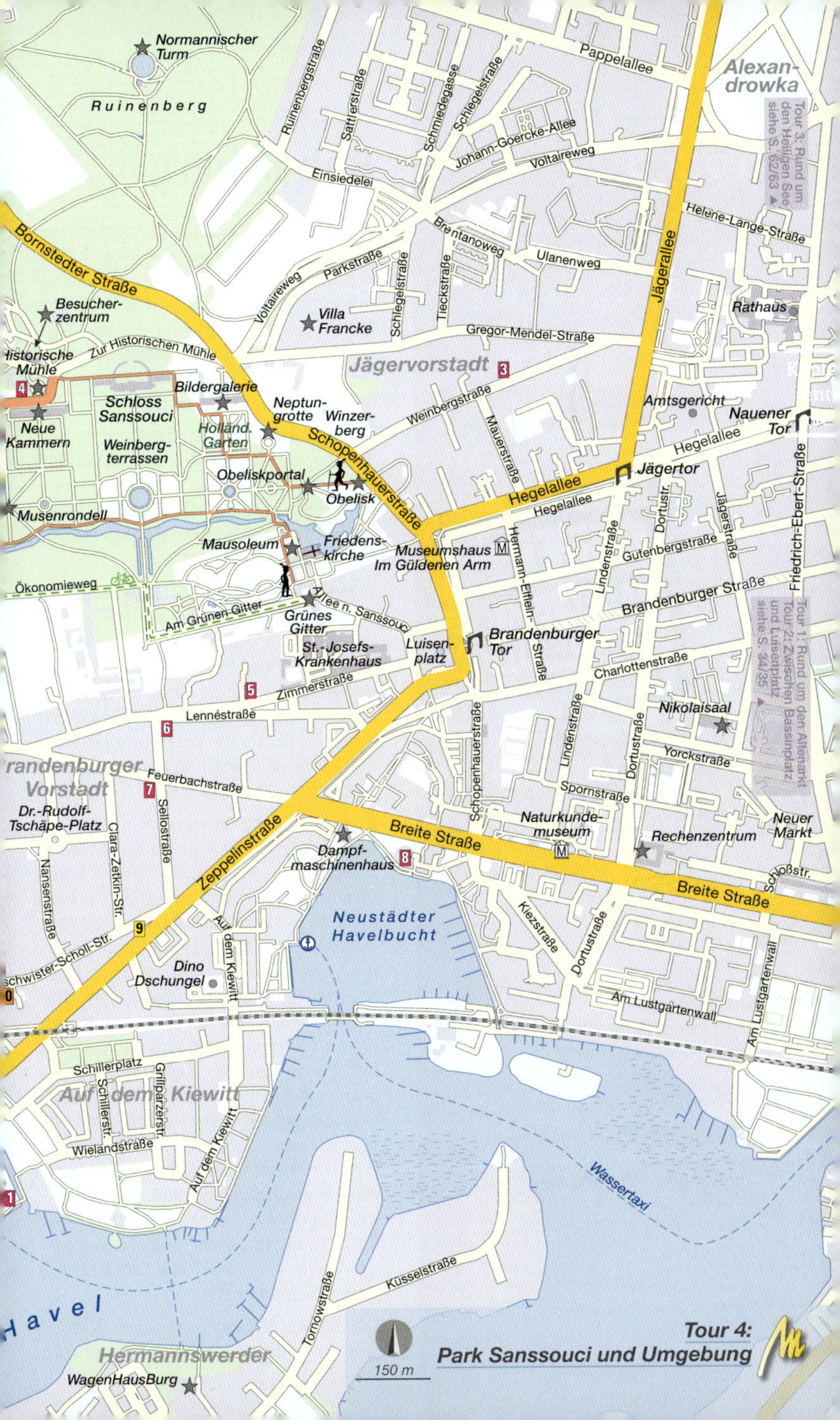
Normannischer Turm
Ruinenberg
Pappelallee
Alexan-drowka
Tour 3: Rund um den Heiligen See siehe S. 62/63
Ruinenbergstraße
Sattlerstraße
Schmiedegasse
Schlegelstraße
Johann-Goercke-Allee
Voltaireweg
Einsiedelei
Helene-Lange-Straße
Brentanoweg
Ulanenweg
Jägerallee
Bornstedter Straße
Parkstraße
Voltaireweg
Schlegelstraße
Tieckstraße
Villa Francke
Rathaus
Besucher-zentrum
Historische Mühle
Zur Historischen Mühle
Gregor-Mendel-Straße
Jägervorstadt
3
4
Bildergalerie
Schloss Sanssouci
Neue Kammern
Weinberg-terrassen
Holländ. Garten
Neptun-grotte
Winzer-berg
Weinbergstraße
Amtsgericht
Nauener Tor
Mauerstraße
Schopenhauerstraße
Hegelallee
Jägertor
Friedrich-Ebert-Straße
Obeliskportal
Obelisk
Musenrondell
Hegelallee
Dortustr.
Jägerstraße
Mausoleum
Friedens-kirche
Museumshaus Im Güldenen Arm
Hermann-Elflein-Straße
Lindenstraße
Gutenbergstraße
Ökonomieweg
Am Grünen Gitter
Allee n. Sanssouci
Grünes Gitter
Brandenburger Straße
Tour 1: Rund um den Altenmarkt
Tour 2: Zwischen Bassinplatz und Luisenplatz siehe S. 34/35
St.-Josefs-Krankenhaus
Luisen-platz
Brandenburger Tor
Straße
Charlottenstraße
5
Zimmerstraße
Lennéstraße
6
Lindenstraße
Dortustraße
Nikolaisaal
Schopenhauerstraße
Yorckstraße
Brandenburger Vorstadt
Feuerbachstraße
7
Dr.-Rudolf-Tschäpe-Platz
Sellostraße
Clara-Zetkin-Str.
Spornstraße
Naturkunde-museum
Rechenzentrum
Neuer Markt
Zeppelinstraße
Breite Straße
Dampf-maschinenhaus
8
Breite Straße
Schloßstr.
Nansenstraße
Geschwister-Scholl-Str.
9
Neustädter Havelbucht
Kiezstraße
Dortustraße
Auf dem Kiewitt
Dino Dschungel
Am Lustgartenwall
Am Lustgartenwall
Schillerplatz
Schillerstr.
Grillparzerstr.
Auf dem Kiewitt
Wielandstraße
Auf dem Kiewitt
Wassertaxi
Havel
Küsselstraße
Tornowstraße
Hermannswerder
WagenHausBurg
150 m
Tour 4:
Park Sanssouci und Umgebung

Studenten und Studios

Tour 5

Die legendären Filmstudios machten Babelsberg in aller Welt bekannt. Doch wussten Sie, dass hier die Reichsten unter den Reichen wohnen und der Eiscreme-Fürst Pückler einen wunderschönen Park schuf?

Villenkolonie Neubabelsberg, eine der nobelsten Ecken der gesamten Republik, S. 98

Weberplatz, rund um den baumbestandenen Platz siedelten einst böhmische Weber und Spinner, S. 96

Filmpark Babelsberg, Vergnügungspark im Zeichen von Film und Fernsehen, S. 98

Park Babelsberg, ein zauberhaftes Gesamtkunstwerk mit Schloss und Turm, S. 93

Facettenreicher Stadtteil

Babelsberg

Auch Babelsberg haben die preußischen Royals ihren Stempel aufgedrückt: Der → **Park Babelsberg** mit all seinen romantischen Bauten, der → **Flatowturm** und das auf einem Hügel thronende → **Schloss Babelsberg** lohnen den Besuch – auch wenn Letzteres bis auf Weiteres geschlossen ist.

Anders als andere Stadtteile Potsdams war Babelsberg nie ein Vorort, sondern bis 1939 eine eigene Stadt – und zwar eine mit vielen Gesichtern. Dieser eigenständige Charakter prägt Babelsberg bis heute.

Seinen Anfang nahm Babelsberg am Neuendorfer Anger und im böhmischen Weberviertel Nowawes rund um den heutigen → **Weberplatz.** Auch das einstige Nowawes lohnt einen Besuch. Entlang der lebendigen Karl-Liebknecht-Straße mit ihren Cafés und kleinen Läden taucht man schnell in ungekünstelten Stadtalltag ein.

Ende des 19. Jh. entstand am Griebnitzsee die vornehme Villenkolonie **Neubabelsberg,** durch die man einen schönen Spaziergang unternehmen kann (→ S. 98). Namhafte Architekten entwarfen die Villen, die mal trutzig und mal gatsbyesk wirken oder mal wie Schweizer Chalets daherkommen. Hier lebten Bankiers und Industrielle, darunter viele Juden, die ab 1933 enteignet, vertrieben oder deportiert wurden. Stars und Sternchen aus der Filmbranche wurden ihre Nachfolger. Zu DDR-Zeiten trennte der Griebnitzsee Ost von West. Die Villen gammelten nun zweckentfremdet vor sich hin: als Kindergärten, Wohnheime oder Stasi-Einrichtungen. Heute wohnen hier wieder Leute aus der Filmbranche (z. B. Volker Schlöndorff).

Die Villen liegen nur einen Katzensprung entfernt von der **Medienstadt**

Babelsberg, die ab Ende der 1990er-Jahre um die legendären Studios (→ Kasten, S. 97) entstand. Rund 2000 Menschen sind hier in der Film- und Medienbranche tätig. Für Touristen am interessantesten: der **→ Filmpark Babelsberg.** Auch die *Filmuniversität Babelsberg Konrad Wolf* hat nahe den Studios ihren Sitz.

Babelsberg ist aber nicht nur von Filmstudenten geprägt. Einige Fakultäten der *Universität Potsdam* machen es sich auf dem Campus südlich des S-Bahnhofs Griebnitzsee gemütlich. Dort bildet zudem das architektonisch spannende Hasso-Plattner-Institut (HPI) die IT-Elite von morgen aus.

Südlich des Campus liegt Steinstücken, ein winziges Stückchen Berlin mitten in Babelsberg. Als die DDR die Grenzen dichtmachte, wurde Steinstücken eine von Mauern umschlossene West-Berliner Exklave. Erst 1972 bekamen die Einwohner Steinstückens durch einen Gebietsaustausch eine Zufahrtsstraße nach West-Berlin. Zuvor mussten sie bei jedem Ausgang bzw. Nachhauseweg die deutsch-deutsche Grenze passieren.

Sehenswertes

Wohlfühlpark mit Überraschungen

Park Babelsberg

Park Babelsberg, die dritte große Potsdamer Parklandschaft, entstand ab 1833 für den Prinzen von Preußen, den späteren Kaiser Wilhelm I., und seine Gattin Augusta.

Mittendrin thront auf einem Hügel das gleichnamige **Schloss** (s. u.). Drum herum ein 20 km langes System aus Wegen, vorbei an malerischen Aussichtsplätzen, Wasserspielen und romantischen, größtenteils neogotischen Bauten. Dazu gehören das **Matrosenhaus,** der **Flatowturm** (s. u.) und das direkt am Wasser stehende **Dampfmaschinenhaus,** das Havelwasser für die Bewässerung des Parks und für die Fontänen in höher gelegene Becken pumpte. Die sog. **Gerichtslaube** ist sogar ein gotisches Original: Das aus dem 13. Jh. stammende Gebäude war ursprünglich Teil des Alten Rathauses im Berliner Nikolaiviertel und wurde 1871 nach Babelsberg versetzt.

Für die Planung der Parklandschaft war zu Anfang General-Gartendirektor Peter Joseph Lenné (→ Kasten, S. 117) verantwortlich, der die gesamte Umgebung Potsdams in ein Landschaftskunstwerk verwandeln wollte. Doch er überwarf sich mit der so klugen wie zickigen Augusta. Sein Nachfolger, den Augusta später als „Zauberer" bezeichnen sollte, wurde der schrille Landschaftsarchitekt und Eiscreme-Fürst Hermann von Pückler-Muskau (→ Kasten, S. 95). Auf Fürst Pückler-Muskau geht auch die 40 m hohe **Fontäne** in der Glienicker Lake zurück, die 1854 eingeweiht wurde. Und 2006 erneut, denn jahrzehntelang sprudelte sie nicht. Zu DDR-Zeiten verlief am Nordufer des Babelsberger Parks nämlich die Grenze zu West-Berlin, inklusive Zaun, Stacheldraht und Hundelaufkäfigen.

Zuletzt stand v. a. der Süden des Parks im Fokus: Wegen Bebauungsplänen droht die UNESCO, Potsdam auf die Rote Liste des gefährdeten Welterbes zu setzen.

Wer nicht im Park umherspazieren will, kann im Strandkorb liegen oder schwimmen – das **Stadtbad Park Babelsberg** (→ S. 170) ist durchaus charmant.

Überblickt Park Babelsberg: der Flatow-Turm

Tägl. ab 6 Uhr bis Sonnenuntergang. Tram 94, 99 bis Humboldtring/Nuthestraße oder von S-Bahnhof Babelsberg mit Bus 616 bis Schloss Babelsberg.

Für den Über-Blick

Flatowturm

Vom Flatowturm kann man sich so richtig sattsehen an der herrlichen Landschaft rund um den Tiefen See und die Glienicker Lake. 149 Stufen sind es bis ganz oben, wenn wir richtig gezählt haben. Der Flatowturm entstand zwischen 1853 und 1856 nach dem Vorbild des Eschenheimer Torturms in Frankfurt/Main und erhielt seinen Namen von der Domäne Flatow (heute Złotów in Polen), mit deren Erträgen der Turm finanziert wurde. Er wurde als Gästehaus, aber auch als Aufbewahrungsort für die Sammlungen des Thronfolgers und späteren Kaisers Wilhelm I. gebaut. Zu den wenigen Räumlichkeiten im Inneren gehören u. a. die sog. Trinkhalle im EG (wegen der Trinkgefäße im Renaissanceschrank) und das schöne Balkonzimmer (Arbeitszimmer) mit kassettierten Wandpaneelen.

Mai–Okt. nur Sa/So 10–17.30 Uhr. 4 €, erm. 3 €. Babelsberger Park, www.spsg.de. Tram 94, 99 bis Humboldtring/Nuthestraße (von dort noch ca. 1 km zu Fuß).

Schloss mit Wassermusik

Schloss Babelsberg

Schloss Babelsberg wurde zwischen 1833 und 1849 nach Plänen von Karl Friedrich Schinkel als Sommerresidenz für den Prinzen von Preußen, den späteren Kaiser Wilhelm I., und seine Gemahlin Augusta (s. o.) im Stil der englischen Tudorgotik errichtet: Türme, Zinnen und Erker satt. Auch die Räumlichkeiten – Highlight wäre der achteckige Festsaal – sind neogotisch

England in Potsdam: Schloss Babelsberg

ausgeschmückt. Schade nur, dass man das Schloss die nächsten Jahre nur von außen besichtigen kann, eine umfangreiche Sanierung ist im Gange. Die Terrassen, die wie Schlossräume unter freiem Himmel wirken sollen, und die opulenten Wasserspiele rund um das Schloss konzipierte Fürst von Pückler-Muskau (s. u.). Die Brunnen und Fontänen sind von April bis Ende Oktober in Betrieb.

Babelsberger Park, www.spsg.de. Tram 94, 99 bis Humboldtring/Nuthestraße (von dort noch ca. 1,7 km zu Fuß) oder vom S-Bahnhof Babelsberg mit Bus 616 bis Schloss Babelsberg (von der Haltestelle noch ca. 600 m zu Fuß).

Potsdam im Kasten

Landschaftsarchitekt und Globetrotter: Hermann von Pückler-Muskau

Fürst Hermann von Pückler-Muskau (1785–1871) ist heute v. a. als begnadeter Landschaftsarchitekt bekannt, zudem steht der Name für eine Eisspezialität. Dabei war der Großgrundbesitzer auch ein exzentrischer Weltreisender. 1812 schiffte er sich zum ersten Mal nach England ein und verliebte sich Knall auf Fall in die dort so idyllisch in die Natur integrierten Landschaftsgärten. Nach seiner Rückkehr fühlte er sich berufen, selbst solche Gärten anzulegen. Zunächst machte er sich daheim in der Oberlausitz vor seinem eigenen Schloss an die Arbeit. Nach Vollendung seines Landschaftsparks war der Fürst nahezu pleite. Der Park gilt heute als ein Meisterwerk der Landschaftsgärtnerei und ist seit 2004 auf der UNESCO-Welterbeliste verzeichnet. Auch mit dem Babelsberger Park schuf er einen Wohlfühlpark für alle Sinne, der es auf die begehrte Liste schaffte.

Fürst von Pückler-Muskau war aber nicht nur ein begnadeter „Parkomane“ (Eigenbezeichnung), sondern auch ein echter Freak: Der tolldreiste Fürst spazierte mit Turban durch Berlin, flog Heißluftballon oder spannte sich Hirsche vor seine Kutsche. Unter dem Pseudonym „Semilasso“ war er zudem ein viel gelesener Reiseschriftsteller. Zu seinen Freunden zählten Heinrich Heine und Bettina von Arnim.

Ausgedehnte Unternehmungen führten ihn u. a. über Algier und Ägypten in den Sudan, nach Griechenland und nach Konstantinopel. Auf dem Sklavenmarkt in Kairo kaufte er die 12-jährige Sklavin Machbuba und nahm sie mit nach Hause. Nach nur wenigen Jahren in der Oberlausitz verstarb die Abessinierin jedoch an Tuberkulose.

Ach ja, die Sache mit dem Eis: Die Fürst-Pückler-Schnitte trägt zwar den Namen des Fürsten. Erfunden aber hat sie einer seiner Köche.

 → Karte S. 104/105

Die spinnen, die Böhmen

Weberplatz und Umgebung

Der dreieckige Weberplatz ist ein Bilderbuchplatz. In der Mitte der baumbestandene Anger, drum herum farbenfroh gestrichene Walmdachhäuser in Apricot, Zartgelb oder Orange. Sie entstanden ab 1751 für böhmische Weber und Spinner. Friedrich II. hatte die Glaubensflüchtlinge nicht nur aus purer Menschenfreundlichkeit ins Land geholt. Mit ihrem Know-how sollten die preußische Tuchproduktion gesteigert und die Kosten für teure Importe gesenkt werden. Die Siedlung wurde Nowawes genannt (Tschechisch *nová ves* = „neues Dorf"). Glaubt man so mancher Quelle, so stahlen die Nowaweser wie die Raben. Der Alte Fritz soll sogar gesagt haben: „Und wenn mir meine Feinde auch mein ganzes Land nähmen, meine (...) Nowaweser stehlen es mir in einem Jahr wieder zusammen."

Von den einst rund 200 Häusern haben etwa die Hälfte die Zeiten überdauert. Früher teilten sich zwei Familien ein Haus zum Arbeiten und Wohnen. In einem Kolonistenhaus aus dem Jahr 1752 an der nahen Karl-Liebknecht-Straße ist heute ein liebevoll gestaltetes Stadtteilmuseum untergebracht, die **Nowaweser Weberstube.** In zwei kleinen Räumen wird in die Historie von Nowawes und Babelsberg eingeführt, auch ist ein historischer Webstuhl zu sehen. Von den einst 1300 Maulbeerbäumen, die es zu Spitzenzeiten der Seidenspinnerei rund um Nowawes gab, ist nur noch einer erhalten. Der knorrige Exot steht am Weberplatz an der Ecke zur Lutherstraße.

Dominante des Platzes ist jedoch die 1752–53 nach Plänen von Jan Bouman errichtete **Friedrichskirche,** die nur zu Gottesdiensten geöffnet ist. In den Wendejahren traf sich hier die Oppositionsbewegung, auch wurde in der Kirche das Potsdamer *Neue Forum* gegründet. Vor der Kirche sitzt der böhmische Theologe, Pädagoge und Visionär Jan Amos Komenský (1592–1670), international bekannt unter dem Namen Comenius, andächtig in einem Lehnstuhl.

Der Weberplatz befindet sich 200 m nördlich des S-Bahnhofs Babelsberg. Nowaweser Weberstube, nur Di und Do 13–16 Uhr, Dez.–Feb. geschl. Eintritt frei. Karl-Liebknecht-Str. 23, www.weberstube-nowawes.de.

Wo Potsdam auf Dorf macht: Weberplatz

Potsdam im Kasten

Von der Kunstblumen- zur Traumfabrik: Studio Babelsberg

Die Babelsberger Filmstudios haben ein paar Jahre mehr auf dem Buckel als jene von Hollywood und sind damit die ältesten der Welt – ihre Geschichte reicht bis ins Jahr 1911 zurück. Damals suchte Guido Seeber, Chef-Kameramann und technischer Leiter der *Deutschen Bioscop-Gesellschaft zu Berlin*, Räumlichkeiten für neue Filmateliers. Er fand sie im Wald von Babelsberg auf dem Gelände einer verlassenen Kunstblumenfabrik. Dort ließ er ein Glashaus bauen – Sonnenlicht ist kostengünstiger als künstliches Licht – und los konnte es gehen. Erste Produktion: der Stummfilm *Der Totentanz* mit Asta Nielsen. 1921 wurden die Studios von der bereits im Ersten Weltkrieg gegründeten *UFA (Universum Film AG)* übernommen. Eine große Zeit begann. Im Babelsberger Wald entstand Fritz Langs *Metropolis* (1927). Marlene Dietrich führte als Femme fatale in *Der blaue Engel* den frühen Tonfilm zu seiner ersten Blüte (1930). Der berühmteste Hospitant der 1920er-Jahre war übrigens Alfred Hitchcock. „Alles, was ich über das Filmemachen wissen musste, habe ich in Babelsberg gelernt", sagte er später.

Rühmann kam mit der Pferdekutsche zum Dreh, Hans Albers mit dem Cadillac. 1937 wurde der *UFA*-Betrieb verstaatlicht, jüdische Mitarbeiter wurden entlassen, viele gingen ins Exil oder kehrten Deutschland den Rücken, Marlene Dietrich, Greta Garbo, Ernst Lubitsch oder Billy Wilder z. B. feierten fortan Erfolge in Hollywood. Zu neuen *UFA*-Stars der Nazizeit wurden Marika Rökk, Zarah Leander und Johannes Heesters aufgebaut. Göbbels, der „Bock von Babelsberg" (→ S. 98), ließ derweil Propagandafilme und antisemitische Hetzfilme drehen. *Jud Süß* mit Heinrich George wurde 1940 auf den Festspielen von Venedig uraufgeführt und gefeiert. Später wurden in Babelsberg sog. „Durchhaltefilme" produziert.

1946 wurde aus der *UFA* die *DEFA*, die *Deutsche Film AG*. Wer vorher für die Nazis gearbeitet hatte, arbeitete nun für die Kommunisten. Die *Mörder sind unter uns* hieß passenderweise die erste *DEFA*-Produktion aus dem gleichen Jahr. Bis zur Wende produzierte man in „Honnywood" über 2000 Filme. Zur erfolgreichsten *DEFA*-Produktion ever wurde *Die Geschichte vom kleinen Muck* (1953). Große *DEFA*-Produktionen waren zudem der für den Oscar nominierte Spielfilm *Jakob der Lügner* (1974) und *Die Legende von Paul und Paula* (1973). Ab Anfang der 1980er-Jahre durfte Letzterer in der DDR nicht mehr gezeigt werden, nachdem die beiden Hauptdarsteller in den Westen gegangen waren. Auch andere *DEFA*-Stars machten rüber: Manfred Krug (1977) und Armin Mueller-Stahl (1980) beispielsweise.

Neues System, neues Glück – nach dem Mauerfall wurde aus der *DEFA* das, was man heute als *Studio Babelsberg* bezeichnet. Geschäftsführer von 1992–1997: Volker Schlöndorff. Seitdem turnen Größen wie Brad Pitt, Kate Winslet, Quentin Tarantino oder Tom Tykwer durch die heiligen Hallen. Es entstanden u. a. Filme wie *Inglourious Basterds* oder *Der Vorleser*, außerdem die Serie *Babylon Berlin*.

Rund um die Studios hat sich seit Ende der 1990er-Jahre eine Medienstadt für Film und Fernsehen entwickelt. Hier hat der *Rundfunk Berlin-Brandenburg (rbb)* seinen Sitz, hier werden Studenten an der *Filmuniversität Babelsberg Konrad Wolf* ausgebildet. Und hier steht noch immer das efeubewachsene Backsteingebäude der ehemaligen Kunstblumenfabrik. Jenes Ortes also, wo einst alles begann.

Hinweis: Studioführungen wurden zuletzt leider nicht mehr angeboten.

Bei Tigerente und Sandmann

Filmpark Babelsberg

Eines schon mal vorab: Wenn Sie auf Vergnügungsparks stehen, bringen Sie viel Zeit mit – am besten fünf bis sechs Stunden! Denn der Filmpark bietet eine ganze Menge Fun für die ganze Familie. So kann man bei diversen Shows zugucken, von denen die Stuntshow im Vulkan (2500 Plätze) eine der größten Attraktionen ist. „Tierisch verdreht" nennt sich die Westernshow. Man kann zudem am Original-Löwenzahn-Bauwagen von Peter Lustig vorbeischauen, begegnet dem Sandmann und der Tigerente und erfährt, was es so auf sich hat mit dem Job eines Nachrichtensprechers oder dem eines Filmtiers. Spannend außerdem: die Mittelalterstadt, in der es spuken soll ... Achtung: Für Kinder unter 100 cm sind einige Abenteuer tabu!

Von April–Okt. nahezu tägl. geöffnet (im Winter geschl.), für die exakten Zeiten und Schließtage (beides nicht einheitlich) jedoch unbedingt die Webseite konsultieren. Erw. 23 €, Kinder 16 € (online etwas billiger), Geburtstagskinder frei, Schnupperticket (ab 3 Std. vor Parkschließung) 15 €. Großbeerenstr. 200, www.filmpark-babelsberg.de. Vom Potsdamer Hbf. oder vom Babelsberger Rathaus mit Bus 690 bis Filmpark.

Spaziergang durch Neubabelsberg

Länge ca. 4,3 km, **Dauer** ca. 2 Std., **Karte** S. 104/105. **Hinweis:** Das Gros der beschriebenen Villen ist in Privatbesitz und nicht zugänglich. Lediglich zum *Tag des offenen Denkmals* am 2. Sonntag im Sept. öffnen in manchen Jahren einige Villen für ein paar Stunden ihre Tore.

Willkommen in der Welt der oberen Zehntausend! Start unserer Tour durch das Villenviertel Neubabelsberg ist der **S-Bahnhof Griebnitzsee.** Man wählt den Ausgang „Rudolf-Breitscheid-Straße" und hält sich dort links. 200 m hinter dem *Hotel am Griebnitzsee* biegt man rechts ab in die noble **Karl-Marx-Straße.** In preußischer Zeit hieß sie übrigens „Kaiserstraße", unter den Nazis „Straße der SA".

Gleich rechter Hand steht die sog. **Truman-Villa** (Karl-Marx-Str. 2) aus dem Jahr 1891/92. Hier residierte der amerikanische Präsident Harry S. Truman während der Potsdamer Konferenz (→ S. 156). Von hier soll er die Atombombe gen Hiroshima geschickt haben. Heute sitzt in der Villa die *Friedrich-Naumann-Stiftung für die Freiheit.* Der Garten steht während der Geschäftszeiten Besuchern offen.

Andere Villen haben oft keine Namen an den Klingelschildern. In den Einfahrten glänzende Limousinen. Ein Hinweisschild wie „Jaguar parking only" kann hier durchaus ernst gemeint sein.

Der Bock von Babelsberg

Kurz darauf geht es rechts ab in die Virchowstraße. Ebenfalls rechter Hand (Hausnr. 3) steht dort die **Villa Quandt** (1907), nicht zu verwechseln mit der gleichnamigen Villa in der Nauener Vorstadt (→ S. 49). Das riesige Anwesen mit Fachwerkgiebel gehörte u. a. dem Rüstungsproduzenten Günther Quandt, dem es durch seine Nähe zu den Nazis und durch die Ausbeutung von Zwangsarbeitern gelang, eine der mächtigsten Wirtschaftsdynastien Deutschlands aufzubauen. Er bewohnte das Haus mit seiner 20 Jahre jüngeren Ehefrau Magda, besser bekannt als Magda Goebbels – zwei Jahre nach der Scheidung von Günther Quandt heiratete sie Hitlers Chefpropagandisten. Goebbels, der sich bei den *Beautiful People* von Babelsberg ungemein wohlfühlte, trug übrigens den Spitznamen „Bock von Babelsberg".

Schöner wohnen am Wasser: Villa am Griebnitzsee

Wir spazieren weiter zur **Urbig-Villa** (Hausnr. 23), 1915–1917 für den jüdischen Bankier Franz Urbig von keinem Geringeren als Mies van der Rohe errichtet. Van der Rohes klare Formensprache ist bei dieser neoklassizistischen Walmdachvilla allerdings noch nicht erkennbar. In der Urbig-Villa nächtigte während der Potsdamer Konferenz Winston Churchill, heute schläft hier der SAP-Gründer und Kunstmäzen Hasso Plattner. Er muss ein echter Mies-van-der-Rohe-Fan sein: 2013 kaufte er für seine Tochter die nahe gelegene, ebenfalls von van der Rohe projektierte **Mosler-Villa** (1924–26, Karl-Marx-Str. 28/29, neben der Stalin-Villa, an der wir noch vorbeikommen). Es gibt übrigens noch eine weitere Vander-Rohe-Villa in Neubabelsberg: Sein eher unscheinbares Erstlingswerk, das **Haus Riehl,** steht in der Spitzweggasse 3.

Die Virchowstraße mündet wieder in die Karl-Marx-Straße, wo wir uns rechts halten. 200 m weiter steht am idyllischen Johann-Strauß-Platz das **Landhaus Gugenheim** (Hausnr. 11) in einem grünen Garten. Die bezaubernde Backsteinvilla im Stil eines englischen Landhauses hat eine bewegte Geschichte: Der jüdische Seidenfabrikant Fritz Gugenheim ließ sie 1922 erbauen. 1938 wurde das Haus von der Schauspielerin Brigitte Horney erstanden. Ihr berühmtester Untermieter: Erich Kästner, der hier 1942 das Drehbuch zum *UFA*-Film *Münchhausen* schrieb (aufgrund offiziellen Publikationsverbots unter dem Pseudonym Berthold Bürger). In der Hauptrolle neben Hans Albers: Brigitte Horney.

Wo Stalin schlief

Weiter auf der Karl-Marx-Straße stehen wir nach 250 m vor der **Stalin-Villa** (Hausnr. 27, rechter Hand), vor jener Villa also, in welcher der russische Diktator zur Potsdamer Konferenz im Sommer 1945 residierte. Erbaut wurde sie 1910/1911 für Paul Herpich, der zu jener Zeit die Damenwelt mit Pelzmänteln versorgte. Zu DDR-Zeiten befand

Auch das ist Neubabelsberg: Mauerrest an der Stubenrauchstraße

sich darin die Hochschule für Film und Fernsehen (Rektor von 1986–1990: Lothar Bisky). Heute stiefeln hier die Mitarbeiter des *Bauindustrieverbands Berlin-Brandenburg e. V.* über das Fischgrätenparkett.

Wer will, kann noch einen Blick auf die bereits angesprochene **Mosler-Villa** werfen, benannt nach Georg Mosler, einem jüdischen Bankier, der 1933 Deutschland verließ. Ansonsten zweigen wir in den Bergweg ein, der schräg gegenüber der Stalin-Villa beginnt (also ein paar Schritte wieder zurückgehen). Der ansteigende Pflasterweg führt hinauf in die Spitzweggasse.

Am Ende des schmalen Bergwegs erhebt sich rechter Hand die mächtige **Villa Sarre** (Spitzweggasse 6), die man sich auch hoch über dem Comer See oder am Ligurischen Meer vorstellen könnte. Sie wurde 1906 für Friedrich Sarre, den Direktor der Islamischen Abteilung des Kaiser-Friedrich-Museums in Berlin, errichtet. Ein Eyecatcher ist die überdachte Veranda mit einem Löwenfries aus blauen Kacheln, einer Nachbildung des berühmten Frieses aus der Triumphstraße von Babylon. Verheiratet war der Orientalist mit Maria Humann, der Tochter des Pergamon-Ausgräbers Carl Humann. Befreundet war Sarre u. a. mit dem osmanischen Kriegsminister Enver Pascha, einem der Drahtzieher des Völkermords an den kleinasiatischen Armeniern 1915/1916. Nachdem Enver Pascha 1919 in Istanbul zum Tode verurteilt worden war, fand er in der Villa Sarre Zuflucht. Zum Glück gab es auch Potsdamer Orientalisten, die während des Genozids nicht zur Seite schauten (→ Lepsiushaus Potsdam, S. 55).

Flucht, Vertreibung, Völkermord – das Eck hier hat ganz schön Dreck am Stecken. Nahebei in der Spitzweggasse 1 gab es einst ein jüdisches Altenheim (heute nicht mehr existent), das als Sammellager missbraucht wurde. Von hier startete am 16. Januar 1943 die Deportation der letzten noch in Potsdam lebenden Juden in die osteuropäischen Vernichtungslager.

Tauber, Rökk und Rühmann

Wer keinen Blick auf Mies van der Rohes Debüt, das **Haus Riehl** (s. o.), werfen will, hält sich am Ende des Bergwegs links und gelangt so über die Spitzweggasse zur quer verlaufenden Rosa-Luxemburg-Straße. Nach rechts bergauf geht es zur **Sternwarte** (*Leibniz-Institut für Astrophysik*, für öffentliche Veranstaltungen siehe www.aip.de). Nach links bergab – unser Weg – führt die Rosa-Luxemburg-Straße an der **Richard-Tauber-Villa** (Hausnr. 24) vorbei, einer 1910 errichteten neoklassizistischen Villa mit zwei Torhäusern. In den 1920er-Jahren wohnte hier u. a. der Tenor, Dirigent und Schauspieler Richard Tauber, der mit den Songs *Dein ist mein ganzes Herz* und *Gern hab ich die Frauen geküsst* Welterfolge feierte. Wie viele andere verließ er Deutschland wegen seiner jüdischen Abstammung 1933.

Im weiteren Verlauf wird die Rosa-Luxemburg-Straße etwas kleinbürgerlicher, in den Einfahrten parkt auch schon mal ein Ford Fiesta. Ein wenig aus der Reihe fällt die **Konrad-Adenauer-Villa** mit ihrer Fledermausgaube (Hausnr. 40, rechter Hand an der Ecke zur Hermann-Maaß-Straße). Hier lebte der spätere Bundeskanzler und vormalige Präsident des preußischen Staatsrats, von den Nazis aus seinen politischen Ämtern enthoben, zwischen 1934 und 1935.

Kurz darauf stößt man auf die querende Domstraße (links halten). Gleich gegenüber erblickt man eine recht kleine, hellgelb gestrichene Villa mit pastellgrünen Fensterläden (Domstr. 28). Bis zu seiner Hals-über-Kopf-Flucht im Jahr 1935 lebte der jüdische *Ufa*-Filmproduzent Alfred Zeisler darin. Das freie Haus „übernahm" die ungarische Schauspielerin **Marika Rökk** mit ihrem späteren Mann Georg Jacoby. Rökk unterhielt enge Beziehungen zur Nazi-Elite, den Eingangsbereich des Hauses schmückte angeblich ein Hitlerporträt.

Die Domstraße mündet wieder in die Karl-Marx-Straße, wo man sich rechts hält. Bevor es zurück zum S-Bahnhof Griebnitzsee geht, lohnt ein kurzer Blick auf die rechter Hand gelegene **Villa Lademann** (Hausnr. 66). Das weiße Schlösschen mit angedeuteten Zinnen wurde 1895 für den Generalleutnant Oskar Lademann errichtet. Architekt

Auch Heinz Rühmann weilte hier: Villa Lademann

Babelsberg → Karte S. 104/105

war Gustav Lilienthal, der Bruder des Luftfahrtpioniers Otto Lilienthal. In den 1930er-Jahren nutzte die *Ufa* das Haus als Gästehaus für Schauspieler wie Heinz Rühmann, Hans Albers oder Marlene Dietrich.

Potsdam im Kasten

Uferloser Streit am Griebnitzsee

Stellen Sie sich vor, Sie würden in Neubabelsberg in zweiter oder dritter Reihe am Griebnitzsee wohnen und würden gerne mit Ihrem Hund am See spazieren gehen, so wie es in den 1990er-Jahren mal möglich war. Geht aber nicht mehr. Weil es nicht mehr überall einen Weg gibt. Oder stellen Sie sich vor, Sie wären Millionär und hätten sich nach der Wende ein schönes Haus samt Seezugang gekauft. Und plötzlich will man Ihnen den Seezugang wegnehmen und durch Ihren Garten wildfremde Menschen mit ihren Hunden spazieren lassen. Ist auch doof, oder? Der Wunsch nach einem „Freien Ufer für alle", wie von einer Bürgerinitiative und der Stadt Potsdam gefordert, ist das Horrorszenario mancher Villenbesitzer am Griebnitzsee. Seit den Nullerjahren wird gestritten, geklagt und prozessiert. Zu DDR-Zeiten war diesbezüglich Ruhe. Da verlief entlang des Seeufers die Mauer und dahinter ein Kolonnenweg, der nur den DDR-Grenzern vorbehalten war. Ein Mauerrest, heute ein Denkmal, ist am östlichen Ende der Stubenrauchstraße (uferseitig) erhalten geblieben.

Dein Ufer, mein Ufer: Streit am Griebnitzsee

Praktische Infos

→ Karte S. 104/105

Restaurants

Piazza Toscana 4, beliebter Nachbarschaftsitaliener im rustikalen Trattoriastil mit so einigen Kitschelementen. Auf die rot karierten Tischdecken kommen gute Holzofenpizzen und leckere Pastagerichte. Günstige Tagesmenüs. Preislich in der Mittelklasse. Viel Stammgast-

Explosive Momente: Stuntshow im Filmpark

publikum. Rudolf-Breitscheid-Str. 177, ✆ 0331-2378444, www.piazza-toscana.de.

201 **3**, die hübsche Brasserie im Bahnhof Griebnitzsee bietet mittags Bowls oder Pasta fürs kleinere Geld. Abends isst man hier gehobene deutsch-internationale Gerichte zu 15–24 €. Terrasse auf dem Bahnhofsvorplatz, kleiner Biergarten. Mi–Sa 11.30–22 Uhr. Rudolf-Breitscheid-Str. 201, ✆ 0331-70448002, www.zweihunderteins.com.

Otto Hiemke **2**, das in einem einstöckigen historischen Gebäude untergebrachte, rustikal-handfeste Lokal ist seit 1896 in der Hand der gleichen Familie. Auf den Teller kommt Gutbürgerliches: Currywurst, Schmorgurken mit Bulette, Matjes & Co. Nettes Personal, Gleiches gilt für die Terrasse vor der Tür. Hg. 11,50–21 €. Mo–Do 16–23 Uhr, Fr/Sa ab 12 Uhr. Karl-Gruhl-Str. 55, ✆ 0331-7480596, www.restaurant-ottohiemke.de.

Cafés

Café Kleines Schloss **1**, im Park Babelsberg in herrlicher Lage in besagtem „Kleinen Schloss“, dem neugotischen Sommerschlösschen Kaiser Friedrichs III. Leider zuletzt dicht, da eine umfangreiche Sanierung des gesamten Bauwerks anstand. Wir hoffen auf eine Wiederbelebung.

Lindencafé **6**, Treffpunkt in Downtown Babelsberg direkt am S-Bahnhof. Das Wohnzimmer des Stadtteils, Kaffeehauskultur mit viel Rot und dicken Kuchen. Draußen sitzt man auf dem Gehweg, während die Straßenbahn vorbeizieht. Zu jeder Tageszeit eine sichere Nummer. Breite Frühstücksauswahl, mittags gibt's Schnitzel, Gulasch oder Pasta und abends ein nettes Glas Wein. Hg. 10–17 €. Tägl. 9–18 Uhr. Rudolf-Breitscheid-Str. 47, ✆ 0331-74000884, www.lindencafe.de.

Café Kellermann **5**, luftig-lässiger Hipsterplace mit Hängeschaukel. Immer gut für einen Kaffee oder ein kleines Bier. Feines Frühstück, dazu eine frische, gesunde Küche zwischen Linsensuppe, Pasta und Burger. Mo–Do 8.30–22 Uhr, Fr/Sa bis 23 Uhr, So 9.30–20 Uhr. Rudolf-Breitscheid-Str. 32, ✆ 0331-23160455, www.kellermann-babelsberg.de.

Einkaufen

Jeden Sa von 7–14 Uhr ist **Markt auf dem Weberplatz**. Sehr nett, viele regionale Anbieter. Obst und Gemüse, Fleischwaren, Räucherfisch, Wildfleisch aus dem Fläming, Blumen etc.

Katjes Gläserne Bonbonfabrik, → S. 173. Hier gibt's Bonbons (auch *Ahoj*-Brause und *Wick*) ab Fabrik.

Babelsberg → Karte S. 104/105

Berliner Str.
Havel
Tiefer See
Wassertaxi
Stadtbad Park Babelsberg
Berlin
Potsdam
Waldmüllerstr.
Klein-Glienicke
Dampfmaschinenhaus
Schloss Babelsberg
Park Babelsberg
Kleines Schloss
1
Allee nach Glienicke
Sternwarte
Gerichtslaube
Matrosenhaus
Flatowturm
An der Sternwarte
Park Babelsberg
Kindermannsee
Obere Donarstr.
Donarstraße
Bruno-H.-Bürgel-Straße
Fichtnerstraße
Behringstraße
Karl-Liebknecht-Stadion
Concordiaweg
Semmelweisstraße
Pasteurstraße
Turnstraße
Karl-Gruhl-Straße
2
Tour 3: Rund um den Heiligen See siehe S. 62/63
Park Babelsberg
Jutestraße
Grenzstraße
Spindelstraße
Karl-Liebknecht-Straße
Nuthestraße
Hans-Marchwitza-Ring
Mühlenstraße
Wollestraße
Alt Nowawes
Tuchmacherstraße
Neue Straße
Babelsberg
Lutherstr.
Plantagenstraße
Garnstraße
Nowaweser Weberstube
Friedrichskirche
Weberplatz
Wichgrafstraße
Friedhof am Plantagenplatz
Ehem. Nowawes
Lotte-Pulewka-Straße
Rudolf-Breitscheid-Straße
Kulturhaus Babelsberg
5
6
Thalia-Kino
Rudolf-Breitscheid-Straße
Friedrich-List-Straße
Bahnhof Babelsberg
8
Benzstraße
Anhaltstraße
Stephensonstr.
Friedrich-Engels-Straße
Schulstraße
Tour 1: Rund um den Alten Markt
Tour 2: Zwischen Bassinplatz und Luisenplatz
siehe S. 34/35
Lutherplatz
Wattstraße
Fultonstraße
Althoffstraße
Siemensstraße
Kopernikusstraße
Heideweg
Neuendorfer Anger
Großbeerenstraße
Dieselstraße
Pestalozzi
Aradosee
Nuthe
Heinrich-von-Kleist-Straße
Walter-Klausch-Straße
An den Windmühlen
Schlaatzweg
Horstweg
Nuthestraße
Friedhof Großbeerenstraße
Fritz-Zubeil-Straße
L 40
Rudolf-Moos-Straße

Tour 6: Insel Wannsee siehe S. 118/119
Essen & Trinken (S. 102/103)
1 Café Kleines Schloss
2 Otto Hiemke
3 201
4 Piazza Toscana
5 Café Kellermann
6 Lindencafé
Nachtleben (S. 164)
7 Lindenpark
8 Gleis 6
Wannseestraße
Griebnitzstraße
Griebnitzsee
Hirschberg
Insel Wannsee
Haus Riehl
Mosler-Villa
Villa Sarre
Stalin-Villa
Bergweg
Karl-Marx-Straße
Behringstr.
Rosa-Luxemburg-Straße
Landhaus Gugenheim
Johann-Strauß-Platz
Neubabelsberg
Virchowstraße
Berlin Potsdam
Urbig-Villa
Sauerbruchstraße
August-Bier-Str.
Hermann-Maaß-Straße
Robert-Koch-Straße
Konrad-Adenauer-Villa
Domstraße
Villa Quandt
Villa Lademann
Zeisler-Villa
Teltowkanal
Mauerrest
Truman-Villa
Goethestraße
Heinestraße
Herderstr.
Espengrund
Fontanestraße
Körner weg
Lessingstraße
Uhlandstraße
Reuterstraße
Freiligrathstr.
Otto-Erich-Str.
August-Bebel-Straße
Rudolf-Breitscheid-Straße
S-Bahnhof Griebnitzsee
Prof.-Dr.-Helmert-Straße
Hasso-Plattner-Institut
Universität
August-Bebel-Str.
Am Klubhaus
Stahnsdorfer Straße
Rosenstraße
Marlene-Dietrich-Allee
Heinz-Rühmann-Weg
Medienstadt Babelsberg
Steinstraße
Rote-Kreuz-Str.
Teltower Str.
Beyerstraße
Bernhard-
Rosenstr.
Am Sportplatz
An der Sandscholle
Blumenweg
Franz-Mehring-Str.
Franz-Mehring-Straße
Joe-May-Str.
Jägersteig
Stein-stücken
G.-W.-Pabst-Straße
Försterweg
Dianastraße
Paul-Neumann-Straße
Emil-Jannings-Straße
F.-Holländer-Straße
J.-von-Sternberg-Str.
Am Gehölz
Katjes Gläserne Bonbonfabrik
Filmpark Babelsberg
Zarah-Leander-Straße
Kleine Str.
Weidendamm
150 m
Tour 5: Babelsberg

Seitensprung nach Berlin

Tour 6

Die waldreiche, eigentlich zu Berlin gehörende Insel Wannsee bietet auch für Potsdam-Touristen enorm viel: dörfliche Idylle, Schlösserromantik und sogar eine märchenhafte Insel. Räder und Badehose nicht vergessen!

Glienicker Brücke, wo einst Agenten ausgetauscht wurden, genießt man heute herrliche Potsdam-Blicke, S. 110

Klein Glienicke, die einstige DDR-Exklave präsentiert sich überaus idyllisch, S. 108

Liebermann-Villa, Kunst am See, S. 113

Pfaueninsel, märchenhafte Havelinsel mit Schlösschen und Pfauen, S. 114

Schloss und Park Glienicke, wenn Lenné und Schinkel zusammenarbeiten, kann nur etwas Geniales entstehen, S. 111 und Foto oben

Durchs preußische Arkadien

Die Insel Wannsee

Vor den Toren Potsdams, im Nordosten der Stadt, liegt die Insel Wannsee. Havel, Großer und Kleiner Wannsee, Pohlesee, Stölpchensee, Griebnitzsee, Glienicker Lake und Jungfernsee umarmen sie. Obwohl die Insel Wannsee den meisten Potsdamern näher liegt als den meisten Berlinern, befindet sie sich fast komplett auf Berliner Stadtgebiet. Lediglich das dörfliche Klein Glienicke ist ein Ortsteil Potsdams. Insgesamt fünf Brücken führen auf das etwa 5 km lange Eiland. Die berühmteste: die Glienicker Brücke, auf der zu Mauerzeiten mehrmals Agenten ausgetauscht wurden.

Die Insel Wannsee ist mit Schönheit nur so gesegnet und nicht umsonst ein Naherholungsgebiet par excellence – auch wenn die gut befahrene Königstraße (zugleich die Bundesstraße 1) sie fast mittig durchschneidet. Am Wasser entlang und durchs Waldgebiet des Düppeler Forstes führen zahlreiche teils sandige Wege. Touristische Highlights sind Park und Schloss Glienicke sowie die vorgelagerte Pfaueninsel mit ihren romantischen Bauten – die auch zum UNESCO-Welterbe gehören. Kaum irgendwo rund um Potsdam ist man dem, was „Preußisches Arkadien" getauft wurde, wohl näher als hier. Nirgendwo rund um Potsdam ist man aber auch dem dunkelsten Kapitel der deutschen Geschichte näher als im Haus der Wannsee-Konferenz.

Hinweis: Die Sehenswürdigkeiten der Insel Wannsee liegen weit auseinander, sodass wir uns in diesem Kapitel für eine Radtour anstelle eines Spaziergangs entschieden haben.

Tipp: Wer einfach nur faul sein will, umrundet die Insel Wannsee mit dem Ausflugsschiff; → Wannseerundfahrt S. 181.

Radtour

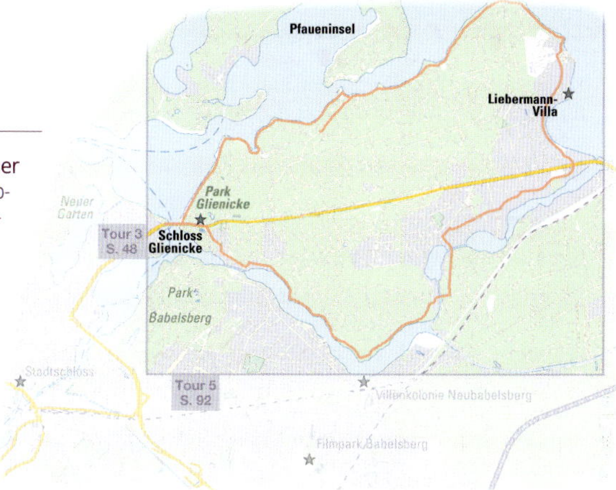

Länge ca. 18 km, **Dauer** ca. 4–6 Std. inkl. eines Abstechers auf die Pfaueninsel. **Karte** S. 118/119.

Hinweis: Wer zur Sacrower Heilandskirche übersetzen will, sollte sich vorab bezüglich der Verkehrszeiten des Wassertaxis schlaumachen (www.potsdamer-wassertaxi.de).

Start dieser abwechslungsreichen Radtour ist die → **Glienicker Brücke,** eine der großen Sehenswürdigkeiten der Stadt: wegen ihrer Geschichte genauso wie wegen ihrer grandiosen Ausblicke auf die Park- und Wasserlandschaft Potsdams. Gen Norden sieht man bis zur Sacrower Heilandskirche, gen Süden auf Park und Schloss Babelsberg. Ebenfalls südlich, noch auf dem Boden der Berliner Vorstadt, erkennt man die neobarocke **Villa Kampffmeyer** an dem bronzenen Merkur auf dem Dach. 1925 wurde sie für den Getreidegroßhändler Kurt Kampffmeyer errichtet. In sozialistischer Zeit beobachtete der KGB von hier die Glienicker Brücke. Seit der Wende ging die 15-Zimmer-Villa durch mehrere Hände. Illustre Mieter waren u. a. das Glamourpärchen Thomas Borer und Shawne Borer-Fielding, das hier Anfang der Nullerjahre rauschende Feste veranstaltete.

Folgt man hinter der Brücke der Königstraße bergauf, taucht nach etwa 300 m linker Hand der Zugang zu → **Park und Schloss Glienicke** auf. Wir aber halten uns dort rechts und folgen der Mövenstraße (Beschilderung „S-Bahnhof Griebnitzsee" bzw. „Mauerweg"). Der Park rechts von uns ist der des **Jagdschlosses Glienicke,** das Ende des 17. Jh. für den Großen Kurfürsten errichtet wurde. In *Mädchen in Uniform* (1958) sieht man hier Romy Schneider umherspazieren. Nach dem Mauerbau lag der Zugang zum Schloss im zur DDR gehörenden Sperrgebiet Klein Glienicke (→ Kasten). Das Schloss selbst gehörte aber weiterhin zu West-Berlin, weshalb der Eingangsbereich an die Königstraße verlegt werden musste. Bis 2003 diente das Schloss als Jugendbegegnungsstätte, heute hat darin das *Sozialpädagogische Fortbildungsinstitut Berlin-Brandenburg* seinen Sitz.

An der Ecke Mövenstraße/Wilhelm-Leuschner-Straße stellt man das Rad am besten mal kurz ab und schaut sich zu Fuß um. Gleich fällt die → **Klein Glienicker Kapelle** ins Auge, ein neogotischer Backsteinbau. Nur 150 m weiter nördlich befindet sich der **Friedhof,** der sich im Todesstreifen befand. Er ist ein verwunschen-melancholischer Ort, dem die pietätlose Genossenzeit noch heute anzusehen ist: Steine sind umgefallen, Gräber überwachsen, daneben Rhododendronbüsche.

Wer mag, kann von Klein Glienicke den **Böttcherberg** „besteigen", schmale Wege führen durch den Laubwald hinauf. Oben steht die **Loggia Alexandra,** die Prinz Carl von Preußen 1869/70 in Gedenken an seine verstorbene Schwester Charlotte von Preußen errichten ließ. Durch Heirat mit Nikolaus I. wurde sie als Alexandra Fjodorowna

Kaiserin von Russland. Das halbkreisförmige Belvedere im Stil der florentinischen Frührenaissance verkam zu Mauerzeiten völlig. Heute aufwendig restauriert, schützt eine Sicherheitsverglasung das freskengeschmückte Innere.

Potsdam im Kasten

Klein Glienicke: zehn Straßen DDR im West-Berliner Wald

Holprige Pflastersträßchen, ein Jagdschloss und hübsche Villen im Schweizer Stil – der von Wasser und dem Düppeler Forst umarmte Potsdamer Vorort Klein Glienicke, der sich hufeisenförmig um den zu Berlin gehörenden Böttcherberg zieht, ist ein idyllisch-schönes Fleckchen Erde. Und eines mit einer höchst interessanten Geschichte dazu! Die sog. Schweizer Häuser mit ihren ausladenden Veranden und dem filigranen Schnitzwerk ließ Prinz Carl, der Bruder des Königs Friedrich Wilhelm IV., zwischen 1863 und 1867 für seine Bediensteten errichten. Carl, angetan von der alpinen Kulturlandschaft, wollte sich damit eine eigene kleine Schweiz in sein Preußen basteln. Die neogotische Backsteinkapelle kam 1881 dazu.

Lange Zeit war Klein Glienicke ein beliebter Ausflugsort, was sich erst mit der Teilung Deutschlands und dem Bau der Mauer ändern sollte. Dann nämlich wurde Klein Glienicke zum „Blinddarm der DDR", zu einer ummauerten Ost-Exklave mitten im Klassenfeindland, verbunden nur durch eine schmale Kanalbrücke mit der DDR. Wie zwei Ohren ragte Klein Glienicke in den West-Berliner Wald hinein. An manchen Stellen war die „Sondersicherheitszone" der DDR nur 15 m breit.

Etwa 500 Bewohner zählte Klein Glienicke damals. Wer hier wohnte, hatte einen Sonderstempel im Pass und durfte nur von jemandem besucht werden, der zuvor eine Sondergenehmigung beantragt hatte – die Organisation einer Familienfeier konnte da schon mal etwas länger dauern … Gartenleitern mussten gesichert werden, um niemanden auf dumme Gedanken zu bringen. Die dummen Gedanken aber kamen von alleine: Klein Glienicke war Ort zahlreicher Fluchtversuche. Bei der Parkbrücke erinnert ein Gedenkort an fünf Männer, die hier oder in der Nähe bei dem Versuch, der DDR zu entfliehen, ihr Leben ließen: Drei ertranken, zwei wurden erschossen. Andere hatten mehr Glück: 1973 entwischten zwei verwandte Familien mit insgesamt fünf Kindern durch einen selbst geschaufelten, 19 m langen Tunnel.

Erschütternder Gedenkort an der Parkbrücke

Berlin, Berlin!

Weiter geht's! Wir durchfahren das beschauliche **Klein Glienicke** auf der Waldmüllerstraße. An ihrem Ende halten wir uns links und gleich wieder rechts (= Griebnitzstraße) parallel zu der Häuserzeile am Ufer. Hinter der letzten Villa radelt man einfach auf einem schönen Waldweg am See entlang weiter. Wo sich die Bäume lichten, kann man hinüberblicken auf die pompösen Villen von Neubabelsberg (→ Tour 5, S. 98).

So erreicht man den **Prinz-Friedrich-Leopold-Kanal,** der den Griebnitzsee mit dem Stölpchensee verbindet. Hier verlassen wir für ein kurzes Stück die Insel Wannsee, radeln über die Brücke und halten uns dahinter links. So gelangen wir über die Kohlhasenbrücker Straße zurück auf die Insel Wannsee. Dort geht es geradewegs auf den beschaulichen, gepflasterten **Wilhelmplatz** und damit ins Herz des zum Berliner Bezirk Steglitz-Zehlendorf gehörenden Ortsteils **Wannsee** bzw. ins Zentrum des vormaligen Dorfs **Stolpe** – kompliziert, aber so ist es korrekt. Hier steht die markante, von Friedrich August Stüler erbaute Dorfkirche (1858/59). Und hier kann man im ehemaligen Dorfkrug, heute die Gaststätte Zum grünen Baum, zu gehobener schwäbischer Küche einkehren.

Danach geht es nach rechts in die Chausseestraße und – aufpassen – bei der zweiten Möglichkeit wieder rechts ab in die Alsenstraße. Man durchfährt ein ruhiges, fast ländliches Wohngebiet und biegt am Ende der Alsenstraße nach links in die Straße Am Kleinen Wannsee. Diese endet an der breiten, viel befahrenen Königstraße (=Bundesstraße 1), die Potsdam mit Berlin verbindet.

Um die Tour fortzusetzen, geht es auf der anderen Seite der Bundesstraße auf der Straße Am Großen Wannsee parallel zum Seeufer weiter, bis ein Schild nach rechts zur traumhaft am See gelegenen **→ Liebermann-Villa** weist. Das ehemalige Sommerhaus des Berliner Malers Max Liebermann (1847–1935) sollten sich Kunstfreunde nicht entgehen lassen.

Theodor Fontane verglich ein Theaterstück in einer Rezension in der *Vossischen Zeitung* übrigens einmal mit einer Fahrt nach Potsdam: „Am Anfang ist nichts recht los, gegen Schluss ist nichts recht los. Aber – in der Mitte liegt Wannsee."

Nur wenige Radminuten nördlich der Liebermann-Villa wirft die Geschichte einen dunklen Schatten auf die Villenidylle am Wannsee: Im **→ Haus der Wannsee-Konferenz** wurde im Januar 1942 die „Endlösung der Judenfrage" beschlossen.

Stüler-Kirche am Wannsee

Die Insel Wannsee → Karte S. 118/119

Insel-Hopping

Direkt hinter dem Haus der Wannsee-Konferenz biegt man rechts zum Wasser hin ab und findet dort, neben der Zinkstatue des sog. *Flensburger Löwen*, den Einstieg zu einem idyllischen Waldweg am Ufer entlang. Nach rund 3,5 km und ein paar netten Badestellen trifft der Uferweg auf eine Straßenkreuzung. Wer einen Abstecher zur traumhaft über dem Wannsee gelegenen → **Kirche St. Peter und Paul auf Nikolskoe** und zum Wirtshaus Nikolskoe (→ Essen & Trinken) machen möchte, fährt zunächst die Straße Nikolskoer Weg geradewegs bergauf. Alle anderen wählen die Straße nach rechts. Sie führt geradewegs zum Wirtshaus zur Pfaueninsel (→ Essen & Trinken) und zur Anlegestelle der kleinen Fähre hinüber zur → **Pfaueninsel.** Die märchenhafte, mit einem Schlösschen und anderen romantischen Bauten bestückte Insel ist eines der Mustsees auf dieser Route.

Restaurant Moorlake:
Schön anzuschauen, aber essen würden wir woanders

Nach der Besichtigung der Pfaueninsel radelt man weiter auf dem nun asphaltierten Uferweg gen Südwesten und passiert so das in einer kleinen Bucht gelegene rustikale **Wirtshaus Moorlake.** Der Biergarten ist herrlich, über das Essen schweigen wir uns lieber aus. Dahinter erreicht man wenig später die Wassertaxi-Anlegestelle Krughorn, wo man zur → **Sacrower Heilandskirche** auf der anderen Seite der Havel übersetzen kann. Allein der Blick hinüber ist schon etwas Besonderes. Wenn noch eine Yacht vorüberzieht, zergeht er auf der Netzhaut. Traumschön!

Am Ufer des Jungfernsees radeln wir nun weiter und passieren noch das ehemalige Maschinenhaus des **Schlosses Glienicke,** bevor wir die Glienicker Brücke und damit den Ausgangspunkt der Radtour erreichen.

Sehenswertes

Eine Brücke, die Geschichte schrieb

Glienicker Brücke

„Der Blick von der Glienicker Brücke wetteifert mit den schönsten Punkten der Welt." (Alexander von Humboldt)

Die herrlich gelegene Havelbrücke verbindet heute Potsdam mit Berlin und trennte einst die DDR von West-Berlin. Zu Humboldts Zeiten war die Brücke noch aus Stein. Als Stahlversion mit Hängebrückencharakter gibt es sie seit 1907. Beim Rückzug der Wehrmacht gegen Ende des Zweiten Weltkriegs wurde sie in Teilen gesprengt und 1949 wieder hergestellt. Zu DDR-Zeiten lautete ihr offizieller Name „Brücke der

Wo einst Agenten ausgetauscht wurden: Glienicker Brücke

Einheit“ – eine fast schon schwarzhumorige Bezeichnung angesichts der Tatsache, dass die Brücke eines *der* Symbole des geteilten Deutschlands war. Nach Osten führte sie übrigens in den Westen, nach Westen in den Osten. Bereits ab 1952 war sie nur noch mit Sondergenehmigungen passierbar. Die Grenze markierte ein weißer Strich in der Mitte. Bis heute unterscheiden sich der Ost- und der Westteil der Brücke durch die unterschiedlichen Grüntöne ihrer Rostschutzfarbe.

Während der Zeit des Kalten Krieges wurden auf der Glienicker Brücke drei Mal Agenten, Häftlinge und Dissidenten ausgetauscht: 1962, 1985 und 1986. Vom ersten Agentenaustausch handelt Steven Spielbergs Spionagethriller *Bridge of Spies* mit Tom Hanks (2015). Über den Austausch von 1985 findet man einen spannenden kurzen Tagesschau-Beitrag im Netz, googeln Sie „Glienicker Brücke Tagesschau 1985“.

Filmreif war auch die Szene, die sich am 10. März 1988 mitten in der Nacht auf der Glienicker Brücke abspielte: Drei Männer bretterten mit einem als Gefahrentransporter getarnten Lastwagen durch sämtliche Schranken. Das völlig zerdellte Gefährt stoppte 200 m hinter der Grenze, die Flüchtigen kamen wohlbehalten im Westen an.

Berliner Straße. Tram 93 bis Glienicker Brücke.

Italien an der Havel

Park und Schloss Glienicke

Das vormalige Gut im Westen der Insel Wannsee wurde 1824 von Prinz Carl von Preußen als Sommersitz erworben und danach von Karl Friedrich Schinkel zu einer Landvilla im italienischen Stil umgebaut. Der Prinz hatte ein großes Faible für die Antike und wurde auf seinen Reisen des Sammelns nie müde – man beachte die u. a. mit Reliefstücken, Statuenfragmenten und Mosaiksplittern dekorierte rückwärtige Fassade des Schlosses.

Im Schloss selbst führt man heute in die fürstliche Wohnkultur der ersten Hälfte des 19. Jh. ein. Bei einer 40-minütigen Führung schlappt man durch diverse in den knalligen Modefarben der damaligen Zeit ausgemalte

Blickfang im Park Glienicke

Räume, so durch den Roten Salon mit Balkon und Blick auf die Löwenfontäne im Garten. Leider ist von der Originaleinrichtung so gut wie nichts erhalten geblieben. Zudem gibt es ein kleines **Museum** in Carls ehemaligem Schlaftrakt, das über die preußischen Hofgärtner informiert.

Die wunderschöne 100 ha große Park- und Gartenlandschaft drum herum konzipierte wieder mal Peter Joseph Lenné (→ Kasten, S. 117). Er kreierte einen sog. *Pleasureground*. Dieser Gartentypus kommt aus England, wo er seit der Renaissance bekannt ist. Dabei handelt es sich um eine Mischform zwischen Garten und Park, der den Wohnraum in die Natur erweitert. Der *Pleasureground* wurde mit 25.000 Bäumen (!) und zahlreichen kleineren Gebäuden bestückt.

Im wildromantischen **Klosterhof** bewahrte der Prinz seine Sammlung byzantinischer und mittelalterlicher Kunst auf. Das sog. **Casino,** ein klassizistischer Bau am Havelufer, diente als Gästehaus. Außerdem passiert man bei einem Spaziergang durch den Park die Teufelsbrücke, Brunnenanlagen, kommt vorbei an antiken Bruchstücken und vielen lauschigen Plätzchen. Immer wieder trifft man auf Aussichtspunkte, die einen schönen Blick freigeben – so auf die Sacrower Heilandskirche (s. u.).

Park: tagsüber stets zugänglich. Schloss: April–Okt. tägl. (außer Mo) 10–17.30 Uhr, Nov.–März nur Sa/So 10–16 Uhr. Führung 6 €, erm. 5 €. Im Schloss finden auch regelmäßig **Konzerte** statt. Das **Casino** ist nur im Rahmen von Sonderveranstaltungen zugänglich. Königsstr. 36,

Landhausträumchen: Schloss Glienicke

Casino im Park Glienicke

www.spsg.de. Mit Tram 93 bis Endstation Glienicker Brücke, von da noch 700 m zu Fuß (einfach in Fahrtrichtung geradeaus weitergehen) oder weiter mit Bus 316 bis Schloss Glienicke (Achtung, hierfür benötigen Sie ein Berlin BC-Ticket zu 3,50 €).

Vom Lost Place zum Kleinod

Klein Glienicker Kapelle

Die 1880/81 nach den Plänen von Ludwig Persius errichtete Kapelle stand ab 1961 direkt an der deutsch-deutschen Grenze. Gottesdienste fanden hier noch bis 1977 statt. Dann aber flüchteten ein Orgelbauer und ein Dachdecker, die in der Kirche zu tun hatten, von hier über die Mauer in den zu West-Berlin gehörenden Park des Jagdschlosses Glienicke. Danach war Schluss – die Kirche wurde gesperrt und verfiel. Einem rührigen Bürgerverein ist es zu verdanken, dass aus dem einsturzgefährdeten Lost Place wieder ein Schmuckstück wurde. Seit 1999 finden hier wieder Gottesdienste statt.

Nur zu Gottesdiensten und kulturellen Veranstaltungen geöffnet. Wilhelm-Leuschner-Str. 1, www.klein-glienicker-kapelle.de. Anfahrt → Schloss Glienicke. Vorm Zugang zum Schloss zweigt man jedoch rechts ab in die Mövenstraße und hält nach etwa 300 m linker Hand Ausschau.

Impressionismus am Wannseeufer

Liebermann-Villa

Die schmucke Villa am Wannseeufer ließ sich Max Liebermann (1847–1935), einer der Hauptvertreter des deutschen Impressionismus, 1909 von dem Architekten Paul Otto Baumgarten errichten. Bis zu seinem Tod verbrachte Liebermann hier in Gesellschaft der Berliner High Society seine Sommer. Im Garten entstanden rund 200 Gemälde, einige davon sind im ersten Stock der Villa, heute ein Museum, ausgestellt. Das Erdgeschoss widmet sich der wechselvollen Geschichte der Villa nach Liebermanns Tod. Auch werden immer wieder spannende Sonderausstellungen gezeigt. Angeschlossen ist ein Café mit herrlicher Terrasse.

April–Sept. tägl. (außer Di) 10–18 Uhr, sonst tägl. (außer Di) 11–17 Uhr. 10 €, erm. 6 €. Colomierstr. 3, www.liebermann-villa.de. Vom Potsdamer Hauptbahnhof mit der S7 bis Wannsee Bahnhof und weiter mit Bus 114 bis Haltestelle Liebermann-Villa (Achtung, hierfür benötigen Sie ein Berlin BC-Ticket zu 3,50 €).

Wo die „Endlösung" beschlossen wurde

Haus der Wannsee-Konferenz

Am 20. Januar 1942 fand hier, in der *Villa Marlier*, unter Vorsitz des SS-Obergruppenführers Reinhard Heydrich die Konferenz über die „Endlösung der Judenfrage" statt. Die Villa dient heute als Gedenkstätte. In 15 Räumen, darunter dem eigentlichen Konferenzsaal, werden Besucher in die Geschehnisse detailgenau eingeführt, auch geschichtliche Hintergründe des Antisemitismus werden thematisiert. So informativ wie erschütternd.

Tägl. 10–18 Uhr. Eintritt frei. Am Großen Wannsee 56–58, www.ghwk.de. Vom Potsdamer Hauptbahnhof mit der S7 bis Wannsee Bahnhof und weiter mit Bus 114 bis Haltestelle Haus der Wannsee-Konferenz (Achtung, hierfür benötigen Sie ein Berlin BC-Ticket zu 3,50 €).

Zwiebelturm überm Wannsee

Kirche St. Peter und Paul auf Nikolskoe

Heimisch sollte sich der russische Schwiegersohn Friedrich Wilhelms III. in Potsdam fühlen. Und so ließ der preußische König auf einem Hügel über der Havel nicht nur eine russische Blockhütte für Zar Nikolaus I. errichten (→ Essen & Trinken), sondern in deren Nachbarschaft auch eine Ziegelsteinkirche mit einem märchenhaften Zwiebelturm, wie er typisch für russisch-orthodoxe Kirchen ist. Friedrich August Stüler und Albert Dietrich Schadow projektierten das 1837 eingeweihte Gotteshaus. Das Innere ist sehr schlicht gehalten. Vom Vorplatz der Kirche genießt man eine herrliche Aussicht über die Havellandschaft.

Mai–Okt. tägl. 11–16 Uhr, Nov.–April Di und Do geschlossen. Nikolskoer Weg 17, www.kirche-nikolskoe.de. Vom Potsdamer Hauptbahnhof mit der S7 bis Wannsee Bahnhof und weiter mit Bus 218 bis Haltestelle Pfaueninsel (Achtung, hierfür benötigen Sie ein Berlin BC-Ticket zu 3,50 €), von dort noch etwa 700 m zu Fuß.

Märcheninsel mit Schlösschen

Pfaueninsel

Die 67 ha große Pfaueninsel ist ein märchenhaftes Gesamtkunstwerk. Den Grundstock dafür legte Friedrich Wilhelm II., auch bekannt als der „Dicke Lüderjahn". Der König erwarb die Insel 1793, damals noch „Kaninchenwerder" genannt. An ihrer Südwestspitze ließ er ein weißes **Holzschlösschen** im Stil eines verfallenen römischen Landhauses errichten, das er als Liebesnest für sich und seine Mätresse Wilhelmine von Lichtenau nutzen wollte. Der König starb allerdings bereits 1797 und damit im Jahr der Fertigstellung des Schlösschens.

Für die Innenausstattung – sie ist im Originalzustand erhalten – war Wilhelmine zuständig. Das Highlight ist das sog. *Otaheitische Kabinett*, ein rundes „Bambushüttenzimmer", welches das Faible jener Zeit für die gerade ent-

Wie im Märchen: Schlösschen auf der Pfaueninsel

deckte Südsee widerspiegelt. Leider ist das Schloss wegen umfangreicher Sanierungsmaßnahmen bis 2024 nicht zugänglich.

Zudem ließ Friedrich Wilhelm II. als Ausdruck der königlichen Sehnsucht nach dem einfachen Landleben auf der Nordseite der Insel eine als gotische Klosterruine konzipierte **Meierei** errichten. Wer den ehemaligen Gutshof besichtigt (zuletzt leider ebenfalls geschlossen, ein Termin für die Wiedereröffnung war noch nicht bekannt), sieht die Wohnung des Meiers, den einstigen Kuhstall, die Melkstube, eine historische Holztoilette und einen Festsaal in anzuzweifelnder Ästhetik.

An der wild-romantischen Inselszenerie fanden auch Nachfolger Friedrich Wilhelm III. und seine Luise Gefallen. Friedrich Wilhelm III. beauftragte den Gartenbaumeister Peter Joseph Lenné mit der Anlegung eines *Rosengartens* (mit heute noch rund 1000 Stöcken!) und einer Menagerie. Darin tummelten sich über 800 Tiere, darunter vier Kängurus, drei Bären und selbst ein Löwe. Nach dem Tod Friedrich Wilhelms III. im Jahr 1840 fand sich niemand mehr, der die Pracht auf der Pfaueninsel aufrechterhalten wollte. Die Menagerie wurde aufgegeben, die Tiere wanderten in den 1844 gegründeten Berliner Zoo.

Bis heute allerdings gibt es Tiere auf der Insel. Auf den Wiesen weiden Kühe und Ponys. Zudem stolzieren seit 1795 (!) rund 30 Pfauen umher, sechs bis acht werden jährlich nachgezogen. Damit gibt es hier etwa so viele Pfauen wie Menschen: Zu den rund 30 Bewohnern der Insel gehören u. a. die Fährleute, eine Schlossführerin und der Gärtner. Sie sind die einzigen, die motorisiert unterwegs sein dürfen, Otto Normaltourist hingegen darf nicht einmal ein Rad auf die Insel mitnehmen. Auch Ballspielen, Skifahren (!), Demonstrieren (!) und Rauchen sind verboten. Dafür darf und soll man ausgiebig

Die Insel Wannsee → Karte S. 118/119

Nah am Wasser gebaut: Sacrower Heilandskirche

spazieren, vorbei an Blumenrabatten und uralten Eichen. Liegen geht auch, aber nur auf der ausgewiesenen Liegewiese. Dort gibt es ein überaus idyllisches Sommercafé (→ Essen & Trinken).

www.spsg.de. Vom Potsdamer Hauptbahnhof mit der S7 bis Wannsee Bahnhof und weiter mit Bus 218 bis Haltestelle Pfaueninsel (Achtung, hierfür benötigen Sie ein Berlin BC-Ticket zu 3,50 €). Von dort weiter mit der Fähre (April–Okt. tägl. 10–18 Uhr, sonst 10–16 Uhr; 4 €/Pers., erm. 3 €). Alternativ kann man auch von Potsdam das Wassertaxi (→ S. 182) bis Haltestelle Krughorn nehmen, von dort sind es noch ca. 20 Min. zu Fuß bis zur Fähranlegestelle.

Können Kirchen schöner liegen?

Sacrower Heilandskirche und Umgebung

Die wahrlich nah am Wasser gebaute Kirche ist ein Eyecatcher und unbedingt einen Besuch wert. Wer an einem schönen Sommertag unter den Arkaden der Kirche sitzt und von dort den vorbeisegelnden Yachten auf dem Jungfernsee hinterherblickt, träumt nicht mehr von Urlaub in Italien. Versprochen!

Bauherr der sich im Wasser spiegelnden Heilandskirche (1841–1844) war König Wilhelm IV., der dafür seinen Hofarchitekten Ludwig Persius engagierte. Dieser gab dem Gotteshaus das Aussehen einer frühchristlichen Basilika, mit frei stehendem Campanile und umlaufendem Säulengang samt hellblauen Keramikbändern.

Verdeckt von Bäumen steht etwa 300 m hinter der Kirche ein kleines, eher unauffälliges Schloss, das aus einem ehemaligen Gut aus dem Jahr 1773 hervorging. In genau jenem Gutshof verbrachte der romantische Dichter Friedrich de la Motte Fouqué seine Kindheit. Das Schloss ist nur im Rahmen von Sonderveranstaltungen zugänglich. Für die Gestaltung des Parks zwischen Schloss und Kirche war, Sie ahnen es,

Peter Joseph Lenné zuständig. Er schuf, ganz Lenné-like, weite Sichtachsen zu den Parkanlagen von Glienicke, nach Babelsberg und zur Pfaueninsel.

Die Schließung der innerdeutschen Grenze brachte das vorläufige Ende dieses friedlichen Fleckchens Erde. Ab 1961 verliefen die Sperranlagen der DDR direkt an der Kirche vorbei, der Campanile wurde gar ein Teil der Mauer. Das Interieur der Kirche wurde zerstört, im mit Schutt vermüllten Park wurden Zollbauten errichtet, das Schloss nutzte man als Zollhund-Ausbildungsstätte. Als die Heilandskirche Mitte der 1980er-Jahre schon fast zu kollabieren drohte und Bäume aus dem Dach wuchsen, konnte sie mit Spendengeldern aus dem Westen zumindest notgesichert werden. 1989 fand in dem schwer mitgenommenen Gotteshaus der erste Gottesdienst nach knapp drei Jahrzehnten statt. In den 1990er-Jahren wurde die Kirche von Grund auf restauriert. Heute wird sie von der Evangelischen Pfingstgemeinde genutzt. Auch der Park wurde renaturiert – keine Spur mehr von 41 Jahren DDR. Nur ein paar

Potsdam im Kasten

Der mit dem grünen Daumen: Peter Joseph Lenné

Die preußischen Herrscher leisteten sich die besten Hofgärtner. Und diese waren bestens aufgestellt. Verdienten ordentlich, hatten einen hohen gesellschaftlichen Rang und residierten i. d. R. in malerischen Anwesen in den Schlossparks – ihre Sorge um die Pflanzen machte eine Nähe zwischen Arbeit und Wohnung wichtig. Außerdem kamen die Gärtner durch Bildungsreisen und auf der Suche nach exotischen Samen für ihre südwehigen Herrscher viel herum.

Der preußische Hofgärtner schlechthin wurde **Peter Joseph Lenné** (1789–1866). Als 27-Jähriger wurde der Rheinländer 1816 von König Friedrich Wilhelm III. als Gartengeselle an den preußischen Hof gerufen. Vorher hatte er bereits in Paris und Wien gewirkt. Lenné war ein Verfechter der Landschaftsgestaltung nach englischem Vorbild, bei dem man der Natur freien Lauf ließ. Die strenge Symmetrie barocker Gärten bezeichnete Lenné als eine „Verirrung des Geschmacks“. Freiheit versus Ordnung.

Rund 45 Jahre lang sollte der Workaholic am preußischen Hof bleiben, Berlin und Potsdam mit unzähligen Parks und Gärten dekorieren und schließlich als „Schöpfer des preußischen Arkadiens“ in die Geschichte eingehen. Sein Gesellenstück war die Umgestaltung des Neuen Gartens. Sein Meisterstück: Schlosspark Glienicke, ein paradiesischer Ort, der in kongenialer Zusammenarbeit mit dem großen Architekten Schinkel entstand. Nebenbei setzte der fleißige Gartenbaukünstler Projekte wie die Pfaueninsel und Alexandrowka sowie die Neugestaltung des Schlossparks Sanssouci um. Zu Lennés Markenzeichen gehören geschwungene Wege und überraschende Sichtachsen, die effektvoll in die Parks gesetzt sind.

Im Jahr 1828 avancierte Lenné zum General-Gartendirektor und beschäftigte fortan ein ganzes Büro. Verheiratet war er mit Friederike Voß, der Tochter des Hofgärtners Joachim Heinrich Voß. Die Ehe blieb kinderlos, für Leben sorgten stattdessen zwei Papageien und zwei Neufundländer. Das Paar wohnte am Ökonomieweg 7 im Süden des Parks Sanssouci in einem Beinaheschlösschen.

Nachdem 1861 Lennés letzter Gönner Friedrich Wilhelm IV. gestorben war, verlor er den Kontakt zum Hof. Fünf Jahre später starb er an einem Schlaganfall. Das Grab des großen Gartenpoeten befindet sich auf dem Bornstedter Friedhof (→ S. 86).

Die Insel Wannsee → Karte S. 118/119

Kladow
Kladower Straße
Potsdam
Berlin
Sacrower See
Krampnitz
Weinmeisterweg
Sacrower See
Schlösschen
Havel
Krampnitzer Straße
Schloss Sacrow
Fährstr.
Park Sacrow
2
Nikolskoer Weg
Sacrower Heilandskirche
3
Kirche St. Peter und Paul auf Nikolskoe
Krughorn
Wirtshaus Moorlake
Moorlakeweg
Wassertaxi
Potsdam
Berlin
Düppeler
Nikolskoer Weg
Jungfernsee
Insel
Wassertaxi
Park Glienicke
Casino
4
Schloss Glienicke
B 1
Golf- und Land-C
Berlin-Wannsee e
Schwanenallee
Königstraße
Friedhof
Glienicker Brücke
Potsdam Zentrum
Mövenstraße
Klein-Glienicker Kapelle
Loggia Alexandra
Am Böttcherberg
Am Waldrand
Glienicker Lake
Villa Kampffmeyer
Tour 1 und Tour 2 siehe S. 34/35
Tour 3 siehe S. 62/63
Böttcherberg
Jagdschloss Glienicke
Klein-Glienicke
Waldmüllerstraße
Kammermusiksaal Havelschlösschen
5
Griebnitzstr.
Schloss Babelsberg
Griebnitzsee
Gerichtslaube
Sternwarte
Karl-Marx-Straße
Matrosenhaus
Park Babelsberg
Babelsberg
Rosa-Luxemburg-Straße
Berlin
Potsdam
Flatowturm
Allee nach Glienicke
Hermann-Maaß-Straße
Neubabelsberg
Bruno-H.-Bürgel-Straße
Karl-Liebknecht-Stadion
Karl-Liebknecht-Straße
Donarstraße
Virchowstraße
Karl-Marx-Straße
Fichtnerstraße
Behringstraße
Scheffelstr.
Heinestr.
Mühlenstr.
Wollestraße
Alt Nowawes
Semmelweisstraße
Pasteurstr.
Domstraße
Tour 5: Babelsberg siehe S. 104/105

Essen & Trinken (S. 120)
1 Kaffeegarten auf der Pfaueninsel
2 Wirtshaus zur Pfaueninsel
3 Blockhaus Nikolskoe
4 Remise
5 Wartmanns Café und Biergarten
Meierei
Pfaueninsel
Havel
Flensburger Löwe
Haus der Wannsee-Konferenz
Zum Heckeshorn
Am Großen Wannsee
Liebermann-Villa
Westlicher Düppeler Forst
Großer Wannsee
Pfaueninselchaussee
Lindenstr.
Straße zum Löwen
Bergstraße
Braschzeile
Hugo-Vogel-Straße
Kyllmannstraße
Endestraße
Kaiserstr.
Conradstraße
B 1
Berlin Zentrum
Forst
Wannsee
Königstraße
Petzower Straße
Am Kleinen Wannsee
Kleiner Wannsee
Wannsee
Königstraße
Am Wildgatter
Friedenstraße
Chausseestraße
Hohenzollernstraße
Bismarckstraße
Ulricistraße
Alsenstraße
Schäferstraße
Wilhelmplatz
lienicker Straße
Pohlesee
Stölpchenweg
Stölpchensee
Kohlhasenbrücker Straße
Prinz-Friedrich-Leopold-Kanal
Berlin Potsdam
Teerofendamm
Rehwinkel
Mauerrest
Berlin Potsdam
Stubenrauchstr.
Neue Kreisstraße
Bäkestraße
Teltowkanal
250 m
Tour 6: Insel Wannsee

spannende alte Fotos in der Kirche erinnern daran, dass das Gotteshaus einst inmitten der Sperranlagen stand.

Kirche: Jan./Feb. u. Nov./Dez. Sa/So 11–15.30 Uhr, März/April u. Sept./Okt. Di–Do 11–15.30 Uhr, Fr–So 11–16 Uhr, Mai–Aug. Di–Do 11–16 Uhr, Fr–So 11–17 Uhr. Um eine Spende wird gebeten. Krampnitzer Straße, www.heilandskirche-sacrow.de. Vom Potsdamer Hauptbahnhof mit Tram 92 bis Reiterweg/Alleestraße und weiter mit Bus 697 bis Haltestelle Schloss Sacrow. Oder mit dem Wassertaxi (→ S. 182).

Essen und Trinken

→ Karte S. 118/119

Restaurants

Remise 4, von *Lutter & Wegner* betriebenes, gediegenes Restaurant mit Sommerterrasse in der Remise des Schlosses Glienicke (→ Sehenswertes). Gehobene deutsche Küche wie Wiener Schnitzel mit lauwarmem Kartoffel-Radieschen-Salat oder (zur Saison) Havelzander mit Pfifferlingsrisotto, Hg. 20–25,50 €. Nur Do/So 12–19 Uhr und Fr/Sa 12–20.30 Uhr. Königstr. 36, ✆ 030-8054000, www.schloss-glienicke.de.

Blockhaus Nikolskoe 3, neben der Kirche St. Peter und Paul (→ Sehenswertes). Von der Traumterrasse genießt man einen tollen Blick über die Havel. Sättigende Küche: Rouladen, Eisbein, ein paar vegetarische Gerichte und im Herbst Steinpilze bis zum Abwinken. Nachmittags Kaffee und Kuchen. Hg. 15–22 €. So–Do 12–18 Uhr, Fr/Sa bis 20 Uhr. Nikolskoer Weg 15, ✆ 030-8052914, www.blockhaus-nikolskoe.de.

Wirtshaus zur Pfaueninsel 2, sympathisches, rustikal-jugendliches Restaurant mit farbenfrohen Wänden. Zwei Biergärten, einer im Hof ohne nennenswerte Aussicht, der andere in Wassernähe. Königsberger Klopse, Schnitzel vom Milchkalb oder Kohlroulade gibt's zu 16–25 €. Nur Fr–So 12–18 Uhr. Pfaueninselchaussee 100, ✆ 030-8052225, www.pfaueninsel.de.

Cafés

Wartmanns Café und Biergarten 5, hausgemachter Kuchen, Snacks und Eis im idyllischen Garten an der Brücke in Klein Glienicke. Bei schönem Wetter tägl. 11–18 Uhr. Waldmüllerstr. 8, ✆ 0331-23166188, www.wartmanns.de.

Kaffeegarten auf der Pfaueninsel 1, ein herrliches, liebevoll angelegtes Plätzchen auf der baumumstandenen Liegewiese der Pfaueninsel. Das Sommercafé serviert Kuchen, Suppen und Biobier, außerdem wird gegrillt. April–Okt. bei schönem Wetter geöffnet.

Jagdschloss Glienicke

Radtour zur Sacrower Heilandskirche

Route der Rundtour: Neuer Garten – Bertinistraße – Krampnitz – Römerschanze im Königswald – Sacrower Heilandskirche – Glienicker Brücke – Neuer Garten. **Länge** ab der Meierei im Neuen Garten ca. 16 km, **Dauer** ca. 3–4 Std. **Hinweis:** Beachten Sie die Abfahrtszeiten des Wassertaxis, bevor Sie starten! Diese verkehrten zuletzt (Stand 2022) von April bis September nur Do–So, im Oktober nur Sa/So. Das letzte Schiff setzte um 18.40 Uhr von der Sacrower Heilandskirche nach Park Glienicke/Krughorn über. Den aktuellen Fahrplan finden Sie auf www.potsdamer-wassertaxi.de.

Ausgangspunkt ist der Neue Garten, den man von der Innenstadt kommend in nordöstliche Richtung durchquert (also zunächst Richtung **Schloss Cecilienhof** halten). Bei der **Ausflugsgaststätte Meierei im Neuen Garten** (→ S. 61) verlässt man den Neuen Garten und zweigt in die noble **Bertinistraße** ein mit Villen zur Linken und dem See zur Rechten (mehr über die Bertinistraße siehe auf S. 59). Hinter der dortigen **Villa Gutmann** (Hausnr. 16) biegt man nach rechts ab auf den Uferweg entlang des Jungfernsees. Der Weg endet an der **Straße nach Neu Fahrland,** der B 2, wo man sich rechts hält. Nun folgt für knapp 3 km ein Abschnitt auf dem Radweg rechts der Bundesstraße. Dabei überquert man den **Sacrow-Paretzer-Kanal** auf der Brücke des Friedens und passiert **Neu Fahrland**. Dort wo die B 2 näher am See verläuft, erstreckt sich links das riesige Areal der aufgegebenen **Kaserne Krampnitz.** Zu Nazizeiten beherbergte sie eine Kavallerie und Panzertruppenschule, nach dem Krieg saßen hier die Sowjets. Danach diente das Kasernenareal zig Filmen als Kulisse: *Enemy at the Gates, Resident Evil, Effie Briest, Inglourious Basterds, Mein Führer* usw. In den nächsten Jahren soll auf dem 140 ha großen Areal ein neues Stadtquartier für 10.000 Menschen entstehen.

Am nördlichen Ende des **Krampnitzsees** zweigt man nach rechts in den Rotkehlchenweg ab, dabei folgt man zugleich dem ausgeschilderten Berliner Mauerweg. 500 m weiter hält man sich bei einem Reiterhof rechts Richtung Sacrow. Und etwa 1,3 km hinter dem Reiterhof zweigt man auf einen Waldweg nach rechts ab (Beschilderung „Römerschanze/Heilandskirche"). Von hier sind es noch exakt 4,3 km durch das Naturschutzgebiet **Königswald** bis zur Heilandskirche. Die besagte **„Römerschanze",** die man unterwegs passiert (Hinweisschild), hat nie ein Römer je betreten. Die in ihren Ursprüngen bronzezeitliche Befestigungsanlage 19 m oberhalb des Lehnitzseeufers war vom 7. bis 12. Jh. von Slawen besiedelt. Heute steht man hier einsam im etwas gespenstisch wirkenden Wald, der Wall ist in Teilen noch auszumachen.

Auf dem weiteren Weg durch den Wald tauchen nach einer Weile auf der anderen Seite des Jungfernsees die Villen an der Bertinistraße und die Meierei im Neuen Garten wieder auf. Der Waldweg endet am Eingang zum **Park Sacrow,** wo ein Schild darauf hinweist, über welche Wege man als Radfahrer zur **Sacrower Heilandskirche** (→ S. 116) gelangt. Von der Kirche ist der Weg zur Wassertaxistation ausgeschildert, von wo wir ans andere Ufer übersetzen.

Am anderen Ufer des Jungfernsees radeln wir zurück Richtung Potsdam, passieren dabei das ehemalige Maschinenhaus des **Schlosses Glienicke** (→ S. 111), dann das Schloss und schließlich die **Glienicker Brücke** (→ S. 110). Bei der **Villa Schöningen** (→ S. 60) halten wir uns rechts und gelangen so über die Schwanenallee und die Schwanenbrücke wieder in den **Neuen Garten** und damit zum Ausgangspunkt dieser Radtour.

Fahrt ins Blau-Grüne

Ausflüge ins Umland

Man braucht ja nicht gleich den Kopf in den märkischen Sand stecken. Es reicht schon, wenn das die Füße tun. Die so beschauliche wie nasse Umgebung Potsdams ist ungemein vielfältig: Hier kann man radeln, paddeln, wandern und so einiges besichtigen.

- **Werder**, die still-schöne Altstadtinsel hat gastronomisch ordentlich was zu bieten, S. 126
- **Petzow**, Sanddorn und wunderbare Blicke von der Schinkelkirche, S. 131
- **Caputh**, Cocktail im Seebad oder Forelle im Fährhaus? Caputh verspricht den perfekten Urlaubsabend, S. 136
- **Beelitz-Heilstätten**, eine Tour durch die zerfallene Lungenheilstätte ist etwas ganz Besonderes, S. 143 und Foto oben

Zwischen Havelland und Mittelmark

Rund um Potsdam

Jener Teil des Potsdamer Umlands, der nicht Berlin heißt, bietet v. a. eines: Landschaften zum Entschleunigen. Seen, Kanäle und die wohlbekannte Havel durchfließen ein größtenteils billardtischflaches Gebiet, das sich zum Wandern und insbesondere zum Radeln (→ S. 125 und 134) nur so anbietet – „Natur!", schreit's hier von allen Seiten. Blau schimmern die Seen, grüngolden flackern die Alleen, im Dunkeln munkeln die Kiefernwälder. Und ein Bett im Kornfeld lässt sich auch problemlos finden.

Größter See im Umland Potsdams ist der 786 ha große Schwielowsee, eine riesige Ausbuchtung der Havel. „Der Schwielowsee ist breit, behaglich, sonnig und hat die Gutmütigkeit aller breit angelegten Naturen" schwärmte schon unser guter Fontane. Die sportlich weniger Ambitionierten lernen ihn am besten auf einer Fahrt mit dem Ausflugsschiff kennen (→ S. 180). Wer hingegen mit dem Rad rund um den See oder auch weiter nördlich bei Werder unterwegs ist, durchradelt schläfrige Dörfer, rumpelt manchmal auch über Plattenwege, in deren Fugen Gras wächst. Die Gegend hängt voller Obst, im Juni tragen die Bäume Kirschen, im Oktober Äpfel. Die vielen Selbstpflückhöfe erstaunen somit nicht.

Kurzum: Der zauberhaften Gegend westlich und südwestlich von Potsdam sollte man ein, zwei Tage widmen. Mindestens. Alles andere wäre schade.

Rund um die Döberitzer Heide

Nördlich von Potsdam bzw. des Krampnitzsees erstreckt sich die Döberitzer Heide. Heute ist sie ein riesiges Naturschutzgebiet, das bis zur Bundesstraße 5 zwischen Wustermark (mit großem Outlet-Zentrum, www.mcarthurglen.com) und Wilhelmstadt reicht. Das war nicht immer so. Die Heide diente bis in die 1990er-Jahre als Truppenübungsplatz, bereits im 18. Jh. wurden hier Manöver mit über 40.000 Mann durchgeführt. Die alten Kasernen ganz im Süden sollen zu einem Wohnquartier für 10.000 Menschen umgebaut werden (→ S. 121).

Seit 2004 engagiert sich die *Heinz Sielmann Stiftung* (www.sielmann-stiftung.de) in der Döberitzer Heide. Seitdem galoppieren Przewalski-Pferde durch Sandlandschaften, schubbern sich Wisente an Eichen und lugt Rotwild hinter Ginsterbüschen hervor. Selbst ein Wolfsrudel hat sich 2021 in der Heide niedergelassen.

Hier und dort aber sieht man auch noch alte Baracken und Schuttberge. Egal. Die lila blühende Heide ist ein Naturparadies geworden, das zum Wandern einlädt – auch wenn die Wege aufgrund des sandigen Untergrundes nicht immer leicht zu begehen sind. Die Wildniskernzone (sozusagen das zentrale Herzstück) darf nicht betreten werden, diese ist den Tieren vorbehalten. Und ganz wichtig: Verlassen Sie wegen nicht beseitigter Munitionsreste niemals die Wege! Ein beliebtes Ziel ist der **Aussichtsturm** auf dem Finkenberg, diverse Wege führen dorthin. Über alle Zugänge, Wege und Tiere informiert www.doeberitzerheide.de.

Keine Angst vorm bösen Wolf!

Von der Existenz der Wölfe in der Döberitzer Heide weiß man durch Wildtierkameras. Begegnungen zwischen Wolf und Mensch fanden bislang nicht statt (Stand: Sommer 2022). Wölfe gehen Menschen i. d. R. aus dem Weg. Falls Ihnen doch einer begegnen sollte: nicht anlocken, nicht füttern, nicht aggressiv werden! Auch Essensreste sollten nicht zurückgelassen werden.

Praktische Infos

Anfahrt mit dem Auto Wer einfach nur mal schnuppern will, fährt am besten nach Fahrland, biegt dort am Ortsbeginn rechts ab auf die Kienhorststraße und fährt diese bis zu ihrem Ende. Hält man sich hinter der Schranke bei der T-Kreuzung rechts, sieht man schon bald die ersten Wildpferde in einem weiten Schaugehege.

Verbindungen Nach Fahrland gelangt man auch mit dem **Bus** 609 vom Hbf. (fahren Sie bis Kienhorststraße). Ein Potsdam AB-Ticket genügt.

Marquardt

Marquardt ist ein unauffälliges Straßendorf ca. 12 km nordwestlich von Potsdam, das von Selbstpflückhöfen und Obstbäumen umringt wird. Abseits der Durchgangsstraße, in einem von Peter Joseph Lenné gestalteten Park an den Ufern des Schlänitzsees und der Wublitz, einem Nebenarm der Havel, versteckt sich ein **Schloss** mit wechselvoller Geschichte. Allein im letzten Jahrhundert diente es mal als Hotel der Kempinski-Familie (in den 1930er-Jahren), mal als Lazarett (in den letzten Jahren des Zweiten Weltkriegs) und mal als Gartenbauschule und Institut für Obstbau (zu DDR-Zeiten). Seit der Wende weiß man nicht mehr so recht, was tun mit dem Gebäude. Zuletzt diente das Schloss als Eventlocation und Drehort. Im Schlosspark gibt es eine nette Badestelle: ein paar Quadratmeter Sand und eine Liegewiese.

Praktische Infos

Verbindungen Von Potsdam Hbf. fahren die RB 21 und Bus 614 nach Marquardt (Potsdam AB-Ticket genügt).

Essen & Trinken/Camping Landgasthof zum Alten Krug, modern-rustikales, hübsches Lokal mit ebensolchem Biergarten, an der Durchgangsstraße. Bodenständige Küche wie Forelle Müllerin, Wildschweingulasch oder Eier in Senfsoße zu 11–21 €. Nebenan ein kleiner Womo-Stellplatz (nur 8 Plätze, unbedingt reservieren, nahebei noch ein Tante-Emma-Laden). Du/WC vorhanden. 2 Pers. mit Strom 15 € zzgl. 2,50 € für Du/WC. Achtung: Wer hier übernachten will, muss mindestens einmal im Wirtshaus einkehren. Mo Ruhetag, Di–Do 16–23 Uhr, Fr–So ab 12 Uhr. Hauptstr. 2, 14476 Potsdam, ✆ 033208-57233, www.krug-marquardt.de.

Übernachten *meinTipp* **** Schloss Kartzow, in diesem Schloss 5 km nördlich von Marquardt kann man nicht nur Hochzeit feiern (Standesamt im Haus!), sondern auch gediegen übernachten (stilvolle Zimmer, ohne überstylt zu sein). Im Restaurant (Mi–So ab 18 Uhr) und auf der Terrasse wird brandenburgisch-mediterrane Küche wie Maispoularde mit Mohnpfifferlingen oder Steinbeißer mit Fenchelrisoni serviert (Hg. 21–27 €). Das Schloss wurde übrigens erst 1912 errichtet und zur Abwechslung mal von keinem Grafen oder Prinzen, sondern von einem Schnapsfabrikanten („Kaiser Kümmel"). Kartzower Dorfstr. 16, 14476 Potsdam, ✆ 033208-232323, www.schloss-kartzow.de. **€€€**

Paddeln auf der Wublitz: Mit *Kayak24* kann man von der Kanalbrücke in Marquardt eine 24 km lange Tour rund um die Insel Töplitz unternehmen. Dabei passiert man die Wublitz, ein für Motorboote gesperrtes Gewässer. Dauer ca. 6 Std. für geübte Paddler. Im Programm aber auch kürzere Touren. 2er-Kajak 33 €/Tag. ✆ 0331-27972072, www.kayak24.de.

Detail am Schloss Marquardt

Nattwerder

Wer eine Radeltour nach Marquardt (s. o.) plant, dem sei ein Zwischenstopp in Nattwerder empfohlen, einem abgeschiedenen Ortsteil Potsdams etwa 10 km westlich des Zentrums in idyllischer Lage an der Wublitz. Nattwerder (*natte Werder* = „nasse Insel") ist ein ehemaliges Schweizer Kolonistendorf. Im Jahr 1685 fanden hier am Golmer Bruch exakt 101 Berner Bauern eine neue Heimat. Die hübsche Kirche, die noch heute steht, war ein Geschenk des Großen Kurfürsten. Sie ist von einem wildromantischen Friedhof umgeben. Die vier Schweizer Höfe hingegen sind keine Originale mehr, diese brannten im 19. Jh. ab, wurden aber wieder aufgebaut. Einziges Manko des Ortes: Man hört die Autobahn am anderen Ufer. Weitere Infos über Nattwerder auf www.nattwerder.de.

Verbindungen Von Potsdam Hbf. fährt Bus 612 nach Grube (Potsdam AB-Ticket genügt). Von der Endstation (Schlänitzseer Weg) sind es noch 1,6 km bis Nattwerder.

Schloss Paretz: schlichter Sommersitz von Friedrich Wilhelm III. und seiner Luise

Radfahren in der Region

Von Werder (→ S. 126) bietet sich ein schöner, ca. 43 km langer Radrundweg mit folgenden Stationen an: Werder – Phöben – Ketzin – Paretz – Falkenrehde – Marquardt – Nattwerder – Werder.

Paretz

Paretz, ca. 20 km nordwestlich von Potsdam, ist ein stilles Dorf bzw. ein stiller Ortsteil von Ketzin (s. u.). Entlang des gepflasterten Durchgangssträßleins reihen sich restaurierte historische Gebäude an Plattenbauten mit gardinenverhängten Fenstern. Wer als Tourist hierherkommt, will das hiesige **Schloss** besuchen – von außen völlig schmucklos und eher an einen Gutshof erinnernd, von innen aber freundlich und hell. Errichtet wurde es 1797–1804 von David Gilly als Sommerresidenz für Friedrich Wilhelm III. und seine Luise. Das Königspaar verlebte hier viele glückliche Sommertage, mischte sich unters Volk und praktizierte einen fast schon bürgerlichen Lebensstil. Bei einem Rundgang durch das Schloss sieht man u. a. das Arbeitszimmer des Königs, das Schlaf- und Wohnzimmer der Luise sowie das Billardzimmer. In der Remise ist eine Ausstellung historischer Kutschen, Schlitten und Sänften untergebracht.

Gegenüber der Kirche grüßt ein schmuckes neogotisch umgebautes **Kirchlein.** Im Inneren befindet sich die Loge des Königspaars.

Schloss: April–Okt. tägl. (außer Mo) 10–17.30 Uhr, sonst nur Sa/So 10–16 Uhr. 6 €, erm. 5 €. Parkring 1, www.spsg.de. Von Potsam Hbf. mit Bus 614 zu erreichen (Sie benötigen ein Potsdam ABC-Ticket).

Ketzin

Nur 2,5 km trennen Paretz vom Zentrum Ketzins (6500 Einwohner), das sich gerne mit dem nostalgischen Namen „Fischerstädtchen“ vorstellt. Ketzins Stadtwappen ziert ein „Knüttepfriem“, ein Werkzeug, mit dem die Fischer einst ihre Netze knüpften. Einen hauptberuflichen Fischer sucht

Sommerabend in Ketzin

man hier heute jedoch vergebens. Ketzin ist nett, schlicht und ruhig – bräsiger, brandenburgischer Kleinstadtalltag herrscht vor.

Was kann man tun in Ketzin? Man kann von der kleinen Promenade an der Havel, die hier recht dickbäuchig daherkommt, ein **Schiff** besteigen und sich alles einmal vom Wasser aus ansehen (www.reederei-herzog.de). Man kann die **Rathausstraße** entlangspazieren, die einige hübsche klassizistische Hingucker aufweist. Man kann das Vaterunser in der **St.-Petri-Kirche** aus dem 12. Jh. aufsagen. Oder man kann eine Runde faul sein im **Strandbad** am Friedrich-Ludwig-Jahn-Weg im Süden des Orts.

Einmal im Jahr, Ende August, steht das Städtchen übrigens für drei Tage Kopf – beim Fischerfest wird dann gefeiert auf Fischer komm raus.

Praktische Infos

Verbindungen Von Potsdam Hbf. fährt Bus 614 nach Ketzin (Sie benötigen ein Potsdam ABC-Ticket).

Radler und Autofahrer aufgepasst: Die „Charlotte", die Havelfähre von Ketzin nach Schmergow, verkehrt von April–Sept. tägl. von 5.30–20 Uhr, im Winter Mo–Fr von 5.30–19 Uhr, Sa/So 9–18 Uhr. Aber Achtung: Jeden dritten Mi im Monat keine Fahrten!

Camping Es gibt 3 Plätze vor Ort. Am besten gefällt uns die direkt an der Havel und absolut zentral gelegene Wiesenfläche des **Ferienhofs Havelblick**. Einfach, aber sehr sauber und idyllisch. 2 Pers. mit Camper und Strom ab ca. 22 €. Fischerstr. 8, 14669 Ketzin/Havel, ✆ 033 233-279056, www.ferienhof-havelblick.de.

Werder

Das von Obstbaumplantagen und Wasser umarmte Werder war früher Fischerstädtchen und Obstlieferant Berlins und ist heute staatlich anerkannter Erholungsort und bekannt für sein fruchtiges Ketchup.

Wer als Auswärtiger von Werder spricht, meint i. d. R. das kleine historische Zentrum, das es sich auf einer schilfgesäumten Insel in der Havel gemütlich macht. Von der Geschäftsstraße Unter den Linden (!) führt eine Brücke über den Havelarm Föhse hinüber. Ein Spaziergang durch die Altstadt ist nett, aber kurz. Durch stille Pflastergassen mit schmiedeeisernen Laternen geht es vorbei an einstöckigen Fischerhäuschen, in denen heute u. a. Ateliers und Galerien untergebracht sind. Nicht zu verfehlen ist der mehr als beschauliche **Marktplatz.** Ihn schmücken eine Friedenseiche von 1871 und eine Linde, die 1910 aus Anlass des 100. Todestags von Königin Luise gepflanzt wurde. Südlich davon erhebt sich die evangelische **Heilig-Geist-Kirche,** ein von August Stüler projektierter, neugotischer Backsteinbau samt 50 m hohem Turm (1858) und kleinem Friedhof. Meist ist sie nur zu Gottesdiensten zugänglich.

Weiter südlich an der Kirchstraße steht eine **Bockwindmühle,** die besichtigt werden kann. Dieser Mühlentyp zeichnet sich dadurch aus, dass eine Drehung des Mühlkörpers möglich ist. Die hiesige **Mühle** stammt aus Klossa (Sachsen-Anhalt). Sie wurde hier originalgetreu wieder aufgebaut, nachdem die ursprüngliche Mühle von Werder 1973 bei einem Brand zerstört worden war.

Mitte April bis Mitte Okt. Fr 11–16 Uhr, Sa/So 13–17 Uhr. 1,50 €, erm. 1 €.

Gegenüber der Mühle steht das **ehemalige Stadtgefängnis.** Darin befand sich bis vor wenigen Jahren das **Obstbaumuseum,** ein charmantes Heimatmuseum. Es informierte über die Tradition des hiesigen Obstanbaus und hielt ein paar interessante Ausstellungsstücke parat, z. B. einen alten Stuhlschlitten. Zuletzt waren alle Exponate eingelagert, man war auf der Suche nach einem neuen Standort. Wo dieser sein wird, stand während der Recherche im Sommer 2022 noch in den Sternen.

Eine Sehenswürdigkeit abseits der Inselstadt ist die **Bismarckhöhe** mit einem Turmbau im Stil der Tudorgotik und angrenzenden Gesellschaftssälen. Darin befinden sich die **Turmgalerie** (zuweilen wechselnde Ausstellungen) und das **Literaturmuseum Christian**

Potsdam Umgebung → Karte Umschlagklappe hinten

Potsdam im Kasten

Bretterknaller – Weine aus Werder

Werder ist berühmt für seine Obstweine, gemeinhin auch „Bretterknaller“ genannt, da sie ihre Trinker schneller auf die Bretter befördern, als ihnen lieb ist – beim Baumblütenfest (→ S. 165) zu beobachten.

In Werder werden aber nicht nur Obstweine aus Mirabellen, Äpfeln, Holunder, Kirschen, Quitten, Erdbeeren, Rhabarber oder Brombeeren produziert, sondern auch Rebweine gekeltert. Auf dem im Süden der Stadt gelegenen Wachtelberg baut die Familie Lindicke seit 1996 u. a. die Rebsorten *Müller Thurgau*, *Saphira*, *Dornfelder* und *Regent* an. Der märkische Sandboden und das milde Mikroklima der seenreichen Region sorgen für eine besondere Note. Früher war Wein übrigens eine der Haupteinnahmequellen Werders, um 1700 soll es hier 200 Weinberge gegeben haben. Mitte des 18. Jh. jedoch war Schluss: Hungerwinter erforderten die Umstellung von Wein- auf Getreideanbau. Zur **Winzerei Dr. Lindicke** gehört die idyllisch gelegene Straußwirtschaft „Weintiene“, benannt nach dem eimerartigen Holzgefäß, mit dem früher Obst und Wein aus Werder verschifft wurden. Auf der Terrasse der Straußwirtschaft lässt sich gemütlich ein Gläschen leeren.

Straußwirtschaft Weintiene, Ostern bis Mitte Okt. Fr ab 14 Uhr, Sa/So ab 10 Uhr, ab Aug. zusätzlich Mo–Do 14–20 Uhr. Wachtelwinkel 30, ✆ 03327-741410, www.weinbau-lindicke.de.

Morgenstern – Morgensterns berühmte *Galgenpoesie* hat in Werder ihren Ursprung (für gewöhnlich am 1. u. 3. Sonntag im Monat geöffnet, www.bismarckhoehe-in-werder.de). Zudem kann man im angeschlossenen **Biergarten** ein kühles Getränk mit Blick über Werder und die Havel genießen (nur Fr–So ab 11 Uhr, www.bismarckhoehe.com). Vom Zentrum gelangt man über den Hohen Weg hinauf.

Praktische Infos

Verbindungen Unter anderem fährt **Bus 631** alle 15–30 Min. (So stündlich) von Potsdam nach Werder (Dauer 30 Min., Fahrpläne auch auf www.regiobus-pm.de), dafür benötigt man ein Potsdam ABC-Ticket. Zudem verkehren im Sommer Ausflugsschiffe zwischen Potsdam und Werder (→ S. 180). Die Anfahrt mit dem Zug (RE 1) ist auch möglich, der Bahnhof von Werder liegt jedoch etwa 2 km nördlich des Zentrums.

Parken/Wohnmobilstellplatz Großer Parkplatz (auch für Wohnmobile, 19 €/Nacht zzgl. Strom) bei der Brücke, die auf die Altstadtinsel führt. Öffentliche WCs nahebei. Unter den Linden 1.

Boots- und Fahrradvermietung Krüger & Till, an der Brücke zur Insel, verleihen Fahrräder ab 12 €/Tag, E-Bikes 25 €, Kajaks (2er 30 €/Tag) und führerscheinfreie Flöße. Auch von Werder kann man zu einer Paddeltour rund um die Insel Töplitz aufbrechen, → S. 124. Für einen Tourentipp per Rad s. u. sowie S. 125 und 134. Unter den Linden 17, ✆ 03327-42424, www.wassersport-werder.de.

Panoramaweg Werderobst

22 km lang (einfach) ist diese nette Radstrecke von Werder über Petzow, Glindow und Derwitz nach Groß Kreutz, die am schönsten natürlich zur Obstbaumblüte ist oder wenn die Bäume voller Früchte hängen. Unterwegs gibt's diverse Hofläden. Start ist in Werder an der Brücke zur Insel, die Wegmarkierung ist ein roter Apfel.

Einkaufen Seifenmanufaktur Sauberkunst **5**, ein wunderbar duftendes Lädchen mit veganen Naturseifen, die im nahen Groß Kreutz hergestellt werden. Unsere Lieblingssorten: Hopfen-Malz und Biogurke. Mo–Fr 9–18 Uhr, Sa ab 10 Uhr. Am Markt 1, www.sauberkunst.de.

Pulver & Blei **10**, ein lokales Label, das T-Shirts, Hoodies, Taschen und so manch ande-

Werder, schön gerahmt

res mit handgedruckten Motiven oder Sprüchen wie „To young to fall in love" oder „Scheiss Typ Geiles Shirt" produziert. Di–Fr 11–13 und 14–17 Uhr, Sa 10–14 Uhr. Unter den Linden 2, www.pulver-blei.com.

Fischerhof Kühn **11**, ganz im Westen von Werder am Plessower See, ca. 2,5 km von der Altstadtinsel entfernt. Der freundliche Familienbetrieb verkauft Fisch sowohl frisch als auch geräuchert (der Saibling war der Wahnsinn!). Zudem gibt es Fischbrötchen, die man auf Bänken direkt am See verzehren kann. Di–Fr 8–18 Uhr, Sa 8–16 Uhr, So 9–14 Uhr. Am Plessower See 84, www.fischerhof-kuehn.de.

Baden **Strandbad Werder**, das schöne Strandbad, nett am Waldrand gelegen, befindet sich am Plessower See. Mit Beachvolleyballfeld. Am Plessower See 56.

Havel-Therme, die Therme war für Werder so etwas wie der BER für Berlin. Aber jetzt ist sie da, gut Ding will eben Weile haben. Es gibt 13 thematische Saunen und Dampfbäder, diverse Massageangebote, 40°C warme Quellbecken, eine Poolbar unter Palmen, 3 Großwasserrutschen, eine Sprunganlage, einen Wildwasserfluss, Kleinkinderbecken u. v. m. 2 Std. kosten 20 €, Tageskarte 40 €. Zum Großen Zernsee 15 (ganz im Norden der Stadt, etwa 3,5 km von der Altstadtinsel entfernt), www.havel-therme.de.

Veranstaltung Baumblütenfest, → S. 165.

Übernachten **Hotel Prinz Heinrich** **3**, Traditionshotel in einem hübschen Backsteinhaus direkt an der Havel. 7 schnörkellos-komfortable Zimmer und 2 Apartments, dazu ein geniales Gärtchen am Wasser. Im Haus auch das elegant-gediegene Sternelokal **Alte Überfahrt** **3** (www.alte-ueberfahrt.de), das regional beeinflusste Gerichte wie „Schweinebauch Zwerggurke Rettich Bronzefenchel" oder „Müritzsaibling Tomate Blumenkohl Basilikum" serviert. 4 Gänge 79 €, 5 Gänge 89 €. Di–Fr 18–22 Uhr, Sa/So 12–15 u. 18–22 Uhr. Fischerstr. 48b, 14542 Werder, ✆ 03327-732060, www.hotelprinzheinrich.de. €€

Hagemeister **4**, 4 große Ferienwohnungen mit Kamin und Balkon oder Terrasse, sehr wohnlich und gemütlich. Das Café mit Hof darunter (Mi–So 9–18 Uhr) ist ebenfalls sehr liebevoll gestylt. Dort gibt es Frühstücksbüfett, hausgebackene Kuchen, wechselnde Monatsgerichte und Flammkuchen, Hg. 13–24 €. Benannt wurde das Gebäude nach dem Maler Karl Hagemeister, einem Sprössling Werders. Baderstr. 3, 14542 Werder, ✆ 03327-5738491, www.cafehagemeister-werder.de. **€–€€**

Camping **** Blütencamping Riegelspitze **12**, großer, gepflegter Platz etwa 2,5 km südlich der Altstadt von Werder. Eigene Marina, hübsche Sandbucht zum Baden, Restaurant und Biergarten. Duschdeppen wie der Autor können in den komfortablen Sanitäranlagen Schwierigkeiten mit dem Warmwasser bekommen ... April bis Ende Okt. Stellplatz für 2 Pers./Nacht ab 45,50 €. Vermietung auch von Wohnwagen und Hütten. Fercher Str. 9, 14542 Werder-Petzow, ✆ 03327-42397, www.campingplatz-riegelspitze.de. Bus 631 (s. o.) hält fast vor der Tür.

Essen & Trinken Für weitere empfehlenswerte Adressen → Übernachten.

meinTipp Arielle **9**, Fischrestaurant und -imbiss (Selbstbedienungsbereich), ein herrliches Plätzchen am Wasser mit großer Terrasse. Es gibt Räucherfisch (eigene Räucherei), Fischbrötchen und warmes Essen. Besonders lecker: Fischbulette, Fischbratwurst, Fischsuppe und Backfisch mit Remoulade. Tägl. 11.30–22 Uhr. Fischerstr. 33, ✆ 03327-45641, www.fischrestaurant-arielle.de.

Filterhaus **1**, eine fast schon coole Location nahe dem Bahnhof und direkt an der Havel. Untergebracht ist das luftige, fast edle Restaurant mit herrlicher Terrasse in einer denkmalgeschützten Halle der ehemaligen Vulkanfiberfabrik. Wo heute Prignitzer Poulardenbrust mit Pak Choi oder Deluxe-Steaks vom X-Oven-Holzkohlegrill serviert werden, wurde einst Havelwasser für den Industriebetrieb gefiltert. Hg. 19–37 €. Do/Fr 18–22 Uhr, Sa/So ab 12 Uhr. Adolf-Damaschke-Str. 56, ✆ 03327-5724457, www.restaurant-filterhaus.de.

Yves's **8**, ein charmantes Lokal mit Wandspiegeln und nur wenigen Tischen. Das freundliche Betreiberpaar serviert „frische individuelle Küche", die schmeckt und hochgelobt wird. Keine Karte, die Gerichte werden am Tisch individuell abgesprochen. Es kann allerdings ein wenig dauern. Hg. 16–19 €. Variable Öffnungszeiten. Michaellisstr. 13, ✆ 01577-4291892, www.yves-s.de.

Café Jacob **6**, holzig-gemütliches, heimeliges Café mit kleinem Hof, untergebracht im ehemaligen Kaufhaus Jacob. Hier kann man frühstücken und gute Kuchen oder Flammkuchen essen. Unter der Woche gibt es zudem ein schmackhaftes Mittagsgericht. Do–Mo 9–18 Uhr. Torstr. 3, ✆ 03327-5200772, www.cafe-jacob-werder.de.

Nie verkehrt: ein Fischessen im Restaurant Arielle

Mein Tipp Café Duval **7**, in einem alten Kolonialwarenladen hat sich dieses überaus charmante, französisch inspirierte Bistro eingerichtet. Es gibt Kuchen, leichte mediterrane Gerichte zu 9–13 € und Fr–So ein feines 3-Gänge-Menü. Gute Weinauswahl. Im Sommer sitzt man ganz wunderbar unter der alten Linde vor der Tür. Do–Sa ab 18 Uhr, So ab 14 Uhr. Michaelisstr. 17/18, ✆ 0179-8088765, www.duval-werder.de.

Außerhalb Zum Rittmeister **2**, 6 km nordwestlich des Zentrums in Kemnitz. Hotel und Restaurant mit netter Gartenterrasse, innen rustikal, wie es v. a. die Bayern gerne mögen. Hierher kommt man des süffigen Biers wegen. Es gibt u. a. ein ungefiltertes Edelpils und ein Schwarzbier zu Preisen, die der Bayer weniger lustig fände. Dazu regionale Küche wie Roulade vom Beelitzer Kaninchen, Hg. 18–28,50 €. Seestr. 9, ✆ 03327-4646, www.zum-rittmeister.de.

Glindow

Glindow ist ein Vorort von Werder. Er liegt am **Glindower See** und zu Füßen der **Glindower Alpen.** Die Alpen entstanden in der flachen Landschaft als Abraumhalden der Tongewinnung. Als Berlin im 19. Jh. zur Millionenstadt anwuchs, rauchten in Glindow die Schornsteine von rund 50 Rundöfen. Die Tagesproduktion lag bei etwa 600.000 Ziegelsteinen, die per Kahn verschifft wurden. An jene Zeit erinnert das **Märkische Ziegeleimuseum** in einem schmucken Turmgebäude. In der Manufaktur mit dem schiefen Schlot daneben werden noch immer Ziegel von Hand gefertigt und in einem denkmalgeschützten Ringofen aus dem Jahr 1868 gebrannt. Der Betrieb hat 20 Mitarbeiter und hätte ohne den Denkmalschutz keine Aufträge. Die Restaurationsziegel, bis zu 1500 am Tag, werden in unterschiedlichsten Größen und Farben für Kirchen, Burgen und Schlösser gefertigt (www.ziegelmanufaktur.com).

Ziegeleimuseum: April–Okt. Sa/So 10–16 Uhr. 6 €, erm. die Hälfte. Führungen schließen meist eine Besichtigung der Manufaktur mit ein. Alpenstr. 44, www.ziegeleimuseum-glindow.de.

Ziegeleimuseum in Glindow

Praktische Infos

Verbindungen Vom Bahnhof Werder (zu erreichen von Potsdam mit der RE1, Potsdam-Ticket ABC nötig) fahren die Busse 633 und 641 nach Glindow/Alpenstraße, von da noch 1 km zu Fuß bis zum Ziegeleimuseum.

Essen & Trinken/Einkaufen Schultz'ens Siedlerhof, im Südwesten von Glindow, ausgeschildert. Hier bekommt man nicht nur Honig, Wurst und Obstwein, sondern auch Schnäpse aus der eigenen Destillerie, darunter den Whisky *Glina*. Mo–Sa 10–18 Uhr. Karl-Liebknecht-Str. 17, www.glina-whisky.de.

Petzow

„Das Ganze ein Landschaftsbild im großen Stil – nicht von relativer Schönheit, sondern absolut." So beschrieb

Theodor Fontane den Ausblick vom **Kirchturm** von Petzow in seinen *Wanderungen durch die Mark Brandenburg*. Also nichts wie hoch, wenn dieser geöffnet hat! Die Kirche im romanischen Stil steht auf einer Anhöhe in einem idyllischen Waldpark. Karl Friedrich Schinkel hat die Kirche für Friedrich Wilhelm IV. entworfen, 1842 wurde sie eingeweiht. Heute dient sie als Veranstaltungsort.

Kirche und Turm: April–Okt. Sa/So 11–18 Uhr, sonst 13–17 Uhr. Eintritt frei.

Von der Kirche führt die hübsche, von Klinkerbauten gesäumte Zelterstraße geradewegs auf das ebenfalls von Schinkel projektierte gelbe **Schloss** (1825) zu. Es ist mit Zinnen und Rundtürmen im Tudorstil verziert und laut dem frechen Fontane der „gescheiterte Versuch", die Gotik zu imitieren. In DDR-Zeiten war darin ein Erholungsheim untergebracht, nach der Wende diente das Schloss u. a. als Hotel und für Filmdrehs. Heute residiert man hier in luxussanierten Wohnungen. Für die Gestaltung des Schlossparks war – wer sonst – Peter Joseph Lenné verantwortlich.

Der Name Petzow geht übrigens auf das altpolabische Wort „Petsch" für „Ofen" zurück und zeugt von Petzows historischer Rolle als Ort des Tonabbaus und der Ziegelherstellung. Mehr zur Geschichte erfährt man im **Heimatmuseum** im ehemaligen Waschhaus am Haussee, übrigens ebenfalls ein Schinkelbau.

Heimatmuseum: 15. April bis 15. Okt. nur So 13–17 Uhr. Eintritt frei. www.petzow-online.de.

Praktische Infos

Verbindungen Bus 607 fährt von Potsdam Hbf. nach Petzow, ein Potsdam-Ticket für den Tarifbereich ABC ist nötig.

Essen & Trinken/Einkaufen **Sanddorn-Garten Petzow**, ein 3 ha großer Garten, in dem neben Biosanddorn diverse andere Früchte und Kräuter angebaut werden. Er kann nach Lust und Laune durchstreift werden. Im **Hofladen** und dem **Spezialitätenmarkt** (mit Selbstbedienungsbistro) gibt's neben eigenen Erzeugnissen und Kuchen auch Wildschweinwurst, Senf etc. Das Restaurant **Orangerie am See** (nur Fr–So 11–16 Uhr) bietet eine Terrasse zum Glindower See und die üblichen brandenburgischen Verdächtigen zu 14–20 €. Tägl. 10–18 Uhr. Fercher Str. 60, ✆ 03327-46910, www.sanddorn-garten-petzow.de.

Forellenhof Schloss Petzow, Fischimbiss de luxe. Nicht beim Schloss, wie der Name zunächst suggeriert, sondern an der Grelle, wie diese Bucht des Glindower Sees genannt wird. Im hübschen Holzhaus und auf der gepflegten Terrasse davor werden an Wochenenden hausgeräucherte Forelle, hausgemachte Suppen und Kuchen serviert. Ein idyllisches Fleckchen, allerdings preislich deutlich über herkömmlichen Fischräuchereien. Nur Sa/So 11–18 Uhr. An der Grelle 14, www.forellenhof-schloss-petzow.de.

Geltow

Geltow, etwa 8 km südwestlich von Potsdam, passiert man auf dem Weg nach Werder oder zum Schwielowsee. Ein Ort mit Bolzplatz, alten Villen und herkömmlichen Einfamilienhäusern der Bausparerkultur. Schräg gegenüber der Backsteinkirche befindet sich die **Handweberei Henni Jaensch-Zeymer.** Henni Jaensch-Zeymer (1904–1998), die in den 1920er-Jahren in der Künstlerkolonie Gildenhall den zeitgenössischen Bauhausgedanken kennenlernte, rief den Weberhof ins Leben. Auf 200, teils gar 300 Jahre alten Webstühlen werden hier seidene Schals, Tischdecken aus Leinen, Gardinen und Kissen – mit klassischen und modernen Mustern – gewebt. Bei der Arbeit kann zugeschaut werden. Außerdem gibt es einen Laden (schöne Souvenirs) und im Hof ein Café, das auf eine hausgemachte Limonade oder – im Spätsommer – leckeren Pflaumenkuchen einlädt.

Museum und Laden: März–Okt. tägl. (außer Mo) 11–17 Uhr, Café: April–Sept. zu den gleichen Zeiten, März u. Okt. nur Sa/So. Eintritt

Resort Schwielowsee: Traumplätzchen am Wasser

fürs Museum (Webstühle) 5 €. Am Wasser 19, www.handweberei-geltow.de.

Praktische Infos

Verbindungen Von Potsdam fährt Bus 631 nach Geltow (Sie benötigen ein Potsdam ABC-Ticket).

Übernachten **** Precise Resort Schwielowsee, am Nordufer des Schwielowsees. Weitläufige Anlage mit insgesamt 155 klassisch-gediegenen Zimmern, 20 eher rustikalen Apartments und 8 Pfahlhäusern. Das Haupthaus könnte auch als traditionsreiches Kurhaus hinter einem Ostseestrand liegen, die Apartments könnte man sich auch an der Küste Floridas vorstellen. Dazu Wellnessbereich, Havanna-Bar und eigene Marina. Das angeschlossene *Harbour Restaurant* war zuletzt geschlossen. Viel Grün und ein Rasen wie auf dem Golfplatz, Badesteg und kleiner Strand. Am Schwielowsee 117, 14542 Werder, ✆ 03327-56960, www.precisehotels.com. €€€–€€€€

Camping Campingplatz Himmelreich, zwischen Bahngleisen und Havel, etwa 700 m zum Bahnhof (stündl. Verbindungen nach Potsdam, Dauer 10 Min.). Durch Sandboden und hohe Kiefern fast mediterranes Flair. Am schönsten sind die Stellplätze auf der Landzunge im See. Restaurant, Floßverleih. Oktoberfest mit Bierzelt. Die Sanitäranlagen sind nicht immer die saubersten, überhaupt könnte der Platz u. E. besser geführt sein. 2 Pers. mit Camper und Strom je nach Lage 31–53 €. Wentorfinsel 38, 14548 Schwielowsee, OT Caputh, ✆ 033209-70475, www.berlin-potsdam-camping.de.

Essen & Trinken Gaststätte Baumgartenbrück, ganz im Westen von Geltow an der Brücke nach Werder. Wird mit Unterbrechung seit 1826 von der gleichen Familie geführt! Fotogenes Backsteinhaus (das ehemalige Brückenwärterhäuschen) mit herrlichem Garten samt Seeblick. Grundehrliche brandenburgische Küche mit Ausrutschern ins Internationale: Zander mit Linsen, Wildschweinbraten aus dem Fläming, Roulade ... Hg. 12–18 €. Nur Do–So 12–22 Uhr. Baumgartenbrück 4, ✆ 03327-55211, www.baumgartenbrueck.de.

Baden *mein Tipp* Seebad Caputh, ein schönes Plätzchen ganz im Süden von Geltow bei der Eisenbahnbrücke nach Caputh (Name leicht verwirrend). Das wohl stylishste Seebad rund um Potsdam bietet einen Sandstrand mit lässigen Kissen, Holzliegen unter strohgedeckten Schirmen und ein Beachcafé – mehr Urlaubsatmo geht kaum! Strandeintritt 7,50 €, erm. 3,50 € (mit Mietliege deutlich mehr). Die Öffnungszeiten schwanken, am besten ruft man vorher an. Weg zum Strandbad 1, www.seebad-caputh.de.

Potsdam Umgebung → Karte Umschlagklappe hinten

Immer am Wasser entlang: Von Potsdam nach Werder mit dem Rad

Route: Potsdam – Geltow – Wildpark-West – Werder – Glindow – Ferch – Caputh – Potsdam. **Länge:** 44 km. **Karte:** → hinterer Umschlag.

Achtung: Falls Sie über Wildpark-West radeln, müssen Sie Ihr Rad eine Eisenbahnbrücke hinauf- und hinuntertragen. Falls Ihnen das zu mühsam ist, folgen Sie vom Ausflugslokal Baumgartenbrück dem Radweg parallel zur Bundesstraße 1 nach Werder.

Start dieser abwechslungsreichen Tour ist der **Hauptbahnhof** von Potsdam, wo man den Ausgang „Babelsberger Straße" wählt. Gleich hinter dem Ausgang linker Hand befindet sich ein Radverleih (→ S. 182). Wir folgen der Beschilderung „Zentrum", überqueren die **Lange Brücke** und bleiben dahinter stets auf der Breiten Straße, bis man linker Hand das unübersehbare, einer Moschee nachempfundene **Dampfmaschinenhaus** (→ S. 85) erreicht. Hier beginnt ein Radweg entlang der Havel gen Süden, der anfangs, im Plattenbau-Wohngebiet **Auf dem Kiewitt**, teils noch etwas zurückversetzt vom Ufer verläuft. Die Grundregel fortan aber heißt: Bleiben Sie stets so nah am Ufer wie möglich. So passiert man u. a. den **Yachthafen Potsdam** und das Gelände der Potsdamer Ruder-Gesellschaft (schieben!). Später folgt der schön gelegene **Campingpark Sanssouci** – der Radweg führt mitten hindurch und dahinter als asphaltierter Weg durch schattigen Wald (Beschilderung „Werder 7,3 km). Mittlerweile hat die Havel zweimal den Namen gewechselt, ist zum Templiner See geworden und danach zum Petzinsee. An dessen Ufer durchfahren wir eine kleine Villen- und Apartmentsiedlung, halten uns an der Straßenkreuzung dahinter links, nehmen aber schon kurz vor dem Ortseingangsschild von Caputh die Straße nach rechts durch den Wald. So erreichen wir das nette **Ausflugslokal Baumgartenbrück** (→ S. 133) an der Brücke hinüber nach Werder. Wir jedoch unterqueren die Brücke und folgen nun der Beschilderung „Wildpark-West". So durchfahren wir **Geltow** (→ S. 132) und sehen hinter dem Ort am anderen Ufer der Havel den Kirchturm von Werder hervorlugen.

Stets mit dem Wasser zur Linken erreicht man **Wildpark-West**, eine ruhige, idyllisch im Wald und an der Havel gelegene Villensiedlung. Bei der größten „Kreuzung" (mit Grünfläche in der Mitte) weist ein Schild nach links zum **Restaurant Anglerklause**, ebenfalls ein netter Ort für eine Einkehr am Wasser. Dahinter geht es weiter parallel zum Ufer, jedoch ist man durch Häuser und Gärten vom Wasser getrennt. Am Ende der Siedlung verengt sich die Straße, wird zum asphaltierten Band und schließlich zum Erdweg, der entlang des Ufers bis zu einer **Eisenbahnbrücke** führt. Auf dieser wechselt man nun die Seiten, das Rad muss dabei hoch- und wieder hinuntergetragen werden. Hinter der Brücke folgt man der Adolf-Damaschke-Straße ins Zentrum von Werder, dann den Hinweisschildern „Werder/Insel, Historische Altstadt" (→ S. 126).

Nach der Besichtigung der Inselstadt verlässt man diese wieder über ihre Zufahrtsbrücke und radelt dann einfach immer geradeaus weiter, erst entlang der Straße Unter den Linden, dann entlang der Brandenburger Straße. Die Brandenburger Straße mündet in die Bundesstraße 1, wo man sich rechts Richtung Plessow hält, aber bereits 300 m weiter am Ortsbeginn von **Glindow** links abbiegt (Hin-

Sommer in Wildpark-West

weisschild „Ziegeleimuseum"). Nun folgt ein ca. 600 m langer, unschöner Abschnitt auf der Dr.-Külz-Straße, bis man hinter der Kirche von Glindow nach links auf den Friedensplatz abzweigt (Hinweisschild „Kleines Seerestaurant"). Bei besagtem Restaurant gelangt man auf die mit herrschaftlichen Villen bestückte Uferstraße entlang des Glindower Sees, hier hält man sich rechts.

Radelt man wieder so nah am Ufer wie möglich, passiert man das hiesige Strandbad, einen Campingplatz und schließlich das sehenswerte **Ziegeleimuseum** (→ S. 131). Danach geht es weiter am Ufer entlang durch den Wald bis nach **Petzow** (→ S. 131). Bei einem Parkplatz samt Infotafel überqueren wir die hier beginnende Straße Zum Lindentor und biegen unmittelbar dahinter nach rechts ab auf das schmale Sträßlein nach **Ferch** (→ S. 138). So erreichen wir den Fercher Ortsteil **Mittelbusch,** wo wir auf den idyllischen Uferradweg wechseln. Auf diesem passieren wir nun Ferch, es geht vorbei an zwei nett gelegenen Restaurants, noblen Villen, der Schiffsanlegestelle und der Marina. Hinter dem Strandbad radeln wir angenehm beschattet auf bzw. neben dem ruhigen Landsträßchen nach **Caputh** (→ S. 136). Dort laden Restaurants und Cafés beim Fährhaus auf eine Pause ein, und auch das Schloss ist einen Stopp wert. Am nördlichen Ortsende von Caputh geht es auf dem Radweg parallel zur Straße und zum Templiner See, zum **Waldbad Templin** (→ S. 137) und dem **Forsthaus Templin** (→ S. 138), noch ein idealer Ort für eine Pause. 3 km weiter, immer am See entlang, erreicht man die Templiner Vorstadt mit der grünen Halbinsel **Hermannswerder** (→ S. 83). Eine Seilfähre bringt Sie von dort zur Brandenburger Vorstadt. Wenn Sie zurück zum Ausgangspunkt der Tour wollen, folgen Sie der Beschilderung „Zentrum/Bahnhof".

Ein Tag geht zuende im Strandbad Caputh

Caputh

Der Name des Ortes (gesprochen „Kapuut") kommt vom wendischen Wort „Cautt" für „Entenfänger".

Caputh ist von drei Seen umgeben: Mit einem Bein steht Caputh im Templiner See, mit dem anderen im Schwielowsee, und den Nacken Capuths kühlt der kleine Caputher See. Verbunden werden Templiner See und Schwielowsee durch das *Gemünde*, eine ca. 80 m breite Engstelle der Havel. Auf diesem Kanal verkehrt bereits seit 1853 eine Fähre hinüber nach Geltow (s. o.). Als Seilfähre trägt sie heute den netten Namen „Tussy II" (→ Verbindungen) und erspart lange Umwege.

Eine Reihe an Sehenswürdigkeiten (sie liegen weit auseinander!), gute Lokale und schöne Strandbäder in und um Caputh machen den kleinen Ort zu einem beliebten Ausflugsziel mit Ferienortambiente. Ganzjährig genießen das etwa 5100 Einwohner. Sie finden hier fast alles, was sie brauchen: eine Post, ein Reisebüro, einen guten Metzger (→ Einkaufen), einen Blumenladen und selbst eine Fahrschule.

Ein großer Caputh-Fan war übrigens Albert Einstein. Der weltberühmte Physiker hatte hier ein Ferienhaus – er liebte den Ort. Und er liebte das Segeln, weil es seiner Meinung nach die geringste körperliche Energie beansprucht. Ab 1929 verbrachte er in Caputh seine Sommer. Sein „Häusle", ein hübsches Holzhaus, wird heute **Einsteinhaus** genannt und kann besichtigt werden. 1933, in dem Jahr, als Einstein Deutschland den Rücken kehrte, wurde es von den Nazis konfisziert.

Einsteinhaus: April–Okt. Sa/So 10–18 Uhr, Führung zu jeder vollen Std. 5 €, erm. 2,50 €. Am Waldrand 15–17, www.einsteinsommerhaus.de.

Eine kurzweilige Ausstellung über Albert Einstein, über sein Leben und Forschen, seine politischen Überzeugungen (inkl. O-Töne) und den Architekten Konrad Wachsmann, der sein Sommerhaus baute, zeigt das **Bürgerhaus** von Caputh, in dem auch die Touristeninformation ihren Sitz hat.

April–Okt. tägl. (außer Mo) 11–17 Uhr, Nov.–März nur Sa/So 11–17 Uhr. 3 €, erm. 2 €. Straße der Einheit 3, www.sommeridyll-caputh.de.

Weitere Sehenswürdigkeiten sind die **Dorfkirche** (ein Schlüter-Bau) und das hiesige **Schloss,** eines von der eher kleineren Sorte. Das sah auch Fontane so: *„Das Herrenhaus führt den Namen Schloß. Man geht in der Mark etwas verschwenderisch mit diesem Namen um."* Das Schloss ging 1671 aus einem Landgut hervor. Friedrich I. liebte den Ort, der sein bevorzugtes Ausflugsziel war. 1709 fand hier zusammen mit August dem Starken und Friedrich IV. von Dänemark das sog. Dreikönigstreffen statt. Damals besaß das Schloss noch einen schmucken Garten und Sichtachsen bis Potsdam. Die Schlossführung (50 Min.) gewährt Einblicke in die Wohnkultur um 1700. Etwas Besonderes ist der Fliesensaal im Souterrain, den 7500 handbemalte Fayencen zieren. An heißen Tagen wurde hier gespeist.

Schloss: April nur Sa/So 10–17.30 Uhr, Mai–Okt. tägl. (außer Mo) 10–17.30 Uhr, Nov.–März nur Sa/So 10–16 Uhr. 6 €, erm. 5 €. Straße der Einheit 2, www.spsg.de.

Praktische Infos

Verbindungen Bus 607 fährt alle 30 Min. (So stündlich) von Potsdam Hbf. nach Caputh (Sie benötigen ein Potsdam ABC-Ticket.) Auch viele Schiffe der **Weißen Flotte** auf dem Weg von Potsdam nach Werder halten in Caputh (→ S. 180).

Seilfähre, die kleine Seilfähre „Tussy II" ist Wahrzeichen und Maskottchen Capuths. Viel Platz ist nicht. April–Nov. tägl. von 6–22 Uhr, sonst Mo–Fr von 6–20 Uhr, Sa/So von 7–20 Uhr (Stand 2022). 0,50 €/Pers. bzw. Beifahrer, Wohnmobil mit Fahrer 4 €, Pkw 2,50 €, Radfahrer 1 €. www.faehre-caputh.de.

Baden *meinTipp* **Seebad Caputh**, auf der anderen Seite des Gemündes in Geltow (→ S. 133), zu Fuß von Caputh über die Eisenbahnbrücke zu erreichen.

Waldbad Templin, auf dem Weg nach Potsdam, 2 km nordöstlich von Caputh am Templiner See. Sandstrand. Schattig und lauschig, man kann auch „in a typical German Strandkorb" (so die Broschüre) relaxen. Herrlich im Juni, wenn die Linden blühen (zumindest für alle ohne Heuschnupfen). Schöner Biergarten mit leckeren Bratwürsten vom Grill. Beachvolleyballfeld, Bootsverleih, Wakeboard und Wasserski, Bungalow-Vermietung und FKK-Bereich. Daneben die *Skihütte*, eine supernette

Magix: cooler Sommerspot zwischen Caputh und Hermannswerder

Potsdam Umgebung → Karte Umschlagklappe hinten

Strandbar mit oft recht coolen Veranstaltungen. Anfang Mai bis Mitte Sept. 4,90 €, erm. 2–3 €. Templiner Str. 119, www.swp-potsdam.de.

Einkaufen Fleischerei Bornemann **4**, beim Fleischer Bornemann steht man gerne auch mal Schlange. Hier wird noch selbst gewurstet und geräuchert, sehr gute Qualität. Di–Fr 8–13 und 15–18 Uhr, Sa nur bis 11 Uhr, Mo geschl. Straße der Einheit 67.

Übernachten Kavaliershaus **3**, im Kavaliershaus des Schlosses ist heute ein stimmungsvolles Hotel untergebracht. Zugleich eine beliebte Hochzeitslocation. Tolle Lage mit dem Park und dem See vor der Nase. Farbenfrohe, klassische Hotelzimmer, nur 6 an der Zahl. Das angeschlossene Restaurant war zuletzt nur selten geöffnet. Lindenstr. 60, 14548 Schwielowsee, ✆ 033209-84630, www.kavalierhaus-caputh.de. €€–€€€

Essen & Trinken Fischbrötchen gibt es an der Schiffsanlegestelle „Gemünde"!

meinTipp Fährhaus Caputh **5**, eine ungemein charmante Adresse direkt an der Seilfähre, familiengeführt seit 1984. Nostalgische Holzveranda zum Wasser hin, Gärtchen nach hinten, innen sehr gepflegt. Hier isst man Forelle Müllerin Art, Hackbraten mit Buttermöhren oder Scholle mit Gurkensoße zu 13–20 €. Sehr populär. Wenn man's günstiger mag: In der Pizzeria Portofino **6** gegenüber gibt's Pizza und Pasta in ordentlicher Qualität. Mai–Okt. tägl. 12–22 Uhr, Nov./Dez. Do/Fr 17–20 Uhr, Sa/So 12–20 Uhr, Jan./Feb. geschl. Straße der Einheit 88, ✆ 033209-70203, www.faehrhaus-caputh.de.

Braumanufaktur Forsthaus Templin **1**, ca. 2 km nordöstlich von Caputh auf dem Weg nach Potsdam. Ausflugslokal seit 1834, früher kamen die meisten Gäste mit dem Ausflugsdampfer. Heute braut man hier enorm leckeres, ungefiltertes Biobier. Dazu gibt es zünftige Brotzeiten wie Treberbrot (aus der Maische gebacken) mit Wildschweinschinken, Matjes mit Bratkartoffeln, Sülze oder Haxe zu 7,50–21 €. Draußen im schönen Biergarten fallen einem im Herbst die Kastanien auf den Kopf, drinnen uriges Ambiente mit Hirschköpfen und Braukessel. Es werden auch Brauseminare angeboten, Termine auf der Webseite. Im Sommer tägl. 11–21 Uhr, im Winter verkürzt. Templiner Str. 102 (Buslinie 607 hält vor der Tür), ✆ 033209-217979, www.braumanufaktur.de.

meinTipp Magix **2**, noch mal etwa 400 m weiter nördlich von Braumanufaktur und Waldbad Templin direkt auf dem Wasser. Ein superchilliges Plätzchen auf einer stylish hergerichteten ehemaligen Schute, zu der ein Steg führt. Burger werden gegrillt, Aperol Spritz und Rhabarberschorle getrunken. Leise Musik. Ein genialer Spot für den Sundowner! Die zugehörige Wasserski- und Wakeboardanlage befindet sich im Waldbad Templin. Wechselnde Öffnungszeiten (Webseite beachten). Bus 607 bis Haltestelle Kieskutenberg, www.magix-wakeboarding.de.

Ferch

Der Bär steppt woanders. In Ferch, idyllisch am Wasser gelegen, auf jeden Fall nicht. Hier genießen die Einwohner (offiziell 2000) die Ruhe in ihren Villen. Diese klettern die Hänge hinauf und lugen aus Kiefernwäldern hervor. Unten am See gibt es einige Restaurants und Hotels. Die schöne, stille Landschaft beflügelte im 19. Jh. etliche

Künstler, es entwickelte sich eine Künstlerkolonie ähnlich der in Worpswede (bei Bremen) oder in Ahrenshoop (an der Ostsee). Arbeiten der Naturimpressionisten, v. a. von Karl Hagemeister und Carl Schuch, zeigt das **Museum der Havelländischen Malerkolonie** an der zentralen Kreuzung. Es ist untergebracht in einem sog. Kossätenhaus, einem alten Fachwerkhaus mit Reetdach. 35 solcher Bauernhäuser gab es hier um 1770, nur eines ist übrig geblieben.

Museum: Mai–Okt. Do–So 12–17 Uhr, sonst Sa/So 12–16 Uhr. 3 €, erm. 2,50 €. Beelitzer Str. 1, www.havellaendische-malerkolonie.de.

Aber nicht nur im Museum von Ferch werden bis heute Kunst und Kultur hochgehalten. So gibt es in dem kleinen Ort u. a. noch die **Waldgalerie Ferch** (Mühlengrund 1a, www.wald-galerie-ferch.de), eine **Kulturscheune** (Mühlengrund 2, www.kulturscheune-ferch.de) und die **Obstkistenbühne**, eine Freilicht-Kleinkunstbühne (Dorfstr. 3a, www.fercherobstkistenbuehne.de).

Nur rund 100 m vom Museum entfernt steht zudem die denkmalgeschützte **Fischerkirche**, ein hübscher Fachwerkbau mit Turm. Von der Kirche bzw. dem Museum kann man der Markierung mit dem grünen Punkt folgen und gelangt so nach knapp 3 km zum **Wietkiekenberg**, mit 124,6 m ü. d. M. die höchste Erhebung der Gegend. Obenauf ragt aus dem Wald ein **Aussichtsturm**, genauer gesagt ein Funkturm mit Aussichtsplattform (jederzeit zugänglich, kein Eintritt). 113 Stufen sind es hinauf zur Plattform, die im Spätherbst von gruseligen, aus acht Augen kiekenden Kreuzspinnen bewacht wird. Wer es richtig gut erwischt, kann selbst bis zum Berliner Fernsehturm kieken.

Praktische Infos

Verbindungen Bus 607 fährt alle 30 Min. (So stündl.) von Potsdam Hbf. nach Ferch (Sie benötigen ein Potsdam ABC-Ticket).

Strandbad Kleines, nettes Strandbad am östlichen Ortsausgang. 3 €, erm. 1,20 €. Dorfstr. 41a.

Einkaufen/Essen & Trinken Brandenburg-Spezialitäten Frank Freiberg, zum einen ein Laden, in dem es hausgemachte Schnäpse und Liköre, Wein aus Werder, Wurst, Käse etc. zu kaufen gibt. Zum anderen ein Imbiss mit Kleinigkeiten wie Würstchen, Kartoffelsalat, Soljanka und Sanddornschorle. Wem das nicht reicht: Ums Eck gibt es in der Bootsklause Hg. zu 12–20 € und eine schöne Terrasse zum See. Mi–So 12–18 Uhr. An der Durchgangsstraße, Dorfstr. 21, www.brandenburg-spezialitaeten.de.

Beelitz

Noch hat die Spargelstadt Beelitz nur rund 12.800 Einwohner. Doch es sollen ein paar Tausend hinzukommen. In und rund um die denkmalgeschützten Backsteingebäude der ehemaligen Lungenheilanstalt (s. u.) wird kräftig investiert, renoviert und neu gebaut – man profitiert auch in Beelitz von der Berliner Wohnungsnot. Neben Wohnungen entstehen neue Supermärkte, Schulen, eine Schaubrauerei, ein Theater u. v. m.

Juhu, Spargelzeit!

Bislang jedoch präsentiert sich Beelitz, vorsichtig ausgedrückt, noch ein wenig träge. Gefühlt ist hier jeder zweite Laden dicht, und das nicht nur sonntags. Der alte Ortskern mit seinen Fach- und Backsteinbauten gruppiert sich rund um die **Kirche St. Marien und St. Nikolai**, die in ihren Ursprüngen bis ins 13. Jh. zurückreicht. Dieser Kern ist nett, aber auch klein. So ist es nur ein Katzensprung von der Kirche zum **Spargelmuseum** (→ Kasten, S. 142). Ein weiteres Museum befindet sich neben der Touristeninformation in der **Alten Posthalterei.** Hier machten früher die Kutschen auf ihrem Weg von Leipzig nach Berlin Pause, hier wurden die Pferde gewechselt. Auch gab es eine Gastwirtschaft samt Fremdenzimmern, in deren Betten vermutlich schon Goethe und Schiller pupsten. Die Ausstellung hat das preußische Postwesen zum Thema.

Alte Posthalterei: Di und Do 10–14 Uhr. 3 €, erm. 2 €. Poststr. 16, https://beelitz.de/museen.

Am nordöstlichen Ortsrand steht eine schmucke **Bockwindmühle** aus dem 18. Jh., die in den Sommermonaten besucht werden kann.

Führungen nur April–Okt. jeden 1. So im Monat von 10–16 Uhr. 5 €, erm. 2,50 €. Trebbiner Str. 79, www.beelitzerbockwindmuehle.de.

Praktische Infos

Verbindungen Die Busse 643 und X43 (schneller!) fahren vom Potsdamer Hbf. direkt nach Beelitz (Sie benötigen einen 5-Waben-Fahrausweis, einfach 3,80 €, als Tageskarte 7,60 €).

Mit dem Rad: Von Ferch führt der Radweg D3 über Beelitz-Heilstätten nach Beelitz (ca. 15 km).

Veranstaltung Spargelfest, immer am ersten Juni-Wochenende, → S. 166.

Essen & Trinken/Einkaufen Zur Alten Brauerei, efeuumranktes historisches Gebäude, 1650 erbaut. Bis auf die DDR-Zeit, wo der Betrieb zwangsweise eingestellt wurde, wird die Alte Brauerei bis heute von der gleichen Familie geführt – mittlerweile in der 9. Generation. Eigenes Bier braut man allerdings schon seit 1925 nicht mehr. Die Alte Brauerei versteht sich als Saisonlokal und hat nur von Mitte April bis Mitte Sept. geöffnet. Dann gibt es das, was die Jahreszeit gerade hervorbringt: Spargel genauso wie Kressesüppchen oder Pfifferlingsgerichte. Hg. 13–24,50 €. Innen rustikal, draußen netter Hof. Wechselnde Öffnungszeiten. Mühlenstr. 30, ✆ 033204-35777, www.zuralten brauerei.de.

Lokal Genial, was uns nicht gefällt: das sterilnüchterne Wintergartenambiente dieses am nördlichen Ortsrand gelegenen Lokals. Was uns gefällt: die gute Landküche mit regionalen Zutaten, die hier kredenzt wird: Beelitz-Burger, mit Beelitzer Kaninchen (s. u.) gefüllte Maultaschen, Schnitzel vom Havelländer Apfelschwein ... Leider eher nichts für Vegetarier. Hg. 14–22,50 €. Sa/So ab 11 Uhr, Mo, Do und Fr ab 17 Uhr, Di/Mi Ruhetage. Hermann-Lons-Str. 4B, ✆ 033204-739981, www.lokal-genial-beelitz.de.

meinTipp Kaninchen & Spezialitäten, in dem hübschen Laden gibt es Feinkost aus dem Fleisch der Langohren, hergestellt vom Beelitzer Traditionsbetrieb Schmidt: Kaninchenbratwurst, Kaninchengulasch, Kaninchenfrikassee, Kaninchenleberwurst ... Dazu großartiger Büffelmozzarella aus Brandenburg (!), Büffelschinken und ein leckerer Mittagstisch. Mi–Fr 10–18 Uhr, Sa/So 11–18 Uhr. Berliner Str. 200, www.kaninchen-schmidt.de.

Außerhalb/Spargelhöfe Landlust Körzin, Essen wie bei Freunden! Das 9 km östlich von Beelitz gelegene Körzin ist ein Dorf, wo auch schon mal Störche auf der Dorfstraße neben einem herspazieren. Dort tischt das fränkische (!) Paar Ulrike und Stefan Laun „entspannten Genießern“ jedes Wochenende für 69 € ein festes 5-Gänge-Gourmetmenü auf, im Sommer draußen auf der Terrasse mit Blick über das weite Land. Auf Vegetarier und Veganer wird Rücksicht genommen. Zeiten: Fr 18 Uhr, Sa 13 und 18 Uhr, So 13 Uhr. Körzin 19, ✆ 0173-2483 983, www.landlust-koerzin.de.

meinTipp Jakobs-Hof Schäpe, der unserer Meinung nach schönste Spargelhof rund um Beelitz. Er liegt in Schäpe, etwa 6 km südwestlich von Beelitz. Schäpe ist ein ruhiges Örtlein mit einer Normalkirche (s. u.) und einem sog. 5-Minuten-Museum in einer historischen Schmiede, das die Ortsgeschichte beleuchtet. Der Jakobs-Hof punktet mit einem guten Hofladen und einem guten Restaurant mit Scheunenambiente und nettem Innenhof. Geboten wird saisonale Küche, die recht raffiniert daherkommt. Zur Spargelsaison peppt man die Standardkarte mit Spargel-Crêpes, Spargelauflauf oder Spargelsalat auf. Sehr lecker! Im Herbst z. B. sollte man den „Cappuccino vom Hokkaido mit Enten-Saté“ kosten. Dazu passt ein Heidelbeerbier. Hg. 14,50–22 €. April–Sept. tägl. 9–21 Uhr, Nov./Dez. nur Do–So 11–21 Uhr, Jan. bis Ende März Winterpause. Schäpe 21, ✆ 033204-41970, www.jakobs-spargel.de.

Schinkels Normalkirchen

Im Dorf Schäpe steht eine sog. Normalkirche von Karl-Friedrich Schinkel (1827). Normalkirchen sind Kirchenbauten, für die – mehr oder weniger – ein- und derselbe Bauplan Schinkels zugrunde lag. Sie entstanden vorrangig in der Regierungszeit von Friedrich Wilhelm III. Der Monarch wollte so das platte Land möglichst kostengünstig mit Kirchen versorgen.

Jakobs-Hof Beelitz, am Kähnsdorfer Weg etwa 2 km nördlich des Zentrums von Beelitz. Nicht verwirren lassen: Hierbei handelt es sich um den Spargelhof von Jürgen Jakobs, dem Bruder von Josef Jakobs, der den Hof in Schäpe betreibt (s. o.). Die Brüder entstammen einer Spargelbauernfamilie am Niederrhein und gründeten die beiden Höfe nach der Wende. Das Restaurant serviert international-brandenburgische Küche, Kindern gefällt der angeschlossene Streichelzoo. Gleiche Speisekarte wie der Hof in Schäpe, aber deutlich weniger Idylle. Hofladen und Restaurant tägl. ab ca. 10 Uhr geöffnet, Laden bis 18 Uhr, Restaurant mind. bis 21 Uhr, Jan./Feb. Winterpause. Kähnsdorfer Weg 1a, ✆ 033204-62714, www.jakobs-hof.de.

Potsdam Umgebung → Karte Umschlagklappe hinten

Spargelhof am Storchennest, im Dorf Rieben 9 km südöstlich von Beelitz, mit namengebendem Storchennest. Dieser Spargelhof wird seit vielen Generationen von der Familie Heinrich betrieben und rühmt sich des guten Umgangs mit seinen Erntehelfern: keine Akkordlöhne, gemeinsame Mittagessen, ganzjähriger freundschaftlicher Kontakt. Am Spargelhof nur ein Hofladen, serviert wird der hofeigene Spargel im netten *Landgasthof Rieben* schräg gegenüber (April–Dez. Sa/So 12–20 Uhr, www.landgasthof-rieben.de). Hofladen während der Saison 8–20 Uhr geöffnet. Riebener Dorfstr. 25, www.spargelhof-am-storchennest.de.

Spargel- und Erlebnishof Klaistow, das ist ein wenig Spargel-Disney-World und ein Megakommerz! Das große Areal 13 km nordwestlich von Beelitz trifft sicher nicht jedermanns Gusto, kann aber Ziel eines abwechslungsreichen Familienausflugs werden. Was gibt es nicht alles – ein Maislabyrinth, einen Kletterwald, eine Streichelwiese, einen Hofbäcker, Budenzauber, mehrere Lokale und Läden, in denen man vom Kürbissecco über Heidelbeernudeln bis zum Spargelbier und der Übersee-Ananas im Sonderangebot so ziemlich alles erstehen kann. Es gibt auch Führungen und zur Saison Rundfahrten über die Felder. Tägl. 11 bis mind. 18 Uhr, Jan. bis Ende März Winterpause. Glindower Str. 28, Klaistow, ✆ 033206-61070, www.spargelhof-klaistow.de.

Potsdam im Kasten

Edelgemüse von der Stange: Spargel aus Beelitz

Auf rund 1700 ha wird rund um Beelitz Spargel angebaut, von Zauchwitz im Osten bis Klaistow im Westen, von Schlunkendorf im Norden bis Schäpe im Süden. Damit gilt die Gegend als größte zusammenhängende Spargelregion Deutschlands.

Mit dem Anbau des „weißen Goldes“ begann man in Beelitz 1861. Schon 1910 soll es 150 Spargelbauern gegeben haben, die Zwanzigerjahre gelten als Hochzeit des Beelitzer Spargels. Mit dem Zweiten Weltkrieg setzte jedoch der Niedergang ein, das arbeitsintensive Gemüse musste nahrhafteren Gemüsesorten weichen. Die Zwangskollektivierung der Landwirtschaft und der Fünfjahresplan zu DDR-Zeiten brachten den Spargelanbau im großen Stil zum Erliegen. Wer sich jedoch im eigenen Garten ein paar Reihen Spargel zog, war ein gemachter Mann. Spargel galt nämlich als zweite Währung: Man konnte ihn gegen Traktorersatzteile eintauschen, den Arzt damit bezahlen, Fliesen einkaufen usw. Heute werden in ganz Brandenburg jährlich über 20.000 t Spargel gestochen, lediglich in Niedersachsen sind es mehr. Die Saison beginnt im April und endet traditionell am Johannistag (24. Juni). Die mühsame Erntearbeit wird v. a. von Saisonarbeitern aus Rumänien und Polen erledigt. Deutsche Erntehelfer sind schwer zu bekommen.

Spargel ist ein komisches Gemüse: Die Spargeltriebe, die aus dem Wurzelstock kommen, sollen eigentlich einmal den Stamm einer Pflanze bilden. Sechsmal können sie gestochen werden, bevor sie den Kopf aus dem Sand stecken. Beim siebten Versuch des Spargels, einen Stamm zu bilden, lässt man ihn durchwachsen, um auch im nächsten Jahr wieder ernten zu können. Allzu schön anzusehen sind die Spargelfelder leider nicht: Dixi-Klos und Plastikfolien bis zum Horizont. Unter Plastik hat es der Spargel nämlich deutlich wärmer und kann so früher geerntet werden. Das bringt alljährlich Tonnen von Plastikmüll mit sich – eine unglaubliche Umweltsauerei.

Tipp: Achten Sie darauf, dass aus den Schnittenden des Spargels noch Saft strömt – dann ist er schön frisch. Ein paar kurzweilige Spargelinfos hält das Spargelmuseum von Beelitz bereit (Mauerstr. 12; April–Okt. tägl. 10–18 Uhr; 3 €, erm. 2 €; www.beelitzer-spargelverein.de). Dort erfährt man u. a., dass schon die Römer vor 2500 Jahren Spargel aßen.

Beelitz-Heilstätten: Alpenhaus und Baumkronenpfad

Beelitz-Heilstätten

Schnell hin, bevor aus dem ehemaligen Lost Place ein Bobo Place wird! Etwa 5 km nordwestlich des Zentrums von Beelitz liegt Beelitz-Heilstätten, einst die größte Lungenheilstätte der Welt. Sie wurde zwischen 1898 und 1902 aus dem märkischen Sand gestampft, Tuberkulose war zu jener Zeit eine der häufigsten Todesursachen. Die Heilstätten waren auf dem neuesten Stand der Technik (eigenes Heizwerk, Einsatz von Elektromobilen) und der medizinischen Vorsorge. 600 Beschäftigte kümmerten sich um etwa 1200 Pfleglinge. Dreizehn Wochen war der Regelaufenthalt. Die Patienten bekamen fünfmal am Tag Essen – von einer Qualität, wie es sich die meisten Berliner nicht leisten konnten. Zudem hatten sie täglich mehrere Liter Milch zu trinken – nur wer an Laktoseintoleranz litt, bekam stattdessen Bier mit verquirltem Ei. Ansonsten war Alkohol tabu, Rauchen hingegen erlaubt (!). Es gab einen Park mit Liegehallen und zur Bespaßung die Blaskapelle „Halbe Lunge“.

Nach dem Zweiten Weltkrieg wurde aus den Heilstätten ein sowjetisches Lazarett und eine medizinische Forschungsstätte. Die obersten Genossen ließen sich zur Behandlung aus Moskau einfliegen. In den 1990er-Jahren verkamen weite Teile des Areals zu einem spannenden Lost Place, der für Filmaufnahmen genutzt wurde. Mittlerweile wird fleißig restauriert, neu gebaut, eine ganze Stadt ist am Entstehen.

Zu den Attraktionen des Areals gehört der Baumkronenpfad. Er führt am sog. **Alpenhaus** vorbei, einem alten Kliniktrakt, auf dessen Dach bereits Bäume wachsen. Durch das Alpenhaus und durch die ehemalige **Chirurgie** finden überaus spannende Führungen mit hohem Schauderfaktor statt, die man sich nicht entgehen lassen sollte.

Außerdem gibt es auf dem Areal, genau genommen zwischen Alter Chirurgie und Baumkronenpfad, einen **Barfußpark:** ohne Socken Beelitz rocken – und Natur spüren (www.derbarfusspark.de)!

Baumkronenpfad: März tägl. 10–18 Uhr, April–Okt. bis 19 Uhr, Okt. bis Sonnenuntergang, Nov. bis 16 Uhr, Dez. an gewissen Tagen bis 16 Uhr (→ Webseite), Jan./Febr. geschl. 13,50 €, erm. 10–12 €. Führungen (Zeiten auf der Webseite) kosten extra (10–15 €). Adresse für die Navigation: Straße nach Fichtenwalde 13, 14547 Beelitz-Heilstätten, www.baumundzeit.de. Von Potsdam Hbf. mit RB 23 bis Seddin und weiter mit der RB 7 bis Beelitz-Heilstätten. Sie benötigen einen 5-Waben-Fahrausweis, einfach 3,80 €, als Tageskarte 7,60 €.

Potsdam Umgebung → Karte Umschlagklappe hinten

Havellandschaft bei Werder

Nachlesen & Nachschlagen

Barock und Platte: Blick von der Nikolaikirche

Stadtgeschichte

„Ohne die Preußen" wäre Potsdam „ein stinkendes Fischerdorf an der Havel, durch das man mit geschlossenen Augen und verkniffener Nase ziehen würde."

Das sagte Franz-Friedrich von Preußen der *Süddeutschen Zeitung* vor wenigen Jahren. Welche Blasiertheit! Aber ein Funken Wahrheit steckt drin in dieser snobistischen Ansage des Urenkels Kaiser Wilhelms II. Ohne die Preußen bzw. die Hohenzollern wäre Potsdam nie ein „Märkisches Versailles" geworden. Das Haus Hohenzollern, eine der bedeutendsten Adelsdynastien Deutschlands, setzte nicht nur Farbtupfer. Es prägte die Stadt, drückte ihr seinen Stempel auf. Aber alles der Reihe nach.

Poztupimi

Bevor die Hohenzollern die Stadt zu ihrer Residenz machten, gab es hier an der Nuthemündung eine Burg und eine Fischersiedlung – Gründungen der Slawen. Als „Poztupimi" wurde die Siedlung 933 erstmals erwähnt, und zwar in der Schenkungsurkunde eines 13-Jährigen: Otto III. vermachte den Ort seiner Tante Matilde, der Äbtissin von Quedlinburg. 1345 erhielt Potsdam das Stadtrecht. 1416 ging die Stadt in den Besitz der Hohenzollern über, 1536 in Flammen auf, 1550 abermals. 1573 zählte Potsdam 192 Häuser. Der Dreißigjährige Krieg (1618–1648) mit seinen Ruhr- und Pestepidemien ließ einen verwüsteten Flecken zurück.

Ein Schloss für Friedrich Wilhelm (Regentschaft 1640–1688)

Schließlich entdeckte der **Große Kurfürst Friedrich Wilhelm** (geb. 1620, gest. 1688) die Gegend um Potsdam für sich. Jagen wollte er hier. Und bei der Jagd bemerkte er, dass die liebliche Seenlandschaft nahe Berlin wie geschaffen dafür war, eine zweite Residenz zu errichten. 1660 ließ er einen Lustgarten anlegen. Zwei Jahre später begannen dort, wo heute das Potsdamer Stadtschloss steht, die Bauarbeiten an einem neobarocken Landschlösschen im holländischen Stil. Das „gantze Eylandt mus ein paradis werden", hatte der niederländische Feldmarschall Johann Moritz von Nassau-Siegen dem Großen Kurfürsten in einem Brief angeraten.

Da die Mark Brandenburg nach dem Dreißigjährigen Krieg verwüstet war, erließ Friedrich Wilhelm mehrere Edikte, um die entvölkerten Gebiete wiederzubeleben, gleichzeitig begründeten sie die preußische Toleranz. Das bekannteste ging als „Potsdamer Edikt" (1685) in die Geschichte ein. Es gewährte Menschen, die anderswo in Europa aufgrund ihrer Religion verfolgt wurden, die Möglichkeit, sich in sicherer Umgebung niederzulassen. Es kamen Schweizer Calvinisten, Niederländer, Österreicher und Pfälzer, insbesondere aber französische Hugenotten, 20.000 an der Zahl. Allerdings wollten nur die wenigsten an dem öden Fleckchen, das sich Potsdam nannte, bleiben. Viele zogen weiter nach Berlin.

Der Große Kurfürst holte nicht nur Leute ins Land, er schickte auch Schiffe hinaus in die Welt. Er rief eine Handelskompanie ins Leben, die vom ostfriesischen Hafen Emden an die Küsten Afrikas und in die Karibik segelte und u. a. in Ghana mit Groß Friedrichsburg eine kurbrandenburgische Kolonie gründete.

Vom Kurfürsten zum König: der „Schiefe Fritz" (1688–1713)

1657 wurde in Königsberg ein Kindlein geboren, das eine Hebamme fallen ließ. Und aus dem Kindlein wurde ein König, den der Volksmund „Schiefer Fritz" nannte – der Sturz hatte Verwachsungen zur Folge gehabt. Friedrich, der in einem Korsett steckte, übernahm 1688 die Regierungsgeschäfte von seinem Vater. Von einem Vater, der seinen Sohn nicht mochte, der ihn für einen Schwächling hielt.

Doch so schwach war der Sohn gar nicht, 1701 setzte sich Friedrich selbst die Krone auf. So wurde aus **Friedrich III.**, dem Kurfürsten von Brandenburg und Herzog in Preußen, Friedrich I., König in Preußen. Als Kurfürst und König ahmte **Friedrich I.** die Hofkultur des Sonnenkönigs Ludwig XIV. nach. Er war ein Prahler, Verschwender und ein Förderer der Künste und Wissenschaften. Er ließ Berlin zu einer prächtigen Residenzstadt ausbauen – Potsdam nutzte er als Sommersitz – und hier und dort noch Schlösser und Schlösslein errichten. In dem von Caputh (→ S. 137) fühlte er sich am wohlsten. Als Friedrich I. 1713 starb, hinterließ er seinem Sohn Friedrich Wilhelm (geb. 1688) weit über 20 herrschaftliche Anwesen, dazu Schulden über Schulden.

Der Soldat unter den Königen: Friedrich Wilhelm I. (1713–1740)

Als Friedrich Wilhelm König wurde, zählte Potsdam 1000–1500 Einwohner. **Friedrich Wilhelm I.** verabscheute all den Prunk und Pomp seines Vaters. Mit ihm kamen die preußischen Tugenden: Ordnung, Fleiß, Bescheidenheit. Friedrich Wilhelm I. war ein Geizhals und ein schwergewichtiger Mann von gerade mal anderthalb Metern Größe, der fast immer im Waffenrock auftrat. Er lenkte das Augenmerk aufs Militär, machte Potsdam zur Garnisonsstadt und ging als Soldatenkönig in die Geschichte ein. Den Potsdamer Lustgarten ließ er in einen Exerzierplatz verwandeln, die Orangerie in einen Pferdestall. Das Einzige, was er sich gönnte, waren Soldaten.

Neben einem stehenden Heer von 80.000 Mann leistete sich Friedrich Wilhelm I. das Regiment der „Langen

Kerls", Soldaten von über sechs Fuß Größe (1,88 m). Die Langen Kerls bildeten die Leibgarde des Königs und wurden in Potsdam stationiert. Zugleich waren sie die Elitetruppe der Grenadiere, weil sie Granaten weiter werfen konnten als kleine Männer. Unter den Langen Kerls waren viele Iren und Schweden, aber auch Muslime (die einen Imam mitbringen durften). Überall in Europa waren Werber unterwegs, um mit falschen Versprechungen lange Kerls zu rekrutieren. Der König sammelte sie wie Pokale. Dem russischen Zaren schenkte Friedrich Wilhelm I. gar das Bernsteinzimmer aus dem Berliner Stadtschloss im Tausch für ein paar lange Kerls. Und als der König nicht mehr konnte, alt und gichtgeplagt im Lehnstuhl saß, da malte er – lange Kerls. Die Langen Kerls gibt es übrigens noch heute. Sie haben gar eine eigene Webseite: www.lange-kerls.de.

Zu des Soldatenkönigs Verdiensten für Preußen gehört die Einführung der Schulpflicht, zu seinen Verdiensten für Potsdam die Stadterweiterung. In der Regierungszeit Friedrich Wilhelms I. wurden mehr als 1000 Häuser gebaut, darunter das Holländische Viertel und das französisches Quartier (das heute nicht mehr existiert, → S. 40). Auch die Nikolai-, die Heilig-Geist- und die Garnisonkirche wurden während der Regentschaft des Soldatenkönigs errichtet. Des Weiteren ließ er Manufakturen gründen, u. a. für Tuch, Uniformen und Gewehre. Als der König starb, lebten rund 12.000 Menschen in Potsdam, zudem rund 4000 Soldaten. 14 Kinder zeugte der Soldatenkönig. Aus dem dritten wurde Friedrich der Große.

Friedrich II., der Große, der Alte Fritz (1740–1786)

Friedrich II. (geb. 1712, gest. 1786), hegte im Gegensatz zu seinem Vater ein ausgeprägtes Interesse an Kunst und Wissenschaften. Heimlich las er lateinische Verse, übte Querflöte, versuchte sich selbst in der Dichtkunst. Heimlich wollte er aus den Fesseln des brutalen Soldatenkönigs fliehen. Doch die Flucht im Jahr 1730 misslang. Sein Jugendfreund – vielleicht auch seine Jugendliebe –, Hans Hermann von Katte, wurde als Mitwisser entlarvt. Der König verlangte Kattes Hinrichtung, die Enthauptung sollte vor den Augen Friedrichs stattfinden. Doch bereits bei der Verlesung des Urteils fiel Friedrich in Ohnmacht.

Unter Friedrich II. entwickelte sich Berlin zu einem Zentrum der Aufklärung, deren führende Köpfe Gotthold Ephraim Lessing, Friedrich Nicolai und Moses Mendelssohn waren. Doch Berlin mochte er nicht. 1744 verlegte er seinen Sitz nach Potsdam und ließ das dortige Stadtschloss von seinem Leibarchitekten Georg Wenzeslaus von Knobelsdorff um- und ausbauen. Knobelsdorff, ein Tausendsassa, der auch Maler, Kunstsammler, Dekorateur und Theaterintendant war, setzte später auch Friedrichs Entwürfe von Schloss Sanssouci um.

Auf die Zeit Friedrichs des Großen gehen aber auch über 600 Häuser, 29 Manufakturen und 99 Kasernen in Potsdam zurück. Potsdam wurde bekannt für die Fertigung von Luxusgütern wie Seidentapeten, Kronleuchtern und Fayencen.

Friedrich II. war eine zwiespältige Person. Ein eitler Fatzke, der exquisiten Schmuck trug, dessen Puderperücke nach Rosen- und dessen Garderobe nach Orangenwasser roch. Er war getrieben vom Verlangen nach Ruhm, zugleich geistreich und humorvoll. Friedrich II. korrespondierte mit Voltaire und Heinrich August de la Motte Fouqué. Er besaß, über all seine Schlösser verteilt, sechs Bibliotheken, vollgestopft mit französischer Literatur – es heißt, er sprach gar besser franzö-

Friedrich II. ließ das Wasserbecken auf dem Ruinenberg anlegen

sisch als deutsch. Für seine Bildergalerie im Park Sanssouci ließ er Gemälde in ganz Europa ankaufen. Friedrich II. galt zudem als generös und als Vordenker. Er schaffte die Folter ab. Er führte den Pfandbrief ein. Er bestätigte die Toleranz gegenüber religiösen Minderheiten mit dem bekannten Postulat: „Hier muss ein jeder nach Seiner Fasson Selich werden."

Friedrich II. war auch Genießer, dem Wein zugetan. Er liebte seine Tafel- und Philosophenrunden, bei denen edle Mosel- und Burgunderweine, ungarischer Tokajer und Champagner flossen. Reine Männerrunden übrigens, Königin Elisabeth Christine durfte Schloss Sanssouci nie betreten. Die Ehe war glück- und kinderlos. Dass der meist von hübschen Pagen umgebene Friedrich II. schwul war, gilt als relativ sicher. Eindeutige sexuelle Kontakte lassen sich jedoch nicht beweisen. Doch zurück zum Wein: Ganz besonders mochte der Alte Fritz den süßen, weißen *Monbazillac* aus Südfrankreich, den er mit Wasser verdünnte. Weine vom Rhein verschmähte er hingegen, diese machte er für seine Rheumabeschwerden verantwortlich. Kaffee trank er übrigens wie ein echter Freak: statt mit Milch mit Senf und Pfeffer.

Friedrich II. war aber auch ein zynischer Machtpolitiker, ein großer Stratege auf dem diplomatischen Parkett und ein Kriegsherr. Sehr diszipliniert war er, stand stets um 4 Uhr morgens auf. Schon kurz nach seinem Thronantritt hatte er Schlesien geraubt, hatte dabei sein Heer selbst angeführt. Nach dem Siebenjährigen Krieg schließlich (1756-63), dem allerersten Weltkrieg mit 180.000 Toten, stieg Preußen zur Großmacht auf. Am Ende seiner Regierungszeit zählte Preußens Armee 110.000 Mann.

Der Dicke Lüderjahn: Friedrich Wilhelm II. (1786–1797)

Zum Nachfolger Friedrichs II. wurde sein Neffe Friedrich Wilhelm (geb. 1744, gest. 1797) berufen. Als **Friedrich Wilhelm II.** bestieg er 1786 den Thron. Friedrich der Große hatte noch prophezeit: *„Es wird ein lustiges Leben bei Hofe werden. Mein Neffe wird den Staatsschatz verschwenden, die Armee ausarten* *lassen. Die Weiber werden regieren und der Staat zugrunde gehen.“* So ganz falsch lag Friedrich II. damit nicht. Im Gegensatz zu seinem Vorgänger liebte Friedrich Wilhelm die Frauen. Viermal war er verheirat. Hatte zahlreiche Affären. Und hatte mit Wilhelmine Enke (auch: Wilhelmine von Lichtenau), der Tochter eines Trompeters der Hofkapelle, auch noch eine lebenslange Mätresse. Er brachte es so auf 16 Kinder.

Ansonsten war er ein leidenschaftlicher Esser. Friedrich Wilhelm II. war ein Mann mit roten Bäckchen und einem ordentlichen Wanst, weswegen er als „Dicker Lüderjahn“ in die Geschichte einging. Wenn er nicht aß, musizierte er gerne, spielte leidenschaftlich Bratsche und Cello. Von den Ideen der Aufklärung und der Religionsfreiheit war er nicht sonderlich angetan. Seine Regierungszeit steht für Günstlingswirtschaft, Korruption und Sittenlosigkeit. Er regierte wieder von Berlin aus. Sofern er regierte.

Mit Friedrich Wilhelm II. kam der Frühklassizismus nach Preußen. In Potsdam ließ er den Neuen Garten anlegen und darin das Marmorpalais errichten. Auf der Pfaueninsel ließ er ein Liebesnest in Form eines Schlösschens bauen (→ S. 114). Den Bürgern Potsdams schenkte er ein Schauspielhaus. Doch als die Nikolaikirche 1795 ausbrannte, war kein Geld mehr für den Wiederaufbau da. Der Staatsschatz war aufgebraucht, und ein Berg von Schulden hatte sich aufgetürmt. Die Manufakturen Potsdams, die von Aufträgen des Königshauses und des Militärs gelebt hatten, waren ohne Arbeit. Die Stadt der Hoflieferanten hatte keinen zahlungskräftigen Hof mehr. Die Bevölkerung verarmte.

Friedrich Wilhelm III. (1797–1840)

Am 24. Oktober 1806 zog Napoleon nach seinem gewonnenen Krieg in Potsdam ein. **Friedrich Wilhelm III.**, der 1797 den Thron bestiegen hatte, war geflohen. „Unser Dämel ist in Memel“, sangen die Straßenkinder. Die königlichen Garden aus Potsdam waren ebenfalls weg, bei Jena und Auerstedt zerschlagen.

Viele Häuser standen leer. Die Schlösser wurden geplündert. Allein aus der

Potsdam um 2011: Wiederaufbau des Schlosses

Bildergalerie verschwanden 54 Gemälde. Stadt und Bevölkerung litten unter Kontributionsforderungen. Bis zu 6000 französische Soldaten und 12.000 Pferde mussten während der Besatzung in Potsdam versorgt werden. 1808 waren die Franzosen wieder weg, 1813 in der Völkerschlacht bei Leipzig endgültig geschlagen. Danach folgte der Wiederaufstieg Preußens. Höhen und Tiefen begleiteten Preußen und Potsdam unter Friedrich Wilhelm III.

Friedrich Wilhelm III. (geb. 1770, gest. 1840) war bescheiden und sehr sparsam. Er brauchte keinen Prunk, kein höfisches Getue, keine großen Reden. Er war ein Macher, der sein Land reformierte und dafür sorgte, dass sich der Staatssäckel wieder füllte. Er war populär, nicht zuletzt aufgrund seiner Gattin, der anmutigen Luise von Mecklenburg-Strelitz (1776-1810). Eine Königin der Herzen, geliebt nicht nur vom Volk, sondern auch vom König! Luise gebar zehn Kinder, von denen drei ihre frühe Kindheit nicht überlebten. Luise war dem König jedoch nicht nur Ehefrau, sondern auch enge Vertraute. Die Schöne starb mit nur 34 Jahren an einer Lungenentzündung und wurde schnell zum Mythos.

Friedrich Wilhelm III. verband eine enge Freundschaft mit dem russischen Herrscherhaus. Seine Tochter Charlotte heiratete 1817 den späteren Zaren Nikolaus I. und wurde Kaiserin Alexandra Fjodorowna. Die Russlandliebe Friedrich Wilhelms III. äußerte sich in diversen Holzbauten im russischen Stil, mit denen er Potsdam samt Umland dekorierte.

Noch viel mehr aber setzte Friedrich Wilhelm III. auf seinen „Hofarchitekten" Karl Friedrich Schinkel (1781–1841), der den Klassizismus in Deutschland zu seinem Höhepunkt führte. Schinkel verewigte sich nicht nur im Stadtbild Berlins („In jedem Winkel ein Schinkel"), sondern auch in Potsdam. Noch unter Friedrich Wilhelm III. plante Schinkel eine neue Nikolaikirche für Potsdam. Des Weiteren stand er im Dienst der königlichen Söhne. Für den erstgeborenen Sohn, den späteren König Friedrich Wilhelm IV., entwarf er u. a. Schloss Charlottenhof, für Prinz Wilhelm, den zweitgeborenen Sohn und späteren Kaiser Wilhelm I., Schloss Babelsberg. Für Carl von Preußen, den dritten Sohn, baute Schinkel Schloss Glienicke um. Der große Architekt soll sich am preußischen Hofe buchstäblich zu Tode gearbeitet haben. Gestorben wurde ohnehin viel zu Zeiten Schinkels: Potsdam fehlte eine Kanalisation, weswegen in den 1830er-Jahren immer wieder die Cholera ausbrach.

Zwei Jahre vor dem Tod Friedrich Wilhelms III. wurde die Eisenbahnstrecke von Berlin nach Potsdam eingeweiht – Stammbahn genannt. Mit ihr kamen Besucher aus der Hauptstadt, Potsdams touristisches Zeitalter begann. 1840 zählte Potsdam etwa 26.000 Einwohner.

Der Romantiker auf dem Thron: Friedrich Wilhelm IV. (1840–1861)

Berlins Aufstieg zur Metropole war infolge der Industrialisierung in vollem Gange – zwischen 1810 und 1890 wuchs die Bevölkerung Berlins von 163.000 auf 1,6 Mio. an. Für Potsdam lehnte das Königshaus jegliche Industrialisierung ab. Weniger, weil rauchende Schlote die schönen Parklandschaften verschandelt hätten – rauchende Schlote galten eine Zeitlang gar als modern. Vielmehr, um keine Arbeiter in Lumpen sehen zu müssen. König Friedrich Wilhelm IV. träumte von Arkadien, ließ sich das Orangerieschloss bauen. Das Chaos drum herum wollte er nicht sehen.

Der Wohlstand, den der Fortschritt brachte, kam nur bei wenigen an. Unter den Webern in Nowawes (heute Babelsberg, → S. 96) herrschte tiefe Armut. In Berlin nahmen 1847 40 % der Bevölkerung die Armenfürsorge in Anspruch. Hungerlöhne und der Drang, sich von den feudalen Fesseln zu befreien, führten zur Märzrevolution 1848. Bekanntester Potsdamer Revoluzzer wurde Max Dortu (→ S. 21). Doch Friedrich Wilhelm IV. (geb. 1795, gest. 1861) verschaffte sich durch das Militär wieder Respekt. Die Kaiserwürde, die ihm die Frankfurter Nationalversammlung anbot, schlug er aus. Er wollte kein Volkskaiser sein, er hielt sich für einen König von Gottes Gnaden. Als Träumer und „Romantiker auf dem Thron" ging Friedrich Wilhelm IV. in die preußische Geschichte ein.

Friedrich Wilhelm IV. liebte Italien und überhaupt alles Schöne, zudem Champagner, den er fast ohne Unterlass trank. Verheiratet war er mit Elisabeth Ludovika von Bayern, einer Patentante von Sissi. Zu seinen Freunden gehörten der Dichter Ludwig Tieck, der Komponist Felix Mendelssohn Bartholdy und Alexander von Humboldt, für den Potsdam allerdings nichts anderes als eine „öde Kasernenstadt" war.

Während der Regentschaft von Friedrich Wilhelm IV. wurden in Potsdam die ersten beiden Omnibuslinien, die damals von Pferden gezogen wurden (1850), eingerichtet. Als die Straßen nächtens mit 368 Gaslaternen zum Leuchten gebracht wurden, zählte man rund 48.000 Einwohner, jeder sechste war ein Soldat (1856). Rund 300 adelige Familien lebten zu dieser Zeit in Potsdam, die Offiziere kamen i. d. R. aus besserem Hause. 1857 erlitt Friedrich Wilhelm IV. mehrere Schlaganfälle und galt als nicht mehr zurechnungsfähig. Die Regierungsgeschäfte gingen an seinen Bruder Wilhelm (geb. 1797, gest. 1888) über. Friedrich Wilhelm IV. blieb aber bis zu seinem Tode 1861 König von Preußen.

Vom König zum Kaiser: Wilhelm I. (1861–1888)

König Wilhelm I., der 1861 den Thron bestieg, war ein Soldat durch und durch. Er liebte den Stechschritt und die Pickelhaube. Die Sommermonate verbrachte er zusammen mit seiner Frau Augusta auf Schloss Babelsberg.

Zehn Jahre nach seiner Krönung wurde aus dem König ein Kaiser, der die Regierungsgeschäfte an seinen Reichskanzler Otto von Bismarck abgab. **Wilhelm I.** repräsentierte sich daraufhin recht erfolgreich. Er war beliebt, aber nicht bei allen. Wilhelm I. überlebte fünf Attentate – das vierte, weil er seine Pickelhaube aufhatte. Das Attentat hatte sich 1878 ereignet, in jenem Jahr, in dem Potsdams Abwasserprobleme gelöst und die Häuser mit fließendem Wasser versorgt wurden. 1888 starb der Kaiser nach kurzer Krankheit. Auf ihn folgte **Friedrich III.** (geb. 1831, gest. 1888), ein starker Raucher, der an Kehlkopfkrebs litt und schon nicht mehr sprechen konnte, als er den Thron bestieg. Nach 99 Tagen Regentschaft war er tot. Man nennt Friedrich III. bis heute den „99-Tage-Kaiser".

Wilhelminische Epoche (1888–1918)

Noch im gleichen Jahr, im daher auch so genannten Dreikaiserjahr, wurde **Wilhelm II.** deutscher Kaiser und König von Preußen. Wilhelm (geb. 1859, gest. 1941) war erst 28 Jahre alt, als er an die Macht kam. Er mochte Berlin nicht und machte das Neue Palais im Park Sanssouci zu seinem Hauptwohnsitz.

Auch Wilhelm II. war von der uneingeschränkten Legitimität dynastischer Herrschaft überzeugt. Er lehnte alle liberalen Ideen ab und neigte zu Selbstüberschätzung. Im Ausland hielten ihn viele für geisteskrank. Deutschland wollte er als Weltmacht sehen. Ihn

Am einstigen Luftschiffhafen wird heute fleißig gesportelt

interessierten v. a. zwei Dinge: das Militär und der Fortschritt – Potsdam machte sich auf beiden Feldern einen Namen. Zwischen der Sacrower Heilandskirche und der gegenüberliegenden Matrosenstation Kongsnæs gelang dem Elektrotechniker Adolf Slaby 1897 der erste Versuch drahtloser Telegrafie in Deutschland. Der Funk sollte des Kaisers Marine revolutionieren. Ein Jahr später begann die Lokomotivfabrik von *Orenstein & Koppel* in Babelsberg Feldeisenbahnen für Militär und Landwirtschaft zu bauen. 1899 weihte Wilhelm II. auf dem Telegrafenberg den großen Refraktor ein, noch heute eines der größten Linsenteleskope der Welt.

Ende des 19. Jh. entstanden zudem für die preußischen Offiziere und höheren Staatsbeamten die villenartigen Potsdamer Vorstädte, zudem Kasernen, Kadettenanstalten und Truppenübungsplätze. Es herrschte Zuzug. 1905 zählte Potsdam rund 61.000 Einwohner, etwa jeder Achte war Angehöriger des Militärs. Zu jener Zeit gab es etwa 80 Bäcker, 55 Schlachter, 20 Destillen und über 200 Schankwirtschaften in der Stadt. 1907 fuhr erstmals die „Elektrische", die Straßenbahn. 1909 eröffnete der Kaiserbahnhof am Rande von Park Sanssouci (darin heute die *DB Akademie*). Der rastlose, nicht umsonst „Reisekaiser" genannte Kaiser war mehr auf Reisen als daheim. Entweder war er in seinem Hofzug unterwegs oder mit seiner Hochseeyacht.

1911 begann Babelsberg Filmgeschichte zu schreiben (→ Kasten S. 97). Im gleichen Jahr entstand der Luftschiffhafen an der Pirschheide unter Leitung von Graf Zeppelin. In der damals größten Luftschiffhalle Deutschlands wurden ab 1914 zigarrenförmige Kriegsluftschiffe mit absenkbaren Spähkörben (um unter der Wolkendecke zu spionieren) gebaut.

1914 unterzeichnete der Kaiser, angetrieben von einer machtgeilen und kriegslüsternen Kamarilla, im Neuen Palais die Kriegserklärung. Von den 10 Mio. Toten des Ersten Weltkriegs kamen 1700 aus Potsdam. 1918 war die vereintlich unbesiegbare Armee geschlagen. Die Novemberrevolution brachte die Abdankung Wilhelms II., er ging ins Exil nach Holland. Sein Hab und Gut kam in 51 Güterwaggons hinterher.

Weimarer und Potsdamer Geister – ab 1918

Deutschlands Untergang zog Potsdam mit ins Verderben. Das Ende der Kaiserzeit war das Ende der Residenzstadtzeit. Potsdam fehlte jetzt die Existenzgrundlage, hatte doch die ganze Stadt von Hof und Armee gelebt. Auch das Selbstverständnis der Potsdamer war zerstört – die Menschen hatten die Uniformen vergöttert. Fortan setzten die Stadtväter auf den Tourismus. Die Schlösser und die Parks, die an die Republik gefallen waren, wurden geöffnet, zu Ausstellungssälen und Museen umfunktioniert. Ins Stadtschloss zog die Stadtverwaltung. Lediglich Schloss Cecilienhof im Neuen Garten wurde noch von der Familie des Kronprinzen bewohnt. 1936 verzeichnete man 8 Mio. Besucher!

Der idealistische „Geist von Weimar", der für Demokratie, Liberalität und eine friedliche Außenpolitik stand, hatte es in Potsdam schwer. Die Bevölkerung, geprägt von blindem Gehorsam („Befehl ist Befehl!"), war überaus konservativ, monarchistisch und militaristisch. Man trauerte der alten Zeit nach.

Fast 100.000 Menschen gaben Kaiserin Auguste Viktoria 1921 das letzte Geleit, als ihr Sarg im Park Sanssouci beigesetzt wurde. Ihr Gemahl, Wilhelm II., nahm nicht teil. Diesen Versager, der die Revolution nicht verhindert und sich in der Krise aus dem Staub gemacht hatte, wollten selbst die größten Militaristen und Nationalisten nicht zurück.

Die antidemokratische Haltung, die Sehnsucht nach einem Führer und militärischer Stärke, nach einem neuen Reich, in dem Pflichttreue, Manneszucht und Vaterlandsliebe wieder etwas zählten, lebte im „Geist von Potsdam" fort. Ein Geist, den man rief: Ab 1929 saß die NSDAP im Stadtparlament.

Der Tag von Potsdam

Der 21. März 1933 ging als der „Tag von Potsdam" in die Geschichte ein. Er steht für die Geburtsstunde des Dritten Reiches. Die Weimarer Republik war gescheitert, Hitler bereits zum Reichskanzler ernannt. Der neue Reichstag war schon gewählt, Das Reichstagsgebäude aber abgebrannt. Die konstituierende Sitzung des neuen Reichstags wurde daraufhin in der Garnisonkirche von Potsdam, einem preußischen Heiligtum, vollzogen. Beim Festakt mit Kranzniederlegung am Grabe Friedrichs des Großen gelobte Hitler dem tattrigen Reichspräsidenten Hindenburg, die preußischen Tugenden in Ehren zu halten. Zu den Gratulanten gehörte Ex-Kronprinz Wilhelm, der sich in Uniform geworfen hatte und den Helm der Totenkopfhusaren trug.

Unterm Hakenkreuz

Mit den Nationalsozialisten kam das Morden nach Potsdam. Der letzte Reichskanzler Kurt von Schleicher wurde zusammen mit seiner Frau in seiner Villa in Neubabelsberg auf Geheiß Hitlers von der SS erschossen. Mit den Nationalsozialisten kam auch das Militär wieder zurück nach Potsdam. Waren 1931 nur noch 2000 Soldaten in der Stadt stationiert, waren es 1939 bereits 15.000. Mit den Nationalsozialisten kamen auch Reichsführerschulen und Offiziersschulen nach Potsdam wie auch das Erbgesundheitsgericht zur Pflege der Rassenhygiene und der Volksgerichtshof für Hoch- und Landesverräter.

Am Griebnitzsee entstand ein Außenlager des Konzentrationslagers Sachsenhausen. Wie überall in Deutschland hatten auch die Potsdamer Juden unter Hetze, Boykott und Verfolgung zu leiden. Gleiches galt für Homosexuelle und Andersdenkende.

Wie viele Menschen allein bis 1939 geflohen waren, dem Jahr der Eingemeindung des linken Babelsberg ins rechte Potsdam, weiß man nicht. Viele Regisseure, Drehbuchautoren und Schauspieler, die den Ruhm Babelsbergs einst mitbegründet hatten, machten zu diesem Zeitpunkt bereits in Hollywood Karriere.

Potsdam im Kasten

Potsdam und der 20. Juli 1944

Eines der berühmtesten Regimenter Potsdams war das Infanterie-Regiment 9, das auch „Graf Neun" genannt wurde, weil viele Adelige in dessen Reihen dienten. Als sich die anfängliche Begeisterung für den Nationalsozialismus schon längstens in Abscheu verkehrt hatte, die Front immer näher an Deutschland heranrückte und bereits Millionen von Juden ermordet und die Lazarette Potsdams voller Krüppel waren, schlossen sich so manche hier dienende Militärs dem Widerstand an. Einer der bekanntesten Widerstandskämpfer des Regiments wurde Henning von Tresckow, der sich nach dem gescheiterten Attentat auf Hitler am 21. Juli 1944 das Leben nahm. An ihn, an Oberst Claus Graf Schenk von Stauffenberg und den Widerstand made in Potsdam erinnert die kleine Ausstellung „Potsdam und der 20. Juli 1944" im ehemaligen Kasernengebäude des 9. Infanterieregiments, dem heutigen Ministerium für Infrastruktur und Landesplanung (Henning-von-Tresckow-Str. 2–8; Mo–Fr 10–17 Uhr; Eintritt frei).

Die Nacht von Potsdam

Tagsüber flogen die Amerikaner vorbei, nachts die Briten. Die Bomben fielen auf Berlin. An Potsdam schien das Unheil irgendwie vorüberzugehen. Bis zur Nacht vom 14. auf den 15. April 1945, der „Nacht von Potsdam". Als „die Sirenen ertönten, […] hielten wir es für eine vorsorgliche Warnung", notierte der Schriftsteller Hermann Kasack in seinen *Tage- und Nachtblättern* (→ Literaturtipp S. 190). Doch dann tauchten 512 britische Bomber am Himmel über Potsdam auf. Innerhalb von 30 Min. fielen 1752 t an Bomben auf die Stadt. Die gesamte Altstadt wurde ein Trümmerfeld. Das historische Stadtschloss, das Palais Barberini, das Rathaus, viele Straßenzüge waren Haus um Haus vernichtet. Am Hauptbahnhof flog ein Munitionszug in die Luft. Der Turm der Garnisonkirche stürzte am nächsten Tag ein. „Potsdam ist in wesentlichen Teilen seiner alten Straßen und Plätze eine gewesene Stadt", resümierte Kasack und fügte hinzu: „Seit jener Nacht haben sich die Gespenster leibhaftig in unserer Stadt eingenistet." 1593 Tote, vornehmlich Zivilisten, wurden verzeichnet. Es gibt auch Quellen, die deutlich höhere Zahlen angeben. Die Parkanlagen blieben dagegen weitestgehend unversehrt. Viele Kunstschätze hatte man vorsorglich ausgelagert.

13 Tage nach dem Luftangriff marschierten die Russen ein. Nun konnten die Potsdamer wieder die Fenster schließen, die sie wegen der vielen Detonationen hatten offen stehen lassen, um sie vor dem Zerspringen zu schützen. 13 Tage nach dem Einmarsch der Russen wiederum war der Weltkrieg durch die bedingungslose Kapitulation der Wehrmacht beendet.

Potsdamer Konferenz

Vom 17. Juli bis zum 2. August 1945 rückte Potsdam noch einmal in den Fokus der Weltöffentlichkeit: Die Siegermächte, vertreten durch Harry Truman, Josef Stalin und Winston Churchill, beschlossen auf der Potsdamer Konferenz die Denazifizierung, Demilitarisierung, Demokratisierung, Demontage und Dezentralisierung Deutschlands (→ Schloss Cecilienhof, S. 57).

Zeitgleich erreichten unermessliche Flüchtlingsströme die Stadt. Es gibt Quellen, die von 30.000 Flüchtlingen und mehr ausgehen. Manche machten nur kurz Station, viele zogen durch. Wo hätten sie auch bleiben sollen? Es gab keine Wohnungen mehr – nicht nur wegen der Zerstörungen, sondern auch wegen der Sowjets: Tausende von Wohnungen hatten die Russen für ihre Soldaten, ihren Geheimdienst und die Spionageabwehr beschlagnahmt. Peu à peu richteten sie eine Stadt in der Stadt ein, eine Stadt hinter Zäunen und Mauern, das sog. „Militärstädtchen Nr. 7" (→ S. 50). Wer verdächtig war, mit den Nazis im Bunde gewesen zu sein, verschwand. Auch ganze Industriebetriebe verschwanden, wurden abmontiert und abtransportiert. Sämtliche Lehrkräfte, die bis zum Jahr 1937 der NSDAP beigetreten waren, wurden entlassen.

Wiederaufbau und Abriss

1946 zählte Potsdam 113.000 Einwohner, über 20.000 weniger als vor dem Krieg. Jeder achte Einwohner war ein Vertriebener. Potsdam selbst war nun Landeshauptstadt der Provinz Brandenburg, ab 1952 – nach Auflösung der Länder – nur noch Bezirksstadt. Dazu Grenzstadt, ab 1961 trennten Mauer und Stacheldraht Potsdam von West-Berlin. Wer fortan in die Hauptstadt der DDR fahren wollte, musste einen großen Umweg machen. Wer dagegen nach West-Berlin fliehen wollte, lief Gefahr, erschossen zu werden. Mehr als 20 Menschen verloren im Gebiet der heutigen Landeshauptstadt bei der Flucht ihr Leben.

Posthofstraße: Hausfassaden erzählen Geschichten

Was von der Mauer übrig blieb: Im Norden Potsdams, an der **Bertinistraße**, steht noch ein alter Grenzwachturm (→ S. 59). Einen weiteren findet man 5 km nordwestlich von Babelsberg im **Europarc Dreilinden**. Der dortige Grenzkontrollpunkt mit einer kleinen, aber spannenden Ausstellung direkt neben der Autobahn ist von Mitte Mai bis Ende Okt. So von 11–16 Uhr geöffnet (www.checkpoint-bravo.de). Ein originales Mauerstück, heute ein Gedenkort, steht am östlichen Ende der **Stubenrauchstraße** in Babelsberg (uferseitig). Auch am **Groß Glienicker See** gibt es im Gutspark am nördlichen Seeufer eine kleine Mauergedenkstätte. Noch zahlreich vorhanden sind zudem die Mauern in den Köpfen mancher Menschen – egal ob aus Ost oder West.

Den Kriegsschutt schaffte man beiseite. Aus den Trümmern wurden aber keine Berge wie in Berlin und anderswo in Deutschland. Nein, in Potsdam baute man daraus die Wälle für die Tribünen des Ernst-Thälmann-Stadions, das sich im Lustgarten befand und 1999 abgerissen wurde.

Es folgte der Wiederaufbau des Rathauses und der Nikolaikirche, Letzterer zog sich bis 1981 hin. Die Altstadt baute man nur in Teilen wieder auf, vieles ließ man verfallen. Aus ideologischen Gründen wurde so mancher Prachtbau, der noch zu retten gewesen wäre, dem Erdboden gleichgemacht. Das Stadtschloss wurde gesprengt (1960) und der Alte Markt dadurch zu einer großen Freifläche für Kundgebungen. Die Neubauten, die in den 1960er- und 1970er-Jahren hinzukamen, hatten meist keinen Bezug zur alten Stadtstruktur. Dazu gehörten die Fachhochschule (2018 abgerissen) und das *Interhotel* (heute *Mercure Hotel*). Wie überall in Deutschland ließ der Glaube an eine neue Moderne viel historische Bausubstanz verschwinden.

Um der stetigen Wohnungsnot Herr zu werden, entstanden gen Südosten Großsiedlungen und Trabantenstädte wie Zentrum Ost, Schlaatz, Waldstadt, Drewitz und Am Stern.

Unter Kontrolle

Das gesellschaftliche und politische Leben hatte zu sein, wie es die SED wünschte. Nicht jeder aber hielt sich daran. Das wusste v. a. die Stasi. Die hiesige Stasi-Bezirksverwaltung war mit rund 4000 offiziellen und etwa 10.000 inoffiziellen Mitarbeitern die größte in der DDR. Die Stasi beobachtete die Hochschulen, hatte gar eine eigene Ausbildungseinrichtung in der Stadt. Sie beobachtete jene Schauspieler in Babelsberg, die keine Werbung für den Sozialismus machten. Sie beobachtete die Kirchen, die Kinder, die Westmünzen aus den Brunnen im Park Sanssouci fischten. Stasi-Mitarbeiter standen neben der Glienicker Brücke, wenn Agenten ausgetauscht wurden. Sie beobachteten Fußballer des *BSG Rotation Babelsberg* (später *BSG DEFA Babelsberg*) beim steten Auf- und Abstieg. Sie bespitzelten die Blueser, später die Popper, Punks und Skins. Und sie beobachteten oppositionelle Gruppen wie *ARGUS*, die die historische Bausubstanz retten wollte (gibt's noch heute). Als das *Neue Forum* am 4. Oktober 1989 in die Friedenskirche lud, schaute die Stasi nur zu. Als es drei Tage später, am 40. Jahrestag der DDR, die erste größere Demonstration gegen das System gab, folgten Verhaftungen. In den Wochen darauf gingen immer mehr Menschen auf die Straße, und das im ganzen Land: Auf dem Berliner Alexanderplatz demonstrierten am 4. November 500.000 Menschen, in Potsdam waren es 70.000 vor dem Brandenburger Tor. Sie pfiffen die DDR-Führung aus und lachten deren Macht förmlich nieder. Auf Plakaten stand „Glasnost statt Süßmost", „Reformen, aber unbeKrenzt" oder „Neue Männer braucht das Land". Fünf Tage später fiel die Mauer.

Potsdam im Kasten

Das ist unser Haus: Schwarzwohner und Hausbesetzer in Potsdam

Die Hausbesetzer der DDR nannte man „Schwarzwohner". Zentrum der Potsdamer Schwarzwohner war das Holländische Viertel, wo die Wohnungen noch in den 1980er-Jahren auf dem Stand der 1920er-Jahre waren. Nur etwa die Hälfte der Wohnungen besaß private Bäder, Toiletten gab es manchmal nur als Plumpsklos auf dem rattenverseuchten Hof. Die Bewohner – darunter viele Punks und Musiker – wussten sich zu arrangieren. Im Holländischen Viertel entstand eine von den Behörden weitgehend geduldete alternative Gegenöffentlichkeit.

Nach der Wende führten Leerstand (mindestens 1450 Wohnungen standen leer!) und gleichzeitige Wohnungsnot zu neuen Hausbesetzungen. Unterstützt wurde die Potsdamer Szene dabei von Kollegen aus Berlin. 1991 galt Potsdam gar als Stadt mit den meisten Hausbesetzungen Deutschlands. Insgesamt wurden in Potsdam in den 1990er-Jahren ca. 70 Häuser besetzt, darunter so prominente wie die *Villa Gutmann* in der Nauener Vorstadt (→ S. 59). Im Zentrum quartierte man sich vornehmlich in der heute so schmucken Gutenbergstraße ein (→ S. 37), die damals so heruntergekommen war, dass hier Kriegsfilme gedreht wurden und Touristen zum Sich-Gruseln kamen. *Dark Tourism* würde man das heute nennen.

Mit Kneipen, Cafés und Konzerten wurden die besetzten Häuser zu beliebten alternativen Kulturzentren. Nach einer Phase der Duldung wurde es den Behörden allerdings zu bunt: Ab 1993 kam es zunehmend zu Räumungen, die teilweise auch mit Straßenschlachten einhergingen. Andere Häuser konnten legalisiert werden und entwickelten sich zu wichtigen Kultureinrichtungen. Dazu gehören das *Waschhaus* an der Schiffbauergasse (→ S. 164) oder das *Archiv* an der Leipziger Straße (→ S. 164).

Alternatives Wohnprojekt Zeppi 25

Nachwendezeit

1990 wurde Brandenburg wieder hergestellt und Potsdam Landeshauptstadt. Im gleichen Jahr wurden die Potsdamer Schlösser und Parklandschaften in die UNESCO-Welterbeliste aufgenommen. Doch einladend sahen Schlösser und Stadt nicht aus: Potsdam war zur grauen Eminenz verkommen. Wegen ungeklärter Eigentumsverhältnisse ließ die Restaurierung der Altstadt jedoch auf sich warten. Eine Flut von Rückübertragungsanträgen überschwemmte die Ämter, 80 % der Altbausubstanz waren davon betroffen. Als die Potsdamer schließlich ihre Häuser modernisieren und sanieren konnten, war das Denkmalschutzamt fast so gefürchtet wie die Stasi. Westler ergatterten nun Traumgrundstücke an den Ufern der Seen zu Spottpreisen. Ostler verloren ihre Wohnungen, ihre Arbeit, ihre Stadt, in der sie groß geworden waren. Es entbrannte ein heftiger Streit über den Umgang mit dem baulichen Erbe der DDR. Was tun mit den Brüchen des 20. Jh.? Abriss für den Rekonstruktionswahn? Oder pflegen? Die Frage beschäftigte Ur- und Neu-Potsdamer gleichermaßen.

Potsdam im neuen Jahrtausend

Der Neuanfang war schwer. Aber schließlich begann die Stadt zu boomen, auch als Hochschul- und Wissenschaftsstandort. Neben vielen Studenten kamen gut bezahlte Akademiker und ITler, die sich den Nobelitaliener und das Edelparkett fürs Wohnzimmer leisten können. Der Zuzug ist enorm, über 20.000 Menschen im letzten Jahrzehnt.

Den Villen, Stuckaltbauten und SUVs der Gutbetuchten stehen die Menschen der Wohnstädte gegenüber: die Hartz-4-Empfänger, Minijobber und Rentner, die ihr Bier in Dönerbuden trinken (müssen), weil es keine Kneipen mehr für sie gibt. Was nicht zusammenpasst, wohnt und wächst auch nicht zusammen.

Potsdam im Kasten

Potsdam, Hauptstadt der Bürgervereine

Potsdam ist die Stadt der Bürgerinitiativen. Es gibt kaum etwas, dessen sich der Potsdamer nicht annimmt. Besonders aktiv ist er, wenn es um die Schätze der alten Preußendiva geht. So war es dem *Bauverein Klein-Glienicker Kapelle* zu verdanken, dass aus der einsturzgefährdeten Kapelle wieder ein Schmuckstück wurde. Ohne die Initiative *Mitteschön!* gäbe es vermutlich kein rekonstruiertes Stadtschloss. Zusammen mit dem *Bauverein Potsdamer Stadtkanal von 1722* bemüht man sich um die Wiederherstellung des historischen Wassergrabens. Genauso will *Mitteschön!* den Wiederaufbau der Garnisonkirche – im Gegensatz zur *Bürgerinitiative für ein Potsdam ohne Garnisonkirche*. Der *Förderverein Pfingstberg* schloss sich schon zu DDR-Zeiten zusammen, um Belvedere und Umgebung vor dem Verfall zu retten. Der *Bauverein Winzerberg Potsdam* kümmert sich um den schönen Weinberg vor den Toren Sanssoucis. Selbst einen Verein zur Rettung der Muschelgrotte im Neuen Garten gibt es. Ewig könnte man diese Liste weiterführen. Es gibt die *Initiative Griebnitzsee für alle*, die *Fördergesellschaft zum Wiederaufbau der Neptungruppe*, die *Freunde der Freundschaftsinsel*, den *Förderverein zur Pflege der niederländischen Kultur in Potsdam* oder die *Bürgerinitiative Plastik-Piraten*, die regelmäßig auf Müllsammeltour im Zentrum unterwegs ist. Können die nicht auch mal bei uns in Kreuzberg vorbeischauen?

Potsdam in Zahlen und Fakten

Lage: 13°03'46" östliche Länge, 52°23'49" nördliche Breite. Und gen Himmel gemessen: Stadtzentrum etwa 33,5 m über Höhennull. Die höchste Erhebung ist der Kleine Ravensberg mit 114 m über Höhennull.

Stadtfläche: Potsdam umfasst 188,17 km^2 Fläche, 7,5 % davon sind Verkehrswege, 23,3 % Siedlungsgebiet, 58,3 % Vegetation und 10,9 % Gewässer.

Wetter: In manchen Jahren werden über 120 Tage mit Temperaturen über 25°C gezählt, 2021 waren es aber nur 65. Absolute Höchsttemperatur: 39,1°C (9. August 1992). Kältester Tag ever: 11. Februar 1929 (–26,8°C).

Partnerstädte: Bonn, Opole (Polen), Jyväskyla (Finnland), Perugia (Italien), Sioux Falls (USA), Luzern (Schweiz), Sansibar (Tansania), Versailles und Bobigny (beide Frankreich).

Anderes Potsdam: Im St. Lawrence County im Bundesstaat New York gibt es ebenfalls ein Potsdam, 1806 gegründet, 16.000 Einwohner. Frank Billings Kellogg kommt von dort, kein Herr der *Corn Flakes*, sondern ein Friedensnobelpreisträger.

Zahl der Einwohner: 183.401 (1. Jan. 2022). Der größte Stadtteil ist Stern (17.013 Einwohner), der kleinste Sacrow (149 Einwohner).

Ausländer: Etwa 10 % der Einwohner haben keine deutsche Staatsangehörigkeit, Angehörige von rund 150 Nationalitäten leben in der Stadt.

Religionszugehörigkeit: Etwa 12,7 % sind evangelisch, 4,9 % katholisch, der Rest ist überwiegend religionslos (Statistischer Jahresbericht 2020).

Bildungseinrichtungen: Es gibt 144 Kindertageseinrichtungen und 43 Schulen. An der Universität Potsdam, der Fachhochschule Potsdam und der Filmuniversität Babelsberg sind rund 26.500 Studenten eingeschrieben.

Bildung: Etwa 44 % der Potsdamer besitzen eine Fach- oder Hochschulreife, damit liegt Potsdam weit über dem Bundesdurchschnitt (31,9 %).

Haushalte: Es gibt etwa 102.000 Haushalte, etwa jeder zweite ist ein Ein-Personen-Haushalt.

Einkommen: Das durchschnittliche verfügbare Pro-Kopf-Einkommen belief sich laut WSI 2019 auf 22.430 €, mehr als in Berlin (21.327 €).

Mieten: Der Mietpreisspiegel betrug laut wohnungsboerse.net 2022 für Mietwohnungen mit 30 m^2 15,02 €, bei solchen mit 60 m^2 12,21 €, bei 110 m^2 16,34 €.

Duo Infernale: Obelisk und Nikolaikirche

Verkehr: In Potsdam sind rund 80.000 Fahrzeuge angemeldet mit einem Durchschnittsalter von etwas über 10 Jahren. Das öffentliche Nahverkehrsnetz beträgt 350 km und hat 623 Haltestellen.

Kriminalität: Auf 1000 Einwohner kommen etwa 75 Straftaten. Nahezu jeder zweite Fall wird aufgeklärt, nicht jedoch bei den vielen Fahrraddiebstählen, da versagt die Arbeit der Polizei.

Tierisch: Etwa 7000 Hunde sind steuerlich erfasst. An wilden Tieren sind v. a. Ratten und Wildschweine unterwegs. Im nahen Kleinmachnow rannten schon 20 Wildschweine auf einmal quer durch den Ort, in Stahnsdorf stürmte schon mal ein Wildschwein ein Friseurgeschäft. In der Döberitzer Heide hat sich zudem ein Wolfsrudel angesiedelt.

Tourismus: Die rund 60 Beherbergungsbetriebe zählten in Vor-Corona-Zeiten rund 1,3 Mio. Übernachtungen jährlich, etwa 10 % der Übernachtungen entfielen auf Ausländer. Die durchschnittliche Aufenthaltsdauer beträgt 2,7 Tage.

UNESCO-Welterbe: Zum Potsdamer Welterbe gehören die Schlösser und Parks Sacrow, Glienicke, Babelsberg, Sanssouci und Charlottenhof, Schloss und Park Lindstedt, der Neue Garten mit dem Marmorpalais und Schloss Cecilienhof, die Dorfanlage Bornstedt mit Kirche und Friedhof, die Kolonie Alexandrowka, das Observatorium in Babelsberg und das Belvedere auf dem Pfingstberg – insgesamt mehr als 2000 ha. Potsdam ist zudem seit 2019 *UNESCO Creative City of Film*.

Politik/Wahlen: Die letzten Kommunalwahlen in Potsdam (2019) brachten der SPD 11 Sitze, der Linken und B90/Grüne jeweils 10 Sitze. Des Weiteren sind in der Stadtverordnetenversammlung vertreten: CDU (7 Sitze), DIE aNDERE (6 Sitze), AfD (5 Sitze), FDP (3 Sitze), Bürgerbündnis (2 Sitze), BVB/Freie Wähler und Die Partei (jeweils 1 Sitz). Häuptling im Rathaus: Mike Schubert (SPD, bereits seit Nov. 2018 Oberbürgermeister).

Wirtschaft und Wissenschaft: Potsdam war im Gegensatz zur Nachbarstadt Babelsberg (bis 1939) nie ein klassischer Industriestandort. Produzierendes Gewerbe ist rar. Potsdam ist eine „Stadt des Wissens“. Rund 30 Forschungsinstitute sind in Potsdam ansässig. Auf dem Telegrafenberg (→ S. 32) befinden sich Forschungszentren von Weltruf. Dementsprechend präsentiert sich die Wirtschaft forschungsnah.

Beliebte Tour: Schlösserrundfahrt mit „Gustav“

Potsdam ist eines der bedeutendsten Biotech-Zentren Deutschlands. Aber auch die Softwarebranche (*Oracle*-Niederlassung) und Entwicklungszentren *(Volkswagen Future Center)* machen Potsdam zu einem Innovationsstandort. Das BIP pro Kopf liegt über dem Bundesdurchschnitt. 92 % der Beschäftigten arbeiten im Dienstleistungssektor. Die Arbeitslosigkeit lag im April 2022 bei 4,7 %. Der Wirtschaft mangelt es an Fachkräften und an Gewerbeflächen.

Brandenburg: Das Bundesland Brandenburg ist mit 30.000 km² Fläche das fünftgrößte der Republik. Brandenburg umschließt Berlin und reicht im Osten bis zur polnischen Grenze. 2,5 Mio. Menschen leben in Brandenburg. Die Hauptstadt ist Potsdam. Bei einem Volksentscheid im Jahr 1996 sprachen sich 63 % der Brandenburger gegen eine Fusion mit Berlin aus.

Treff in der Brandenburger Vorstadt: die Waschbar

Kultur- und Nachtleben

Theater, Kino, Konzerte: Potsdam bietet von allem etwas. Berlin, die große Schwester nebenan, aber mehr. Das ist praktisch für die Potsdamer, aber der eigenen Kultur-, Club- und Barszene nicht förderlich.

Theater

Hans Otto Theater, → Karte S. 62/63. Die orangefarbene Muschel am Tiefen See ist das Wahrzeichen der Schiffbauergasse und ein echter Eyecatcher. Entworfen wurde das extravagante Potsdamer Stadttheater von Gottfried Böhm (2006 fertiggestellt). Benannt ist die Spielstätte nach dem von den Nazis ermordeten Schauspieler Hans Otto. Platz ist für knapp 500 Zuschauer. Programmschwerpunkte: Klassiker der Moderne, Romanadaptionen. Bespielt wird auch die benachbarte Reithalle. Hervorragende Kantine! (→ S. 64) Schiffbauergasse 11, ✆ 0331-98118, www.hansottotheater.de.

Kabarett Obelisk, → Karte S. 34/35. In dem Stadtpalast aus dem 18. Jh., in dem vormals eine Armenküche und ein Cholera-Lazarett untergebracht waren, wird Comedy (auch Gastspiele) geboten. Im Haus auch der kleine Livemusikclub *Charlotte* und eine gemütliche Kneipe. Charlottenstr. 31, ✆ 0331-291069, www.kabarett-potsdam.de.

Schlosstheater im Neuen Palais, → Karte S. 90/91. Das Theater ist eine kleine Augenweide im Stil des Friderizianischen Rokoko. Friedrich der Große saß übrigens immer in der dritten Reihe. Heute wird die Bühne von der Kammerakademie (www.kammerakademie-potsdam.de) und dem Hans Otto Theater (www.hansottotheater.de) bespielt. Am Neuen Palais.

Theater Poetenpack, das Ensemble mit vielfältigem Repertoire besteht seit 1999 und ist v. a. für sein stimmungsvolles Sommertheater bekannt. Bespielt werden u. a. der **Q-Hof**, ein charmanter historischer Bauernhof in der Brandenburger Vorstadt (Lennéstr. 37, Karte S. 90/91), und das **Heckentheater** im Park Sanssouci (nahe dem Neuen Palais, Karte S. 90/91), ein ungemein atmosphärisches Open-Air-Theater, das schon der Unterhaltung Friedrichs des Großen diente. Für die kalten Monate wurde zuletzt die **Zimmerbühne** (Zimmerstr. 12b, Karte S. 90/91) genutzt, der ehemalige Gemeinderaum der Adventistengemeinde, eine Zukunft dort ist jedoch ungewiss. Theaterbüro in der Lennéstr. 37, ✆ 0331-9512243, www.theater-poetenpack.de.

T-Werk, → Karte S. 62/63. Hier, in einem ehemaligen Pferdestall in der Schiffbauergasse, wird fast tägl. etwas geboten. Musiktheater, Schauspiel, Tanz, Konzerte, Lesungen u. v. m. Schiffbauergasse 4e, ✆ 0331-73042626, www.t-werk.de.

Fabrik, → Karte S. 62/63. Hier dreht sich alles um das Thema „Tanz": Tanztheater, Bewegungskunst, Performances usw., Kurse und Workshops. Tanzwütige können sich zudem beim „Tango Café" oder beim „Swingtee" zum Ringelpiez mit Anfassen treffen. Im angeschlossenen Café gibt es Mo–Fr leckeren Mittagstisch (/ €). Sehr nett außerdem: der hübsche Garten (Sa/So ab ca. 14 Uhr, sonst 10 Uhr), der in den warmen Monaten geöffnet hat (mit Beachvolleyball und Kinderspielplatz). Schiffbauergasse 10, ✆ 0331-240923, www.fabrikpotsdam.de.

Theaterschiff, → Karte S. 62/63. Zuweilen Theater, öfters aber Konzerte und Partys. → „Live-Musik und Partys".

Klassische Musik

MeinTipp **Nikolaisaal**, → Karte S. 34/35. Hier ein Konzert der Potsdamer Kammerakademie zu erleben – grandios! Auch wegen der Architektur. Spannend ist zudem die Geschichte des Konzertsaals für rund 700 Besucher. Das Gebäude der St.-Nikolai-Gemeinde wurde 1909 eingeweiht. Bis in die frühen 1980er-Jahre fanden hier auch Gottesdienste statt, da die Nikolaikirche dafür nach dem Krieg nicht mehr zu gebrauchen war. Im Jahr 2000 wurde der Nikolaisaal hinter der historischen Fassade von dem französischen Stararchitekten Rudy Ricciotti durch einen Neubau ersetzt. Der Saal mit seinen wellenförmigen Decken und geschwungenen Wänden bietet eine herausragende Akustik. Das Programm ist bunt: Sinfoniekonzerte, Kammermusik, Musicals. In dem Gebäudekomplex auch das nett-nostalgische *Café Ricciotti* mit Bestuhlung im lauschigen Hinterhof. Wilhelm-Staab-Str. 10–11, ✆ 0331-2888 828, www.kammerakademie-potsdam.de bzw. www.nikolaisaal.de.

Kammermusiksaal Havelschlösschen, → Karte S. 118/119. Hier organisiert der Instrumentenbauer Tilman Muthesius (was für ein Name – wie aus einem E.T.A.-Hoffmann-Märchen entsprungen ...) 1-mal im Monat überaus atmosphärische Kammerkonzerte, im Sommer auch unter freiem Himmel. Waldmüllerstr. 3a (Klein-Glienicke), ✆ 0331-7481496, www.gamben.de.

Diverse Konzerte und Orgelkonzerte werden auch in der **Nikolaikirche** veranstaltet. Infos dazu unter www.evkirchepotsdam.de.

Diverses

Fontane Archiv und Brandenburgisches Literaturbüro, → Karte S. 62/63. Beide Institutionen sitzen in der schönen *Villa Quandt* in der Nauener Vorstadt und bereichern das Gesellschaftsleben Potsdams mit interessanten Lesungen und Vorträgen. Große Weinmeisterstr. 46/47, www.fontanearchiv.de bzw. www.literaturlandschaft.de.

Kulturhaus Babelsberg, → Karte S. 104/105. Das Kulturhaus der Arbeiterwohlfahrt befindet sich im ehemaligen Rathaus, einem imposanten, reich geschmückten Klinkerbau aus dem Jahr 1900. Es bietet mehrmals monatlich Veranstaltungen zwischen Puppentheater und Konzerten (u. a. Jazz, Blues und Klassik), außerdem immer wieder Ausstellungen. Karl-Liebknecht-Str. 135, www.kulturhausbabelsberg.de.

Kino

Thalia Filmtheater, → Karte S. 104/105. Beliebtes Programmkino in Babelsberg, das es schon seit den 1920er-Jahren gibt. Nett die angeschlossene Bar *Konsum*. Rudolf-Breitscheid-Str. 50, www.thalia-potsdam.de.

Kino des Filmmuseums, → Karte S. 34/35. Das Kino zeigt neben aktuellen Produktionen auch historische Filme. Stummfilme werden von einer *Welte*-Kinoorgel begleitet. Breite Str. 1A, www.filmmuseum-potsdam.de.

UCI Kinowelt, → Karte S. 34/35. Popcornpalast inkl. IMAX in den Bahnhofspassagen, Babelsberger Str. 10. www.uci-kinowelt.de.

Sommerkino? Stars unter Sternchen gucken kann am besten im Waschhaus (→ S. 62/63). Mehr Infos unter www.waschhaus.de.

Live-Musik und Partys

T-Werk → Theater.

Fabrik → Theater.

Club Laguna **31**, → Karte S. 34/35. Tanzen über den Dächern Potsdams! Versteckt im OG der ehemaligen königlichen Hof- und Wagenschlosserei (heute die *Designetagen*) gelegener Danceclub samt Bar und Terrasse. „Gepflegtes Outfit und gute Manieren" sind erwünscht und werden von Stiernacken am Zugang zum Aufzug überprüft. 80s-Musik, House und diverse Themenabende. Fr/Sa 20–4 Uhr. Posthofstr. 5, keine Webseite, zu finden auf Facebook.

Waschhaus **10**, → Karte S. 62/63. In der einstigen Garnisonswäscherei am Kulturstandort Schiffbauergasse gibt es neben Partys und Livemusik hin und wieder auch Improtheater. Angeschlossen ist eine Kneipe mit Biergarten. Im Sommer trifft man sich zu spaßigen Open-Air-Veranstaltungen und zum Sommerkino (→ Kino). Schiffbauergasse 4, www.waschhaus.de.

Theaterschiff **13**, → Karte S. 62/63. Vor der Schiffbauergasse am Tiefen See. Mehr Kneipenschiff (Partys, Tanznächte, kleinere Konzerte) als wirkliche Theaterlocation. Auf dem Deck hübsch eingedeckte Tische samt Blümchen, wo man ein *Radeberger* zum Sonnenuntergang trinken kann. Nur Do–Sa 19–23 Uhr. Schiffbauergasse 9b, www.theaterschiff-potsdam.de.

Casino **4**, → Karte S. 62/63. Das ehemalige Offizierscasino auf dem heutigen FH-Campus ist ein selbst verwalteter, alternativer Studentenclub mit Kneipe und Konzertsaal. Cooles Ambiente, günstiges Bier, Billard. Veranstaltungen zwischen Dancehall-Party und Russendisco. Netter Sommergarten. Mo–Fr mal ab 12, mal ab 14 Uhr, manchmal auch Sa. Kiepenheuerallee 5, casino-fhp.de.

Pub à la Pub **44**, → Karte S. 34/35. Noch mal ein studentischer Nightspot, dieses Mal mitten in der City. Studentenpub und Studentenclub im Studentenwohnheim – hier geht es häufig rund, z. B. bei den *Bad Taste Partys!* Das studentische Personal arbeitet ehrenamtlich, absolut faire Preise. Tägl. ab 20 Uhr. Breite Str. 1, www.pubalapub.de.

Archiv **48**, → Karte S. 34/35. Am Fuß des Brauhausbergs. Erst Brauerei, dann Filmarchiv, dann besetztes Haus. Heute ein legalisierter „alternativer Kulturpalast" mit Kneipe, Café, punkigen Konzerten, auch open air. Wurde zuletzt umfangreich restauriert und könnte in Zukunft vielleicht ein wenig schicker werden. Leipziger Str. 6, www.archiv-potsdam.de.

Lindenpark **7**, → Karte S. 104/105. Das von außen wie ein Seminarzentrum wirkende „Jugendkultur- und Familienzentrum" in einer eher ruhigen Wohngegend in Babelsberg gehört sicher nicht zu den hipsten Orten auf diesem Planeten. Was soll's? Geboten werden Konzerte (Deutschrock, Synthie, Ska), Partys (La Boum), Theater, Comedy und diverse familienfreundliche Events. Mit *Waldcafé* und Skaterbahn. Stahnsdorfer Str. 76–78, www.lindenpark.de.

Kneipen und Bars

Hafthorn **12**, → Karte S. 34/35. Durch und durch sympathische Hinterhofkneipe mit stimmungsvollem Außenbereich, der schöne Sommerabende noch schöner macht. Und satt wird man auch! Es gibt riesige Burger, Sonntag ist Schnitzeltag. Dazu süffiges *Litovel*-Bier aus Tschechien. Mo–Fr ab 17.30 Uhr, Sa/So ab 13 Uhr. Friedrich-Ebert-Str. 90, www.hafthorn.de.

Stichwort Rauchen: In der Regel ist Rauchen in den Bars verboten. Es gibt aber immer Ausnahmen von der Regel ...

La Leander **1**, → Karte S. 34/35. Das queere, leicht plüschige Wohnzimmer der City. Unprätentiös, ausgesprochen nett und heterofreundlich. Alt, mittelalt, jung – alles da. Hier trifft man sich nachmittags auf ein Stück Kuchen, abends zum Picheln (es gibt u. a. *Andechser* Bier) und nachts zum Feiern. Tägl. 15–1 Uhr. Benkertstr. 1.

meinTipp **Waschbar** **10**, → Karte S. 90/91. Waschsalon, Kneipe und Kieztreff in einem Flachbau mit schräger Kunst auf dem Dach. Coole, kleine Terrasse, *Astra*-Bier, Chili und Burger. Immer wieder Lesungen, Konzerte und kleine Partys. Zukunft allerdings ungewiss. Bleibt nur zu hoffen, dass die einstöckige Waschbar keinem mehrstöckigen Neubau weichen muss. Mo–Fr 17–1 Uhr, Sa/So ab 15 Uhr. Geschwister-Scholl-Str. 82.

Bar Fritz'n **13**, → Karte S. 34/35. Ansprechende Cocktailbar im urbanen Chic, viel braunes Leder. Gefällt der Crowd, meist ist es ziemlich voll. Man kann auch nett draußen auf dem Gehweg sitzen. Tägl. 18–3 Uhr. Dortustr 6, www.barfritzn.de.

Gleis 6 **8**, → Karte S. 104/105. Ein netter, unprätentiöser Treff in Babelsberg unter den Gleisen der S-Bahn. Sportbar & mehr, neben viel Bier gibt's Baguettes, Flammkuchen, Burger und Aufläufe. Mo–Sa 17–1 Uhr. Karl-Liebknecht-Str. 4 (S-Bahnhof Babelsberg), www.gleis-6.de.

Olga **34**, → Karte S. 34/35. Die selbst ernannte „Trinkkaschemme" des alternativen Hausprojekts Charlotte 28. Billig, anarchistisch und ein wenig ranzig. Burschenschaftler, Spitzel und Bullen fliegen raus! Tägl. ab 19 Uhr. Charlottenstr. 28, www.olga.ch28.org.

Unscheinbar **41**, → Karte S. 34/35. Cocktailbar mit breiter Fensterfront und vornehmlich studentischem Publikum. Die Musik dürfte nach unserem Geschmack etwas zeitgemäßer sein. Vielleicht wird sie es ja später, immerhin ist es die Open-End-Bar der Stadt. Mo–Sa ab 19 Uhr. Friedrich-Ebert-Str. 118, www.unscheinbar-potsdam.de.

Potsdam rund ums Jahr

Januar

Unterwegs im Licht – diverse Gebäude werden bunt illuminiert, es gibt einen Laternenumzug, Ausstellungen, Food-Trucks auf dem Alten Markt usw. Meist Mitte Januar.

Made in Potsdam – Festival aktueller Kunst in der Fabrik Potsdam. Mit Malerei, Literatur, Tanz, Musik usw. Start in der zweiten Januarhälfte, geht bis in den Februar. www.fabrikpotsdam.de.

Februar

Potsdamer Winterzirkus – an den Wochenenden internationale Zirkuskunst in der Schiffbauergasse. www.t-werk.de.

April

Tulpenfest im Holländischen Viertel – meist Mitte April, mit Musik, Gänsemarsch, holländischen Spezialitäten usw. www.potsdam-tulpenfest.de.

Sehsüchte – 5-tägiges internationales Studentenfilmfestival der Filmuniversität Babelsberg Konrad Wolf. Meist in der zweiten Aprilhälfte in den Babelsberger Kinos. www.sehsuechte.de.

Potsdamer Flottenparade – die Potsdamer Flotte mit ihren acht Schiffen legt vom Pier an der langen Brücke ab. Die Korsofahrt bildet den Auftakt zur saisonalen Ausflugsschifffahrt. Parallel dazu das Hafenfest mit Livemusik und Wakeboardshow. Meist Ende April. www.schiffahrt-in-potsdam.de.

Rhythm Against Racism – kleines, aber nettes Musikfestival für Toleranz auf dem Luisenplatz, das stets am 30. April über die Bühne geht. Eintritt frei. Line-up auf www.rhythm-against-racism.de.

Nachts ziemlich still: das Holländische Viertel

Mai

1. Mai – Gewerkschaften, Linke, SPD und Grüne laden zur traditionellen Maikundgebung ein. Der Zug startet meist um 10 Uhr auf dem Platz der Einheit.

Christopher Street Day (CSD) – buntes Straßenfest vor dem Szenelokal La Leander in der Benkertstraße. Höhepunkt ist der Queensday mit Parade. Meist Anfang Mai, Datum und Programm auf csd-potsdam.de.

Baumblütenfest in Werder – es war mal das größte Volksfest in den neuen Ländern. In den letzten Jahren fiel es wegen Corona und Sicherheitsbedenken aus. Ob es 2023 stattfindet, war bei Drucklegung noch ungewiss. Sollte das 9-tägige Fest aber wieder einmal (i. d. R. Anfang Mai) über die Bühne gehen, dann erwartet Sie ein Remmidemmi mit Riesenrad, Baumblütenkönigin, Karussells, Buden, mehreren Bühnen und rund einer halben Million Besuchern. In der Altstadt geht es „Atemlos durch die Nacht" zum prolligen Kollektivbesäufnis. Sehr schön sitzt man hingegen in den idyllischen, privaten Obstgärten auf der Friedrichshöhe nordwestlich der Inselstadt. Dort gibt es zu Bio-Obstwein selbst gebackene Kuchen und leckere Snacks (und zwar auch dann, wenn das Baumblütenfest als Megaveranstaltung ausfällt). Zum Fest bietet die Weiße Flotte Sonderfahrten per Schiff von Potsdam an. Mehr zu Werder → S. 126. www.baumbluetenfest.com.

Potsdamer Tanztage – zwölf Tage lang wird die Landeshauptstadt Brandenburgs zur Bühne der internationalen Tanzszene. www.fabrikpotsdam.de.

Potsdamer Antik-Meile – die Jäger- und die Gutenbergstraße laden ein Wochenende lang zum Stöbern ein. Rund 70 Stände von Antiquitätenhändlern, Trödlern und Kunsthandwerkern. Eine zweite Antik-Meile findet Ende September statt. www.potsdamer-antikmeile.de.

Juni

Pro Potsdam Schlösserlauf – Halbmarathon, meist Anfang Juni. Infos und Anmeldung unter www.potsdam-schloesserlauf.de.

Spargelfest in Beelitz – am ersten Juniwochenende feiert Beelitz. Höhepunkt: der Festumzug am Sonntag samt Spargelpyramide und Spargelkönigin. www.beelitz.de.

Fahrradkonzert – beim sog. Fahrradkonzert (meist am zweiten Juniwochenende) radeln nicht die Musiker, sondern die Besucher. Mit dem Fahrrad geht es von Konzert zu Konzert in und um Potsdam. Tickets, Programm und Routenvorschläge auf musikfestspiele-potsdam.de.

Musikfestspiele Potsdam Sanssouci – an verschiedenen Orten im Park Sanssouci. Jedes Jahr unter einem anderen Motto. Dauer etwa 2 Wochen. Das Programm: Konzerte, musikalische Spaziergänge, Kunst, Jazznacht, Kinderoper u. v. m. www.musikfestspiele-potsdam.de.

Lange Nacht der Wissenschaften – meist Ende Juni steigt in Berlin die Lange Nacht der Wissenschaften, an der rund 70 Forschungseinrichtungen teilnehmen. Aus Babelsberg beteiligen sich daran auch Institute des Wissenschaftsparks Albert Einstein (u. a. Alfred-Wegener-Institut, Deutsche Geoforschung, Leibniz-Institut für Astrophysik, Institut für Klimaforschung) auf dem Telegrafenberg. Was auf dem Programm steht, erfährt man unter www.langenachtderwissenschaften.de.

Fête de la Musique – ein Mega-umsonst-und-draußen-Event. Rund 100 Bands und DJs auf 40 Bühnen. Jedes Jahr zum kalendarischen Sommeranfang am 21. Juni. www.fete-potsdam.de.

Stadt für eine Nacht – die gesamte Schiffbauergasse gerät für 24 Std. in Bewegung mit Musik, Theater, Kunst, Film, Literatur und Gastronomie. Meist Ende Juni. www.stadtfuereinenacht.de.

Juli

Lange Kunstnacht – meist Anfang Juli oder Ende Juni. Steht jedes Jahr unter einem anderen Motto, es gab schon „Die Lange Nacht der Meisterwerke“, „Die Lange Nacht des Wassers“ oder „Die Lange Nacht der Kirchen und Klöster“. www.langekunstnacht.de.

Königliches Weinfest – bei dem Weinfest am Klausberg präsentieren Winzer aus verschiedenen Regionen Deutschlands ihre Tropfen. Der Erlös kommt der Rekultivierung des Königlichen Weinbergs unterhalb des Belvedere am Klausberg zugute. Meist am ersten oder zweiten Wochenende im Juli. www.koeniglicher-weinberg.de.

Potsdamer Erlebnisnacht – am letzten Samstag im Juli wird die Brandenburger Straße zur Partymeile mit Konzerten, Shows und spritzigen Cocktails. www.potsdamer-erlebnisnacht.de.

August

Feuerwerkersinfonie – Feuerwerksspektakel mit Pyrotechnikern aus verschiedenen Ländern im Volkspark Potsdam. Entweder Ende Juli oder Anfang August. www.volkspark-potsdam.de.

Schirrhofnächte – erfrischendes Sommertheater (Komödien, Musik, Drama usw.) unter freiem Himmel (bei Regen im T-Werk). Mitte August in der Schiffbauergasse, Dauer ca. 10 Tage. www.t-werk.de.

Potsdamer Schlössernacht – der Park Sanssouci verwandelt sich in eine illuminierte Wunderkammer. Bands spielen auf verschiedenen Bühnen. Meist Mitte August. www.potsdamer-schloessernacht.de.

Lange Nacht der Museen – meist Ende August, manchmal sind auch die Schlösser dabei.

September

Töpfermarkt – an die 100 Keramiker und Kunsthandwerker präsentieren sich im Holländischen Viertel. Meist Anfang September.

Wannsee in Flammen – großer Schiffsreigen unterm Feuerwerk. Die Korsofahrt der Fahrgastschiffe der Berliner und Potsdamer Reedereien findet meist Mitte September statt. Die Schiffe starten in Potsdam an der Langen Brücke, je nach Schiff mit Dinner-

Lichtspiel: aufgetakelter Marstall zum Potsdamer Spektakel „Unterwegs im Licht"

musik, Rockmusik oder Schlagerparty (inkl. Getränke ca. 70 €/Pers.). www.schiffahrt-in-potsdam.de.

Tag des offenen Denkmals – stets am 2. Sonntag im September. Häuser und Institutionen öffnen ihre Türen, die sonst der Öffentlichkeit verschlossen bleiben. Wer Glück hat, kann so auch in die eine oder andere Villa spitzen. Immer spannend und absolut empfehlenswert.

moving history – Festival des historischen Films. Gezeigt werden dokumentarische und fiktionale Filme zu historischen Themen, überwiegend im Filmmuseum und im Thalia-Programmkino. Meist Ende September. www.moving-history.de.

Potsdamer Antik-Meile → Mai.

Oktober

Unidram – internationales Theaterfestival von Ende Oktober bis in den November hinein. Sehr experimentierfreudig, sehr spannende Gastspiele. www.t-werk.de.

November

Potsdamer Winteroper – ein kulturelles Highlight im Veranstaltungskalender der Stadt. Die Aufführungen finden im Schlosstheater des Neuen Palais statt, verantwortlich zeichnen die Kammerakademie und das Hans Otto Theater. Vorverkauf über das Hans Otto Theater (→ S. 162). www.kammerakademie-potsdam.de.

Potsdamer Lichtspektakel – beim 3-tägigen Lichterfestival werden bedeutende Potsdamer Bauwerke farbig illuminiert – am schönsten zu fotografieren in der Blauen Stunde. www.potsdamer-lichtspektakel.de.

Dezember

Blauer Lichterglanz – der traditionelle Potsdamer Weihnachtsmarkt mit einem blau leuchtenden Weihnachtsbaum und einer Eisbahn startet meist schon Ende November. Er findet zwischen der Kirche St. Peter und Paul und dem Luisenplatz statt. Am 5. Dezember steht die *Lange Nacht der Nikoläuse* an. www.potsdam.de.

Sinterklaas-Fest – der Weihnachtsmarkt am ersten oder zweiten Dezemberwochenende im Holländischen Viertel. Musik, Matjesbrötchen, Kniepertjes, Genever und Sinterklaas zu Pferde ...

Böhmischer Weihnachtsmarkt – er findet am ersten und zweiten Adventwochenende auf dem Weberplatz in Babelsberg statt. Viele Händler, Schausteller und Wirte folgen böhmischen Traditionen, zudem gibt's eine Böhmische Hirtenmesse und manchmal auch unböhmische Gospelgesänge ...

Silvester – Partys gehen u. a. am Brandenburger Tor und im Waschhaus (Schiffbauergasse) über die Bühne. Klasse Ausblicke auf die Feuerwerkslandschaft hat man vom Schloss Sanssouci, vom Pfingstberg, vom Brauhausberg und vom Flatowturm (Babelsberger Park).

Summer in the city

Sport, Spaß und Spa

Es muss nicht immer nur Sightseeing sein. Mit bleibenden Eindrücken fahren auch die nach Hause, die die Seen rund um Potsdam per Boot oder im Kanu erkundet haben, im Schwebebad gefloatet sind, im Strandbad relaxt oder sich die Stadt von oben angesehen haben. Im Folgenden ein paar Tipps zum Schwitzen, Zuschauen oder Müßiggehen.

Gute Aussichten

In den Himmel über Potsdam

Rundflüge werden vom Flugplatz Schönhagen (ca. 30 km südlich von Potsdam) angeboten. Für eine Stunde muss man mit 480 € rechnen. Ein Anbieter ist Mike Zugehör, ✆ 0177-5043090, www.potsdamer-rundfluege.de.

Ballonreisen Schäfer bietet ein- bis anderthalbstündige Heißluftballonflüge von Beelitz über das schöne Havelland an. Kostenpunkt: 240 €/Pers. Treuenbrietzener Str. 31, Beelitz, ✆ 033204-41955, www.ballonreise.de.

Die besten Aussichtspunkte

Kuppel der Kirche St. Nikolai → S. 23.

Dachterrasse der Landtagskantine → S. 34.

Belvedere auf dem Pfingstberg → S. 54.

Flatowturm im Park Babelsberg → S. 94.

Turm der Kirche von Petzow → S. 131.

Aussichtsturm auf dem Wietkiekenberg → S. 139.

Baumkronenpfad in Beelitz-Heilstätten → S. 143.

Turm der Garnisonkirche (ab 2024) → S. 28.

Eislaufen

In bitterkalten Wintern kann man über die gefrorenen Seen und Kanäle gleiten – ein ganz besonderes Gefühl der Freiheit. Ansonsten bietet sich dazu die **Caligari Halle** im Filmpark Babelsberg an (Großbeerenstr. 200, nur Dez. und Jan., 7,50 €, Öffnungszeiten auf www.filmpark-babelsberg.de).

Golf

Rund um Potsdam laden drei Plätze zum Golfen ein, der **Märkische Golfclub Potsdam** (27 Loch, bei Kemnitz, ca. 20 km westlich von Potsdam, www.dermaerkische.de), der **Golf Club Gatow** (24 Loch, 18 km nordöstlich von Potsdam bei Kladow, www.golfclubgatow.de) und der **Golf- und Landclub Berlin Wannsee** (27 Loch, 9 km östlich von Potsdam bei Wannsee, www.wannsee.de). **Tipp:** Lassen Sie sich für 10 € vom **Golfverband Berlin-Brandenburg** (✆ 030-8236609, www.gvbb.de) die Hauptstadt-Golf-Karte zuschicken. Damit erhalten Sie auf vielen Plätzen Sonderkonditionen.

Hochseilgarten

AbenteuerPark Potsdam, → herausnehmbare Karte. Er ist einer der größten und abwechslungsreichsten Kletterwälder Deutschlands. 170 Elemente auf 1,7 km Gesamtlänge, darunter eine 200 m lange Seilrutsche. 10 Parcours in unterschiedlichen Höhen stehen zur Auswahl, wer schwindelfrei ist, kann bis 12 m Höhe aufsteigen. Bevor es losgeht, bekommt man Gurt- und Sicherheitseinweisungen. Feste Schuhe mitbringen. Erw. ab 27 €, erm. ab 12 €. April–Okt. geöffnet, von etwa Mitte Juni bis Anfang Aug. tägl. 10–19 Uhr, sonst nur Mi–So, ab Mitte Sept. frühere Schließzeiten. Auf dem Weg zum Wissenschaftspark. Albert-Einstein-Str. 49, www.kletterpark.info.

In die Arena

Zum Fußball

FFC Turbine Potsdam, der Frauen-Bundesligist und mehrfache Deutsche Meister und Champions-League-Sieger spielt im Karl-Liebknecht-Stadion. Bereits die DDR-Auswahl bestritt hier WM-Qualifikationsspiele (u. a. 1977 das legendäre 9:0 gegen Malta). Das „Karli" fasst 10.800 Zuschauer und ist ein reines Fußballstadion (also ohne Tartanbahn ums Spielfeld). Als einziges Stadion Deutschlands hat es einklappbare Flutlichtmasten, um die UNESCO nicht zu verärgern und den Blick auf den Welterbe-Flatowturm nicht zu behindern. Karl-Liebknecht-Str. 90, www.turbine-potsdam.de. Das Stadion erreicht man von Potsdam Hauptbahnhof mit Bus 694 (Ausstieg Haltestelle Spindelstraße) oder vom S-Bahnhof Babelsberg mit Bus 616 (Ausstieg Karl-Liebknecht-Stadion).

SV Babelsberg 03, der momentane Herren-Regionalligist spielt ebenfalls im Karl-Liebknecht-Stadion (s. o.). So manche Fans träumen noch immer von der Saison 2000/2001, als der Aufstieg in die 2. Bundesliga gelang (leider stieg man im Jahr darauf wieder ab). www.babelsberg03.de.

Der SV Babelsberg 03 hat eine lange Tradition als sozial und politisch engagierter Club. Die Fanszene von „Nulldrei" ist alternativ geprägt, wendet sich gegen Rassismus und Homophobie. Wenn die Cottbusser kommen und den Hitlergruß zeigen, skandieren die Babelsberger „Nazischweine raus!" Von 2014–2018 schickte der SV Babelsberg auch eine Mannschaft an den Start, die aus Flüchtlingen bestand und als *Welcome United 03* um Punkte spielte.

Zum Volleyball

SC Potsdam, nicht nur im Fußball sind die Potsdamer Frauen erstklassig, sondern auch im Volleyball. Bundesligaspiele und CEV-Cup-Spiele finden in der MBS-Arena statt, Olympischer Weg 6, zu erreichen mit Tram 91 und 94 (Ausstieg Haltestelle Luftschiffhafen). www.sc-potsdam.de.

Ins Wasser

Bei so vielen Seen vor der Haustür sind gute Bademöglichkeiten und Strandbäder niemals weit. Wer den Nichtsblicker aus der Fremde nicht raushängen lassen möchte, verkneift sich die Frage: „Wo bitte geht's denn hier zum See?"

Drinnen

Blu, → Karte S. 34/35. Ein Klotz von einem Sport- und Spaßbad am Brauhausberg. Mit Wettkampf- und Erlebnisbecken, Sauna- und Wellnessangeboten, Rutsche und Planschbecken. Im Gebäude auch eine Ausstellung mit Fotos aus alten Potsdam-Tagen. Ab 4,90 € für 2 Std., erm. 2–3 €. Aktuelle Öffnungszeiten auf www.swp-potsdam.de oder unter ✆ 0331-6619851. Schräg gegenüber vom Hauptbahnhof, Brauhausberg 1, www.swp-potsdam.de.

Havel-Therme → S. 129.

Badestellen und Seebäder

Badeplatz am Heiligen See, → Karte S. 62/63, am Nordostufer des Sees mitten im Weltkulturerbe vor der Kulisse des Marmorpalais. Familien, Kinder, Jugendliche und auch Promis aus den umliegenden Villen zieht es zu dieser Badestelle an dem nur 8 m tiefen Gewässer. Fast 300 m langer Badebereich mit Schatten spendenden Zedern. Schmale Zugänge ins Wasser, kein Sandstrand. Getränke oder einen Picknickkorb bringt man selber mit. Viele baden nackt, auch wenn es laut Parkordnung verboten ist. Ein Toilettenhäuschen gibt es etwa 200 m nördlich der Liegewiese (versteckt hinterm Grünen Haus). Wer nicht zur Badestelle radeln will, nimmt Tram 93 bis Glienicker Brücke (Endstation), spaziert dann am Jungfernsee Richtung Cecilienhof entlang und hält sich hinter der Schwanenbrücke links.

Stadtbad Park Babelsberg, → Karte S. 104/105. Am Tiefen See mit Blick auf die Berliner Vorstadt und vorüberziehende Ausflugsschiffe. Sehr hübsch und gepflegt, mit Strandkörben und Bastschirmen. Gleichzeitig viel Trubel, überaus beliebt bei Jung (Schaukel, Wippe, Rutsche, Tretboote) und Alt (bei faulen Bierpichlern und Rundenschwimmern). Verpflegung einfach (vieles aus der Fritteuse) und preiswert. 4,90 €, erm. 2–3 €. Anfang Mai bis Mitte Sept. Im Park Babelsberg, Park Babelsberg 2, www.swp-potsdam.de. Tram 94 und 99 bis Haltestelle Humboldtring/Nuthestraße, von dort aus noch etwa 700 m zu Fuß.

Seebad Caputh → S. 137 und Karte S. 138/139.

Waldbad Templin → S. 137 und Karte S. 138/139.

Strandbad Ferch → S. 140.

Strandbad Werder → S. 129.

Aufs Wasser

Die Havelseen und Kanäle der Umgebung sind wie geschaffen fürs Wasserwandern mit dem Kanu oder Kajak, für entspannte SUP- oder Floßtrips. Allein die Strecke auf der Havel an der Stadt vorbei beträgt 10 km, die beliebte Kanurunde um die Insel Töplitz 24 km (→ S. 124), 45 km sind es einmal um die „Insel Potsdam". Alles Wissenswerte zum Wasserwandern, eine detaillierte Karte, Infos zum Schleusen, Tourentipps, Anlegestellen und Verleiher auf www.potsdamer-brandenburger-havelseen.de.

Bootsverleiher und SUP-Anbieter

Huckleberrys, → Karte S. 62/63. Vermietet führerscheinfreie Flöße mit wetterfestem Auf-

Lässigstes Strandbad rund um Potsdam: Strandbad Caputh

bau (Kopf einziehen) für max. 8 Pers. Trockentoilette, Isomatten oder Kochmöglichkeiten können hinzugebucht werden. Ab 180 €/Tag, auch mehrtägige Touren möglich, z. B. mit 2 Übernachtungen ab 293 €. Verleihstation direkt an der Havel (unterhält auch eine Verleihstation in Werder), Schiffbauergasse 9, ✆ 030-20674902, www.huckleberrys-tour.de.

Marina am Tiefen See, → Karte S. 62/63. Verleiht führerscheinfreie Boote (ab 85 €/4 Std.) und führerscheinpflichtige Boote (ab 105 €/4 Std.), nett sitzt man nach der Tour im dazugehörigen Bootshaus. Ebenfalls direkt an der Havel, Schiffbauergasse 8, ✆ 0331-8170 617, www.marina-am-tiefen-see.de.

Bootsvermietung Moisl, → Karte S. 34/35. Auf der Freundschaftsinsel, fast am östlichen Ende der Insel (hinterm Spielplatz, ✆ 01520-1688883). Hat Ruderboote (12 €/Std.), Kajaks (ab 60 €/Tag), Kanadier (75 €/Tag) und lustige Tretboote (20 €/Std.) im Programm. Unterhält auch beim Waldbad Templin eine Verleihstelle (Templiner Str. 102, ✆ 033209-84779), dort mit gemütlicher Bar, Wasserskiangebot (40 €/15 Min.) und SUP (15 €/Std.). www.bootsvermietung-freundschaftsinsel.de.

Kolula SUP, Kolula-SUP-Boxen stehen im Kulturquartier Schiffbauergasse. Boards lassen sich hier online mieten, 1 Std. kostet 10 €, weitere Infos unter www.kolula.com.

SUP Trip Potsdam, → Karte S. 90/91. Am Yachthafen in Potsdam West. Bietet nicht nur Boardverleih (ab 15 €/Std.), sondern auch Touren, Kurse für Anfänger und Yoga auf dem Board. Kastanienallee 22c, ✆ 0157-32387346, www.sup-trip.de.

Ein großes Wassersportangebot bietet auch der Campingplatz Sanssouci, → S. 185, www.camping-potsdam.de. Für Wasserski und Wakeboard → Waldbad Templin, S. 137. Tipps für Trips ab Werder finden Sie hierauf S. 128.

Aus dem Wasser

Angelkarten für Raub- und Friedfische bekommt man u. a. beim Naturkundemuseum (→ S. 29), man kann sie auf www.fsv-havel.de direkt runter- und aufs Handy laden. Tageskarten kosten 15 €, eine Fischereiabgabe aus anderen Bundesländern wird anerkannt. Friedfische dürfen in Brandenburg ab

SUP: Macht Spaß und hält schlank

acht Jahren ohne Fischereischein geangelt werden.

Picknick und BBQ

Hübsche Picknickplätze findet man in allen Parkanlagen. Doch an fast allen schönen Plätzen in und um Potsdam ist das Grillen verboten. Wegen der hohen Waldbrandgefahr sollte sich auch keiner über das Verbot hinwegsetzen. Einzig und allein im Volkspark (→ S. 172) sind Bereiche fürs Grillen ausgewiesen. Wer keinen eigenen Grill dabeihat, findet auch fest installierte.

Wellness und Spa

DaySpa des Inselhotels **17**, → Karte S. 90/91. Bietet Badezeremonien, Massagen, energetische Anwendungen, Wohlfühlrituale und, und, und. Mehr zum Hotel → S. 183, www.inselhotel-potsdam.de.

Medical Wellness & Massagen Potsdam, → Karte S. 34/35. Klassische und innovative Massagen mit einem Hauch von Fernost. Leiblstr. 26, www.massagen-in-potsdam.de.

Die Baumgartenbrücke

Potsdam mit Kindern

Eine Liste aller Abenteuerspielplätze und diverse Anregungen für Unternehmungen mit Kindern finden Sie auf www.hastnplan.de. Infos zu familiengerechten Veranstaltungen hält www.potskids.de parat. Hier noch ein paar besondere Tipps für drinnen und draußen.

Draußen

AbenteuerPark Potsdam → herausnehmbare Karte (H8). Der Hochseilgarten auf dem Weg zum Wissenschaftspark verfügt auch über einen Kids-Parcours (bis 1,5 m Höhe). Eine Mindestgröße von 100 cm ist jedoch erforderlich. Mehr zum AbenteuerPark Potsdam → S. 169.

Volkspark Potsdam, → Karte S. 62/63. „Betreten des Rasens erbeten" ist hier das Motto – im Gegensatz zu den gepflegten Grünanlagen rund um die Schlösser. Radeln, skaten, grillen – alles erlaubt. Großes Angebot für Kinder, u. a. Kletterwand, Riesenrutsche, Trampolin, Minigolf und Spielplätze, darunter auch ein Wasserspielplatz. Sa/So werden Märchen in Jurten vorgelesen (Zeiten auf www.nomadenland.de). Neben dem Wasserspielplatz gibt es das *Haus im Park*, ein nettes Café zum Relaxen für die Eltern (www.dashausimpark.com). Witzig ist der Discgolfparcours mit 15 Bahnen, einer der besten Deutschlands. Discgolfen funktioniert ähnlich wie Golfen, nur dass man Frisbeescheiben in Körbe versenkt. Scheiben gibt's im Infopavillon zu leihen. Tägl. 5–23 Uhr. Eintritt im Sommer 1,50 €, erm. 0,50 €. Georg-Hermann-Allee 101, www.volkspark-potsdam.de. Zu erreichen mit Tram 96 (Haltestelle Volkspark).

Kinderflohmärkte, veranstaltet hin und wieder das *Haus im Park* (→ Volkspark Potsdam), Termine auf www.kinderflohmarkt-potsdam.de.

Falkenhof Ravensberg. Wandert man von Waldstadt im Süden Potsdams das Ravensberggestell hinauf, gelangt man zum Falkenhof des Wald-, Jagd- und Naturerlebnis e. V. Im Sommer finden hier Flugshows statt, dabei sieht man Greifvögel auf Beuteattrappen herabstoßen (Sa/So um 14 Uhr, 9,50 €, erm. 6,50 €). Zudem erfährt man allerlei über die Falknerei. Angeschlossen sind eine Jagdausstellung und ein Streichelzoo. Hunde sind auf dem Gelände nicht erlaubt. Ravensberggestell 2, www.waldhaus-potsdam.de. Mit dem Auto von der Heinrich-Mann-Allee ausgeschildert, vom Parkplatz noch etwa 20 Min. zu Fuß den Berg hoch. Mit Straßenbahn 93 bis Haltestelle E.-Claudius-Str./H.-Mann-Allee, dann über die Straßen Am Försteracker und Hasensprung bis zum Waldrand, dann ausgeschildert.

Barfußpark in Beelitz-Heilstätten, → S. 143 und Umschlagklappe hinten.

Garnisonkirche → S. 28, die Baustellenführungen sind auch für ältere Kinder spannend.

Waldbad Templin, von den vielen traumhaften Seebädern rund um Potsdam ist dieses besonders für Familien geeignet: tolle Rutschanlage, Sandstrand zum Buddeln etc. → S. 137.

Weitere Badestellen und Schwimmbäder siehe hierauf S. 169.

Filmpark Babelsberg → S. 98.

Pfaueninsel → S. 114.

Tandemtouren → S. 182.

Floßfahrten → S. 170.

Wasserwandern → S. 170.

Drinnen

Stiftung Preußische Schlösser und Gärten, bietet neben Audioguides (für die Schlossbesichtigungen), Workshops und Theateraufführungen für Kinder auch spezielle Führungen für Familien mit Kindern an, die z. B. der Frage nachgehen: Wie wird man Prinz oder Prinzessin? Meist sonntags, Termine auf www.spsg.de.

Naturkundemuseum, → S. 29. Auch dieses Museum hat spezielle Angebote und Veranstaltungen für Familien mit Kindern (Museumsrallyes, Juniorforscherclubs, Familienführungen usw.). www.naturkundemuseum-potsdam.de.

Katjes Gläserne Bonbonfabrik, → Karte S. 103/104. In einem Industriegebiet steht die Fabrik, in der man hinter Glas die Produktion von Bonbons (etwa 4300/Min.) verfolgen kann. Im benachbarten Werksverkauf können Fruchtgummis, Lakritz und Bonbons erworben werden. Der Hauptsitz des Unternehmens ist in Emmerich. Ursprünglich stellte man dort Fliegenfänger aus Zuckersirup her – das Geschäft florierte im Sommer, aber nicht im Winter. Deswegen begann man in der kalten Jahreszeit, mit Lakritz zu experimentieren, das Rezept dazu kam aus Sizilien. So entstand der Süßwarenhersteller *Katjes*, zu dem heute auch Marken wie *Sallos* oder die kultige *Ahoj-Brause* gehören. Mo–Fr 11–17 Uhr, Sa (nur Verkauf) 11–16 Uhr. Wetzlarer Str. 96–106, www.katjes.de. Von Potsdam Hbf. mit Bus 690 bis Katjes.

Bio-Schokoladen-Manufaktur Confiserie Felicitas → S. 45.

Biosphäre → S. 60.

Urania-Planetarium, → Karte S. 34/35. Ein intimes (nur 46 Sitzplätze), interaktives Sternenkino in der Gutenbergstr. 71–72 im Holländischen Viertel. Das Planetarium bietet diverse Shows für Jugendliche und Kinder, darunter Reisen zum Mond oder auch 360-Grad-Flüge durchs All, live moderiert. Was aktuell auf dem Programm steht, erfährt man unter www.urania-planetarium.de.

Extavium, → Karte S. 34/35. In diesem Mitmachmuseum lernen kleine Forscher durch Ausprobieren Phänomene der Naturwissenschaften zu verstehen. Hier kann man den Schatten einfrieren, den Satz des Pythagoras anfassen und Mäusen ein Labyrinth bauen. Außerdem werden lebenswichtige Experimentierkurse angeboten (z. B. Glibber herstellen). Fr 13–18 Uhr, Sa/So 10–18 Uhr, während der Schulferien auch werktags. Pro Person 9 €, Kinder bis 3 J. frei. Am Kanal 57, www.extavium.de.

Dino Dschungel, → Karte S. 90/91. Indoorspielplatz für Kinder bis 12 Jahre (da gibt's kein Halten mehr). Mi–Fr 13–19 Uhr, Sa/So ab 10 Uhr, in den Ferien tägl. ab 10 Uhr. Kinder ab 3 J. ab 7 €, Erw. 4 €. Auf dem Kiewitt 3, www.dinodschungel.de.

Öffentlicher Nahverkehr

Wer eine Tageskarte für Potsdam Tarifbereich AB oder für die Berliner Tarifbereiche AB, BC, ABC kauft, kann bis zu drei Kinder im Alter von 6–14 Jahren kostenlos mitnehmen. Kinder bis 5 Jahre fahren ohnehin kostenlos.

Kinderfreundliche Cafés

Krümelmonster 35, → Karte S. 34/35. Hinterhofcafé nahe der Alten Wache. Hier können die Kleinen toben und die Eltern quatschen, alles ganz entspannt. Es gibt Waffeln, Salate, Shakes und guten Kaffee. Tägl. (außer Di) 9–18 Uhr. Hermann-Elflein-Str. 21, https://eltern-kind-cafe-krumelmonster.business.site.

Das Haus im Park → Volkspark Potsdam.

Übernachtungstipps

Precise Resort Schwielowsee, etwa 9 km südwestlich von Potsdam direkt am Schwielowsee. Bietet einen Kinderclub und eine kostenlose Kinderbetreuung bis 11 Jahre. → S. 133.

Campingpark Sanssouci, etwa 5,5 km südwestlich von Potsdam. Hier kann man im Holzfass direkt am Templiner See übernachten. Dazu großes Wassersportangebot. → S. 185.

Bungalows im Waldbad Templin, gegenüber dem Campingpark, sozusagen am anderen Ufer. Es gibt Bungalows verschiedener Größen, dazu Strandkorb und Riesenrutsche. → S. 137.

Park Sanssouci – die Hauptallee führt schnurstracks auf das Neue Palais zu

Potsdam (fast) umsonst

Potsdam gehört nicht zu den billigsten Städten unter der deutschen Sonne, das schon mal vorab. Es gibt aber diverse Möglichkeiten, ein wenig Geld zu sparen.

Rumkommen

Wer gerne radelt, sollte unbedingt sein **Rad** einpacken, wenn er nach Potsdam reist. Die Stadt lässt sich spielend mit dem Fahrrad erkunden. Auch ins Umland bieten sich Touren an. Und das alles für umme!

Kostenlos in die Parks

Der **Neue Garten**, der **Park des Schlosses Glienicke** und der **Park Babelsberg** – allesamt grandiose Schlossparks – sind kostenlos zugänglich. Nur für den **Park Sanssouci** wird eine kleine Spende erbeten – ob Sie diese entrichten wollen, liegt aber ganz bei Ihnen.

Kostenlos in die Museen

Gratis sind u. a. die **Gedenkstätte Leistikowstraße** (→ S. 55), das **Museum im Güldenen Arm** (→ S. 42), die Dauerausstellung des **Potsdam Museums** (→ S. 24) und die **Nowaweser Weberstube** (→ S. 96). Ebenfalls umsonst: die Ausstellungen im **Pavillon des Brandenburgischen Kunstvereins** auf der Freundschaftsinsel (→ S. 31) und – bereits auf Berliner Gebiet – das **Haus der Wannsee-Konferenz** (→ S. 114).

Zudem sind am letzten Freitag im März, Juni, September und Dezember das **Naturkundemuseum** (→ S. 29), das

Haus der Brandenburgisch-Preußischen Geschichte (→ S. 27), die temporären Ausstellungen des **Potsdam Museums** (→ S. 24) und das **Filmmuseum** (→ S. 27) kostenlos zugänglich. Für die Besichtigung der Schlösser gibt es das geldbeutelschonende Ticket *Sanssouci +* der SPSG (→ S. 67).

Essen fürs kleine Geld

Fürs kleine Geld und dazu auch noch gut isst man mittags in der **Landtagskantine** (→ S. 34) des Stadtschlosses. Von dort hat man auch Zutritt zur (kostenlosen) Dachterrasse. Einen günstigen, leckeren Mittagstisch bekommt man u. a. auch im **Otto** (→ S. 64), der Kantine des Hans Otto Theaters, und im **Café fabrik** (→ S. 64) nebenan, das dem gleichnamigen Tanztheater in der Schiffbauergasse angeschlossen ist.

Trinken fürs kleine Geld

Einige Potsdamer Studentenkneipen schenken außergewöhnlich günstiges Bier aus. Wer auf so etwas steht, kann es im **Casino** oder im **Pub à la Pub** versuchen. Für beide Adressen → S. 164.

Wohnen fürs kleine Geld

Die **Jugendherberge Potsdam** befindet sich in Babelsberg und ist durchaus annehmbar. Nahe dem Krongut Bornstedt gibt es ein **Hostel.** Oder wie wäre es mit einem **Bungalow im Waldbad Templin?** Nicht zu vergessen die schönen **Campingplätze** rund um Potsdam. Im Campingpark Sanssouci kann man gar in hübschen „Weinfässern" mit Seeblick wohnen – am besten so früh wie möglich buchen! Alle Übernachtungsmöglichkeiten ab S. 183.

Am Nauener Tor

Ankommen in Potsdam

Mit dem Zug

Der Hauptbahnhof Potsdams liegt – nur durch die Havel getrennt – südlich der Innenstadt. Bahnhof und Bahnhofspassagen (Mall mit Kino und Gastronomie, www.bahnhofspassagen-potsdam.de) bilden eine Einheit.

Orientierung Hauptbahnhof: Touristeninformation (→ S. 189) und DB-Reisezentrum in der „Spange" über den Gleisen. Eingang Süd führt zum ZOB, zum Taxistand und zur Straßenbahnhaltestelle, Eingang Nord zum Radverleih.

Liebe Schweizer, aufgepasst! Falls Sie in Berlin an Bankomaten Euros ziehen wollen, verzichten Sie darauf, sich den Euro-Betrag in Franken umrechnen zu lassen – andernfalls können satte Gebühren anfallen!

Mit dem Bus

Der **Zentrale Omnibusbahnhof von Potsdam** schließt südlich an den Hauptbahnhof an. Die billigste und beste Fernbusverbindung finden Sie auf www.busliniensuche.de. Um vom **Berliner Omnibusbahnhof** (ZOB) nach Potsdam zu gelangen, fährt man eine Station mit der Ⓢ 42 bis Westkreuz und steigt dort in die Ⓢ 7 nach Potsdam um (Dauer inkl. Fußweg zur S-Bahn ca. 45 Min. ohne Wartezeiten).

Mit dem Auto

Keine Sorge, falls Sie mit einem alten Diesel anreisen: Potsdam kennt bislang (Stand Mai 2022) keine Umweltzone, in die man nur mit grüner Plakette fahren darf.

Parken

Das Glück zu haben, einen der wenigen Parkplätze, die www.gratisparken.de aufzeigt, auch zu bekommen, tendiert gen Null. Unter den gebührenpflichtigen Parkplätzen gehört der **Parkplatz Lustgarten** (Zufahrt Am Lustgartenwall, Tagesticket 8 €, für Wohnmobile 11 €) zu den preiswertesten. Bei den Parkhäusern und Tiefgaragen ist das **Parkhaus der Industrie-**

und Handelskammer das günstigste (10 €, Henning-von-Tresckow-Straße). Bezahlen kann man viele Parkplätze auch per App, sofern eine Vignette des App-Betreibers an der Windschutzscheibe klebt. Es funktionieren u. a. die Apps von EasyPark, ParkNow (auch ohne Registrierung), paybyphone, moBiLET und flowbird. Infos zu allen Parkplätzen auf www.mobil-potsdam.de.

Mit dem Flugzeug

Der **Hauptstadtflughafen** *Berlin Brandenburg Willy Brandt* (BER) liegt Luftlinie gerade mal 30 km vom Zentrum Potsdams entfernt. Terminal 1 und 2 sind fußläufig nicht mit Terminal 5 verbunden. Ausführliche Informationen (Parkmöglichkeiten, An- und Abflugzeiten, Übersichtspläne usw.) auf ber.berlin-airport.de.

Terminal 1 und 2

Orientierung/Nahverkehrstickets: Terminal 1 und 2 sind auf E 1 (Ebene 1) miteinander verbunden. Das *Berlin Brandenburg Welcome Center*, eine Touristeninformation, die auch BVG-Tickets verkauft, finden Sie in Terminal 1 auf E 0. Auf der Unterebene 2 von Terminal 1 befindet sich der Fern- und S-Bahnhof.

Transfer mit dem AirportExpress: Vom Flughafen nach Potsdam verkehrt von etwa 5 Uhr morgens bis gegen 23 Uhr rund stündl. der AirportExpress (zugleich die Regionalbahn 22, Dauer ca. 50 Min.) der Deutschen Bahn. Sie benötigen dafür ein Ticket für das Berliner Tarifgebiet BC.

... mit dem Taxi: Nach Potsdam ca. 85 €, von Potsdam zum Flughafen ca. 95–100 € (Dauer, wenn's gut läuft, ca. 40 Min.).

Terminal 5

Orientierung/Nahverkehrstickets: Eine Touristeninformation für Berlin und Brandenburg (tägl. 7–22 Uhr) befindet sich in der Haupthalle von Terminal A.

Transfer mit dem AirportExpress: Von Terminal 1 und 2 (zu erreichen mit der RB 22, s. o.) fährt Bus X7 zum Terminal 5, Dauer etwa 10 Min. Für die gesamte Fahrt genügt ein Ticket für das Berliner Tarifgebiet BC.

... mit dem Taxi: Nach Potsdam ca. 70 €, von Potsdam zum Flughafen ca. 75–85 € (Dauer, wenn's gut läuft, ca. 35 Min.).

Mit der Straßenbahn durch Potsdam

Potsdam im Kasten

Lost in Train Station – Potsdams Bahnhöfe

Der Deutschen Bahn geht die Landeshauptstadt Brandenburgs auf gut Deutsch am A ... vorbei – nicht mal ein ICE hält hier! Wer nach Potsdam will, verlässt für gewöhnlich in Berlin oder Magdeburg die Schnellzüge und steigt auf Regional- oder S-Bahnen um.

Dabei schrieb Potsdam einst Eisenbahngeschichte. Die Strecke von Potsdam nach Berlin ist eine der ältesten Deutschlands, sie wurde 1838 eröffnet. Anfangs fuhren die Züge von Potsdam bis Zehlendorf, dann bis zum Potsdamer Platz. Das erste Potsdamer Bahnhofsgebäude glich einer klassizistischen Villa und stand in etwa dort, wo sich heute der von *Gerkan, Marg & Partner* projektierte Hauptbahnhof befindet – ein so hässliches Ding, dass die UNESCO schon drohte, der Stadt den Welterbetitel zu entziehen. 1909 kam für Wilhelm II. beim heutigen Bahnhof Sanssouci der Kaiserbahnhof (ursprünglich „Hofstation im Wildpark") im englischen Landhausstil hinzu.

Aus dem Potsdamer Hauptbahnhof, der zum Ende des Zweiten Weltkriegs Ziel des Bombenhagels war, wurde zu DDR-Zeiten der nüchterne Bahnhof Potsdam-Stadt. Gen Westen gab es eine Verbindung nach Babelsberg. Dann war für die Deutsche Reichsbahn (das Pendant zyur Deutschen Bahn) Schluss, weiter westlich folgte West-Berliner Hoheitsgebiet. Um per Bahn von Potsdam in die Hauptstadt der Deutschen Demokratischen Republik zu gelangen, forcierte die DDR-Führung den Bau eines Eisenbahnrings um West-Berlin. 1956 war dieser fertig, zwei Jahre später eröffnete am Eisenbahnring, an der Endstation der heutigen Straßenbahnlinie 91, der Bahnhof Potsdam Süd, der von 1961 an als neuer Hauptbahnhof fungierte (bis 1993). Von dort fuhr man mit einem im Volksmund *Sputnik* genannten Doppelstockzug über den Flughafen Schönefeld nach Berlin-Karlshorst. Der Name des ehemaligen Hauptbahnhofs heute: Potsdam Pirschheide. An dem spooky Halb-Lost-Place hielt zuletzt nur noch die Regionalbahn nach Michendorf. Eine Modernisierung ist jedoch geplant.

Bahnhof Pirschheide: Der einstige Hauptbahnhof ist heute ziemlich verlassen

Rumkommen in Potsdam

Öffentlicher Nahverkehr

Wenn man in Potsdamer Bussen oder Straßenbahnen am Fahrkartenautomaten steht (akzeptieren Bares und Karte), kann man zwischen Tickets für den Potsdamer Nahverkehr und Tickets für den Berliner Nahverkehr wählen. Dabei gilt es Folgendes zu beachten:

Potsdam ist in drei Tarifgebiete eingeteilt. Der Bereich A umfasst die Innenstadt, B den Speckgürtel und C das nahe Umland. Tickets für einen einzigen Tarifbereich gibt es nicht. Man kann nur zwischen den Tarifbereichen AB, BC oder ABC wählen. Sofern im Reiseteil nichts anders angegeben ist, genügt ein *Potsdam AB-Ticket*.

In Berlin ist es genauso. A umfasst die Innenstadt, B den Speckgürtel und C das nahe Umland. Einziger Unterschied: Die Berliner BC- oder ABC-Tickets erlauben Fahrten nach Potsdam, die Potsdamer BC- oder ABC-Tickets aber keine Fahrten nach Berlin. Sprich: Für Sehenswürdigkeiten, die auf Berliner Boden liegen, benötigen Sie ein Ticket für den Berliner Nahverkehr (sofern erforderlich, weisen wir im Reiseteil darauf hin).

Potsdam-Tickets

Der ermäßigte Tarif (in Klammern) gilt für Kinder ab 6 bis einschließlich 14 Jahren, Kinder unter 6 Jahren fahren kostenlos. Ermäßigungen für Senioren gibt es nur beim Kauf von Jahreskarten. Die wichtigsten Tickets (Preise Stand August 2022) im Überblick:

Einzelfahrt AB: 2,30 € (1,60 €). Gültig 60 Min. in eine Richtung.

Einzelfahrt ABC: 3 € (2,10 €). Gültig 60 Min. in eine Richtung.

Kurzstreckenfahrausweis Potsdam (Stadt): 1,60 € (1,20 €), gültig für max. 4 Haltestellen (Einstiegsstelle ist 0).

24-Stunden-Karte: AB 4,70 € (3,40 €), ABC 6,30 € (4,70 €).

Kleingruppentageskarte: Sie gilt für max. 5 Pers., AB 11,50 €, ABC 16,10 €.

Schwarzfahren: 60 € Strafe!

> Fahrplanauskunft und Tickets bietet die VBB-App, Infos dazu auf www.vbb.de. Aktuelle Fahrgastinfos zudem auf www.swp-potsdam.de, für Berlin auf www.bvg.de. Aktuelle Fahrpläne hält die *Mobiagentur Potsdam* bereit (im Hauptbahnhof in der Spange über den Gleisen auf der Busbahnhofseite).

Nach Berlin

Für Fahrten zum Schloss Glienicke oder zum Flughafen Berlin Brandenburg (BER), die südlich an Berlin vorbeiführen (also das Zentrum Berlins nicht passieren), genügt ein Ticket des Berliner Tarifbereichs BC zu 3,50 € (erm. 2,40 €). Für Fahrten ins Zentrum von Berlin benötigen Sie ein Berliner ABC-Ticket. Dieses kostet als Einzelfahrschein 3,80 € (erm. 2,70 €) und ist 120 Min. lang in eine Fahrtrichtung gültig. Die ABC-Tageskarte kostet 10 € (erm. 6,10 €).

> Im Reiseteil sind bei allen Sehenswürdigkeiten die nächstgelegene Haltestelle und die daran vorbeiführenden öffentlichen Verkehrsmittel angegeben. Einen Linienplan finden Sie auf der herausnehmbaren Karte.

Taxi

Der **Grundpreis** beträgt 3,80 €; werktags von 6–22 Uhr kommen für die ersten 3 km pro Kilometer 2,10 € (So und nachts 2,50 €) hinzu, für jeden weiteren Kilometer 1,70 € (bzw. 1,90 €), sofern man nicht im Stau steht (0,50 €/Min.) und bar bezahlt (Kreditkarte 1 € extra).

Falls Sie keine Taxi-App installiert haben, erreichen Sie die **Taxi-Zentrale Potsdam** unter ✆ 0331-292929.

Linien- und Ausflugsschiffe

Die Wasserstraßen rund um Potsdam sind wie geschaffen für Ausflugsschiffe.

Auf den meisten Linienfahrten ist eine Fahrradmitnahme möglich (3–5 €). Dadurch lassen sich spannende Touren unternehmen, hinwärts nach Werder z. B. mit dem Rad, zurück mit dem Schiff. Auch sind die Getränkepreise an Bord meist fair.

Abfahrt aller beschriebenen Touren der **Weißen Flotte Potsdam** von der Langen Brücke. Weitere Infos unter ✆ 0331-2759210, www.schifffahrt-in-potsdam.de.

Der Rundfahrtklassiker

Schlösserrundfahrt Am schönsten auf dem über 100 Jahre alten Dampfschiff *Gustav* bei *Rex*-Pils oder Erbseneintopf. 90 Min. dauert die Rundfahrt. **Route**: Lange Brücke – Tiefer See – Park Babelsberg – Glienicker Brücke – Jungfernsee/Neuer Garten – Sacrower Heilandskirche – Pfaueninsel – Lange Brücke. Wer die Große Inselrundfahrt oder die Wannseerundfahrt (s. u.) unternimmt, kann sich diese Tour fast schenken, denn allzu viel Neues sieht man dann nicht. April–Sept. tägl. um 10, 12, 14 u. 16 Uhr, in der Vor- und Nachsaison weniger Fahrten. Je nach Schiff 20–23 €, Fam. mit bis zu 5 Kindern 50 €.

Linien- und Tagesfahrten

Große Inselrundfahrt Von etwa Anfang April bis Anfang Nov. startet stets ein Schiff um 10.30 Uhr flussabwärts nach **Caputh** (Halt am Schloss 11.05 Uhr) und **Geltow** (11.25 Uhr). Von dort tuckert es weiter nach **Werder** (Halt 11.45 Uhr) und durch den Großen Zernsee zum Göttinsee, von wo es über den Sacrow-

Beliebte Tour: Schlösserrundfahrt mit "Gustav"

Paretzer-Kanal in den Jungfernsee geht. Man passiert den Neuen Garten. Unter der Glienicker Brücke hindurch geht es zurück nach Potsdam, Ankunft 14.30 Uhr. 29 €, Fam. mit bis zu 5 Kindern 72,50 €.

Havelseenrundfahrt Von April–Okt. fährt stets um 10 u. 15 Uhr ein Schiff flussabwärts über den Templiner See in den Schwielowsee und zurück. Unterwegs wird u. a. in **Caputh** gestoppt. Das Schiff um 15 Uhr fährt zudem weiter über die Havel nach **Werder**, bevor es umdreht. Von Mai–Sept. zusätzliche Fahrten um 11 Uhr, an Wochenenden zudem um 10 u. 13 Uhr. Dann halten auch manche Schiffe in **Petzow** und **Ferch**. Bis Werder ist man zwischen 1:30 und 2:20 Std. unterwegs. Preisbeispiele: Tagesticket Havelseenrundfahrt (unterwegs kann man aus- und wieder zusteigen) 25 €, nach Werder einfach 15 €.

mein Tipp **Wannseerundfahrt** Von April–Sept. startet tägl. um 14 Uhr (Sa/So zudem um 17 Uhr) ein Schiff zur Wannseerundfahrt. Im Okt. nur Fahrten am Wochenende. Dabei geht es an Schloss Babelsberg vorbei in den Griebnitzsee, an dessen Ufer prächtige Villen stehen, in deren Gärten Rasenmähroboter ihre Runden drehen. Von dort fährt das Schiff weiter zum Stölpchensee, dem nächsten Abschnitt der Schöner-wohnen-Tour. Danach passiert man den Pohlesee, den Kleinen Wannsee und schließlich den Großen Wannsee mit Halt nahe dem Wannseebad. Von dort tuckert das Schiff an der Pfaueninsel vorbei und unter der Glienicker Brücke hindurch zurück nach Potsdam. Dauer insgesamt 2 Std. 23 €, Familien mit bis zu 5 Kindern 57,50 €.

Tagesfahrt durch die Berliner Innenstadt Von Anfang Mai bis Anfang Okt. startet jeden Mi (bei großer Nachfrage auch So) ein Schiff nach Berlin. Dabei passiert man u. a. das **Regierungsviertel**, die **Museumsinsel** und das **Nikolaiviertel**. Zurück in Potsdam ist man um 18.30 Uhr. 49 €/Pers.

Diverse spannende Touren hat auch die Reederei **Stern und Kreis** ab Bahnhof Wannsee im Programm (Schiffsableger genau gegenüber dem S-Bahnhof, nur 3 Stationen vom Potsdamer Hbf. entfernt). Infos auf www.sternundkreis.de.

Brunch- und Abendfahrten

Brunchfahrten Finden von März–Dez. stets Sa und feiertags statt, von April–Okt. auch So. Start um 10 Uhr, das Schiff fährt hinter der Glienicker Brücke in den Sacrow-Paretzer-Kanal und ist um 13.30 Uhr wieder zurück. Inkl. Büfett 54 €.

Themenfahrten Von April–Okt. finden nahezu jeden Samstagabend Themenfahrten statt: Schlagerpartys, Preußisches Kriminaldinner, nächtlich Schlösserfahrten, Altberliner Abende, Bluesabende oder Fahrten unter einem kulinarischen Motto. Was bei Ihrem Besuch auf dem Programm steht, erfahren Sie unter www.schifffahrt-in-potsdam.de.

Wassertaxi

Nicht vom Namen verwirren lassen: Beim Potsdamer Wassertaxi handelt es sich um ein postgelbes Fährschiff, das nach einem festen Fahrplan von April bis Oktober zwischen **Forsthaus Templin** südlich von Potsdam und **Krughorn (Glienicker Park)** nördlich von Potsdam verkehrt. Auf der Strecke hält es u. a. an der **Sacrower Heilandskirche**, am **Neuen Garten**, an der **Glienicker Brücke**, am **Park Babelsberg** und an den südlich von Potsdam am Wasser gelegenen Hotels. In Potsdam selbst legt das Wassertaxi beim **Hauptbahnhof** und beim **Hans Otto Theater** an. Fahrräder können mitgenommen, Elektrofahrräder unterwegs nachgeladen werden. Fährtickets kosten – abhängig von der Strecke – 4 bis max. 15 € (Stand 2022), ein Tagesticket 25 €. Do–So ist das Schiff in jede Richtung 5-mal tägl. unterwegs. Exakte Zeiten und weitere Infos unter ✆ 0331-2759210 und www.potsdamer-wassertaxi.de.

E-Scooter und E-Roller

Diverse Verleiher, u. a. *TIER* (tier.app) und *Lime* (li.me), einfach die App runterladen.

Fahrrad

Das Rad bietet sich nicht nur für die Besichtigung Potsdams an, sondern auch für Ausflüge in die Umgebung. Im Park Sanssouci und im Neuen Garten ist das Radfahren und offiziell selbst das Schieben des Rads (!) auf diversen Wegen jedoch verboten – achten Sie auf entsprechende Hinweise und Pläne!

Da Räder auf vielen Fähren und den Wassertaxis mitgenommen werden dürfen (s. o.), bieten sich tolle Touren an: hin mit dem Rad, zurück mit dem Schiff oder andersrum. Auch können Sie nach Berlin radeln und zurück die S-Bahn nehmen: Von Wannsee aus, also für das Berliner Tarifgebiet BC, kostet das VBB-Ticket „Fahrrad" einfach 2,40 €. Wer vom Zentrum Berlins nach Potsdam mit der S-Bahn fährt, bezahlt für die einfache Strecke 2,70 € fürs Fahrrad.

Tourentipps

Eine Tour rund ums Potsdamer Zentrum finden Sie auf S. 46/47. Weitere tolle Radtouren sind die zur Sacrower Heilandskirche (ab S. 121) und jene rund um die Insel Wannsee (ab S. 107). Eine wunderschöne Tour ins südwestliche Umland ist zudem auf S. 134/135 beschrieben.

> Gute, kostenlose Fahrrad-Routenplaner-Apps bieten **bbbike.de** und **map.bikecitizens.net**. Tourenvorschläge, auch für das Umland, u. a. auf www.adfc-berlin.de und bikemap.net.

Bike-Sharing, Radverleiher und geführte Touren

Bike-Sharing bieten **Nextbike**, **Jump**, **Call a Bike** oder **Lime** – einfach die App runterladen. Eine Rikscha verleiht **Rikscha in Potsdam** (→ S. 122).

Pedales Radstation, beim Hauptbahnhof, Ausgang „Babelsberger Straße" nehmen. Diverse Räder (ab 12 €/Tag) im Angebot. Wer E-Bikes, Tandems oder Lastenräder möchte, sollte jedoch besser reservieren. Außerdem werden organisierte Radtouren angeboten. April–Okt. Mo–Fr 7–19 Uhr, Sa/So 9.30–19 Uhr, im Winter kürzer und So geschl. Babelsberger Str. 10, ✆ 0331-88719917, www.potsdam-per-pedales.de.

Pedales Bike & Paddelstation, unter gleicher Leitung, diesmal im Bahnhof Griebnitzsee. Neben Verleih von Rädern auch SUP-Kurse und Kajakverleih. Ostern bis Okt. Mo–Fr 9–18.30 Uhr, Sa/So 9–19 Uhr, im Winter So geschl. und kürzer. Rudolf-Breitscheid-Str. 201, ✆ 0331-7480057, potsdam-per-pedales.de.

Campen mit Seeblick: Campingpark Sanssouci

Übernachten

→ Karte S. 185/186

In Potsdam werden zig Ferienwohnungen über *Airbnb* und andere Plattformen angeboten. Falls Sie eine Ferienwohnung buchen möchten, achten Sie bitte darauf, dass es sich nicht um zweckentfremdeten Wohnraum handelt.

Die von uns angegebenen **Preiskategorien für Unterkünfte** sind als grobe Anhaltspunkte zu verstehen, da sich die Preise tagtäglich ändern können. Sie beziehen sich auf ein DZ (i. d. R. mit Frühstück) bzw. ein 2-Pers.-Appartement (i. d. R. ohne Frühstück) in der Hauptsaison. In diesem Kapitel sind nur Unterkünfte und Campingmöglichkeiten im Stadtgebiet Potsdams aufgelistet. Für weitere Unterkünfte in der Umgebung von Potsdam → „Rund um Potsdam" ab S. 122.

€ = unter 100 €

€€ = bis 150 €

€€€ = bis 200 €

€€€€ = über 200 €

Obere Liga

****** Inselhotel 15**, tolle Lage auf der idyllisch-grünen Insel Hermannswerder, Verbindungen ins Zentrum mit Fähre, Wassertaxi und Bus. 88 konventionell möblierte Zimmer und Suiten mit Teppichböden, am besten sind die mit Balkon oder Terrasse und Blick auf den Templiner See. Am Ufer alte Eichen, Parkbänke und Liegestühle. Tolles Wellnessangebot mit schönem Außenpool und schwimmender Seesauna. Auch noch da: Hausesel Fritz und Pony Wilhelmine. Denkt man sich die eine oder andere Geschmacksverwirrung weg, kann man sich hier wunderbar entspannen. Hermannswerder 30, 14473 Potsdam, ✆ 0331-23200, www.inselhotel-potsdam.de. **€€€–€€€€**

****** Hotel Brandenburger Tor 9**, gepflegtes Haus mit gut gelauntem Empfang in barock-klassizistischem Gemäuer. Allerdings mit ganz schön Trubel vor der Nase. Macht nichts – viele Zimmer (stilvoll und hell) gehen zum ruhigen Innenhof, wo auch geparkt werden kann. Brandenburger Str. 1, 14467 Potsdam, ✆ 0331-87700000, www.hotel-brandenburger-tor.de. **€€–€€€**

****** Hotel Villa Monte Vino 4**, in sehr ruhiger Lage auf einem Hügel nahe dem Winzerberg (daher der Name). Turmvilla mit baumbestandenem Garten drum herum und so einigen lauschigen Ecken. Zimmer (charmant, obgleich unspektakulär eingerichtet) in der Villa, aber auch im Gästehaus nebenan, wegen der historischen Bausubstanz jedoch nicht behindertengerecht. Sicheres Parken im Hof. Gregor-Mendel-Str. 27, 14469 Potsdam, ✆0331-2013339, www.hotelvillamontevino.de. €€€

**** **Hotel am Jägertor** **7**, eleganter mintfarbener Bau. Gehobenes Restaurant, Gartenterrasse. Gediegene, der Sterneanzahl entsprechend ausgestattete Zimmer in verschiedenen Kategorien im eher klassischen Stil. Prima Lage, wenn auch nicht die ruhigste – vom Verkehr vor der Tür bekommt man dank schallisolierter Fenster allerdings wenig mit. Hegelallee 11, 14467 Potsdam, ✆0331-2011333, www.potsdam-hotel-am-jaegertor.de. €€€

Waveboard **6**, schickes Apartmenthaus in der Schiffbauergasse. Die Wohnungen bieten Platz für bis zu 6 Pers. Zeitgemäßes Design, hochwertige Ausstattung, bodentiefe Panoramafenster. Am schönsten sind die Zimmer zur Wasserseite hin. Wählen Sie eines so hoch wie möglich! Dann nämlich wird man seinen Balkon kaum mehr verlassen wollen ... Hunde nur nach Absprache gestattet. Schiffbauergasse 13A/B, 14467 Potsdam, ✆0331-2008590, www.waveboard-potsdam.com. €€€€

meinTipp **Design Apartments Potsdam** **5**, vermietet werden insgesamt 25 Zimmer und Apartments mit Küche in der Potsdamer Innenstadt, viele im Holländischen Viertel. Keines gleicht dem anderen, gemeinsam haben sie nur, dass sie allesamt bildhübsch durchdesignt sind. Hunde nur nach Absprache gestattet. Rezeption Kurfürstenstr. 15, 14467 Potsdam, ✆0331-20165840, www.designapartments-potsdam.de. €€€€

Mittelklasse

Hotel am Großen Waisenhaus **10**, sehr gepflegtes Haus, im ehemaligen „Quartier für beweibte Offiziere" (sprich: verheiratete Offiziere) aus dem Jahr 1750. Später ging das Gebäude an das Große Waisenhaus über, das darin ein Kinderlazarett einrichtete. Noch heute ist das Gebäude im Besitz der Stiftung *Großes Waisenhaus zu Potsdam*. Draußen die ruhige, elegante Lindenstraße, drinnen zeitgemäße Einrichtung. Gutes Frühstücksbüfett. Haustiere nicht gestattet. Lindenstr. 28/29, 14467 Potsdam, ✆0331-6010780, www.hotelwaisenhaus.de. €€

**** **Mercure Hotel Potsdam City** **11**, das einstige Interhotel Potsdam aus dem Jahr 1969: 17 Etagen, über 420 Zimmer und Suiten. Immer wieder wird über einen Abriss diskutiert, zuletzt jedoch sah es ganz danach aus, als dürfte das von vielen Potsdamern geliebte Hochhaus vorerst bleiben. Daher wurden auch alle Zimmer auf einen zeitgemäßen Stand gebracht. Dabei gilt das Motto: Je höher das Stockwerk, desto komfortabler die Zimmer, desto superber die Aussicht und desto höher der Preis. Restaurant, Bar. Sehr bemühtes Personal. Lange Brücke, 14467 Potsdam, ✆0331-2722, www.mercure-potsdam.com. €€

Hotel zum Hofmaler **8**, am Bassinplatz im Holländischen Viertel in recht ruhiger Lage. Ein Trakt des Hotels befindet sich in einem historischen Backsteingebäude, der andere im modernen Anbau. 16 recht unterschiedliche Zimmer und Suiten, teilweise mit Balkon oder Terrasse. Innenhof. Zudem Vermietung von 6 Ferienwohnungen nahebei. Gutenbergstr. 73, 14467 Potsdam, ✆0331-730760, www.hofmaler-hotel-potsdam.de. €€

Zimmer mit Ausblick **2**, in fast dörflicher Lage an der Parkbrücke in Klein-Glienicke. Im historischen Gebäude werden 4 geschmackvoll-schicke, wohnliche Apartments für 2–4 Pers. und 1 DZ vermietet, z. T. mit Balkon oder Terrasse, z. T. mit Seeblick. Mit Obstbäumen bestückter idyllischer Garten, Radverleih. Lankestr. 2, 14482 Potsdam, ✆0160-1571011, www.zimmer-mit-ausblick.net. €

Einfach, aber gut

Quartier Hostel **3**, wird auch als **SansSouci Hostel Potsdam** vermarktet. Schräg gegenüber dem Krongut Bornstedt (soll auch heißen: gutes Essen gegenüber, → S. 87). Freundliche einstöckige Anlage mit Garten samt BBQ-Möglichkeit. Gemeinschaftsküche. Mehrbettzimmer, Apartments und DZ. Supersauber. Kaffee- und Kaltgetränkeautomat (inkl. preiswertem Bier). Mindestaufenthalt im Sommer 2 Nächte. Ribbeckstr. 41, 14469 Potsdam, ✆0331-2739939, www.potsdam-hostel.com. €

Bungalows im Waldbad Templin **16**, etwa 5 km südlich, am Ostufer des Templiner Sees, werden im Waldbad Templin (→ S. 137) Bungalows für 2–6 Pers. vermietet. Gut ausgestattet, mit Küche und Bad, Terrasse und Grill. Mit dem See vor der Nase an sich der Hit, der Sommertrubel darf jedoch auch nicht verschwiegen werden. Mitte April bis Anfang Okt. Templiner Str. 110, 14473 Potsdam, ✆0331-6619804, www.swp-potsdam.de. €

Jugendherberge Potsdam 13, in Babelsberg. Insgesamt 45 Zimmer, darunter auch viele DZ, z. T. in einer ehemaligen Schule aus der 2. Hälfte des 19. Jh. Gutes Frühstück. Nur für Mitglieder des Jugendherbergswerkes (man kann den Antrag vor Ort stellen). Schulstr. 9, 14482 Potsdam, ✆ 0331-5813100, www.jugendherberge.de. **€**

Anger Apartment 14, in Babelsberg am historischen Neuendorfer Anger mit gelber Backsteinkirche. Ansprechendes historisches Gebäude, in dem 5 Ferienwohnungen vermietet werden, die Namen wie „Friedrich" oder „Luise" tragen. Alle charmant eingerichtet, mit Dielenböden und etwas Kunst an den Wänden. Auf dem Grundstück befindet sich auch ein historischer Holzbackofen, in dem mehrmals im Sommer Sauerteigbrot gebacken wird. Neuendorfer Anger 3, 14482 Potsdam, ✆ 0331-708227, www.angerapartment.de. **€**

Rooms by Amaroo 12, Gästehaus in einem historischen Gebäude hinter der Havelbucht, leider selbst mit Blick auf Wohnblocks. Zweckmäßig-freundliche Zimmer, „Mikroapartments" (Zimmer mit Küche) und Apartments. Zudem Vermietung von weiteren Apartments anderswo in der Stadt. Kein Frühstück. Auf dem Kiewitt 8 14471 Potsdam, ✆ 01514-6456844, www.amaroo.de. **€–€€**

Campingplätze

MeinTipp **Campingpark Sanssouci**, der „königliche" (Eigenwerbung) Campingplatz 5,5 km südwestlich des Zentrums ist der nächstgelegene zu Potsdam. Mit dem Rad fährt man in ca. 20 Min. ins Zentrum. Der Platz mit seinem alten Baumbestand liegt wunderschön am Ufer des Templiner Sees. Er ist groß und sehr komfortabel, Top-Sanitäranlagen. Badestelle, gutes Restaurant, Laden, Radverleih, Shuttlebus zur nächsten Straßenbahnhaltestelle. Außerdem Übernachtungsmöglichkeiten in „Weinfässern" direkt am Wasser. April bis Anfang Jan. geöffnet. Womo-Stellplatz inkl. Strom u. 2 Pers. ab ca. 50 €, Weinfass für 2 Pers. 65,90 €. An der Pirschheide 41, 14471 Potsdam, ✆ 0331-9510988, www.camping-potsdam.de.

Weitere Campingplätze finden Sie in den Kapiteln zu Werder (S. 130), Geltow (S. 133) und Ketzin (S. 126). Einen empfehlenswerten Womo-Stellplatz gibt es zudem in Marquardt (S. 124).

Soll's weg oder nicht? Um das Hotel Mercure wird in der Stadt viel diskutiert

Wohnmobilstellplätze

Wer autark stehen kann, findet diverse Wohnmobilstellplätze in Potsdam und Umgebung. Ein sehr beliebter Wohnmobilstellplatz ist der **Parkplatz am Krongut 1** (www.parkplatzamkrongut.de, Zufahrt über die Potsdamer Straße). Die Tagespauschale beträgt dort 15 €, anderswo werden bis zu 25 € fällig. Camper können zudem u. a. auf den folgenden gebührenpflichtigen Parkplätzen stehen: **Am Lustgarten** (sehr preiswert, Zufahrt über die Straße Am Lustgartenwall, 14467 Potsdam), **An der Historischen Mühle** (= Parkplatz Park Sanssouci P1, Zufahrt über die Straße Zur Historischen Mühle, 14469 Potsdam) und **Am Neuen Palais** (= Parkplatz Park Sanssouci P3, Zufahrt über die Straße Am Neuen Palais, 14469 Potsdam). Exakte Preise und maximale Aufenthaltsdauer auf www.mobil-potsdam.de. Eine ganze Menge an Parkmöglichkeiten für eine Nacht zeigt auch die App **park4night.com**.

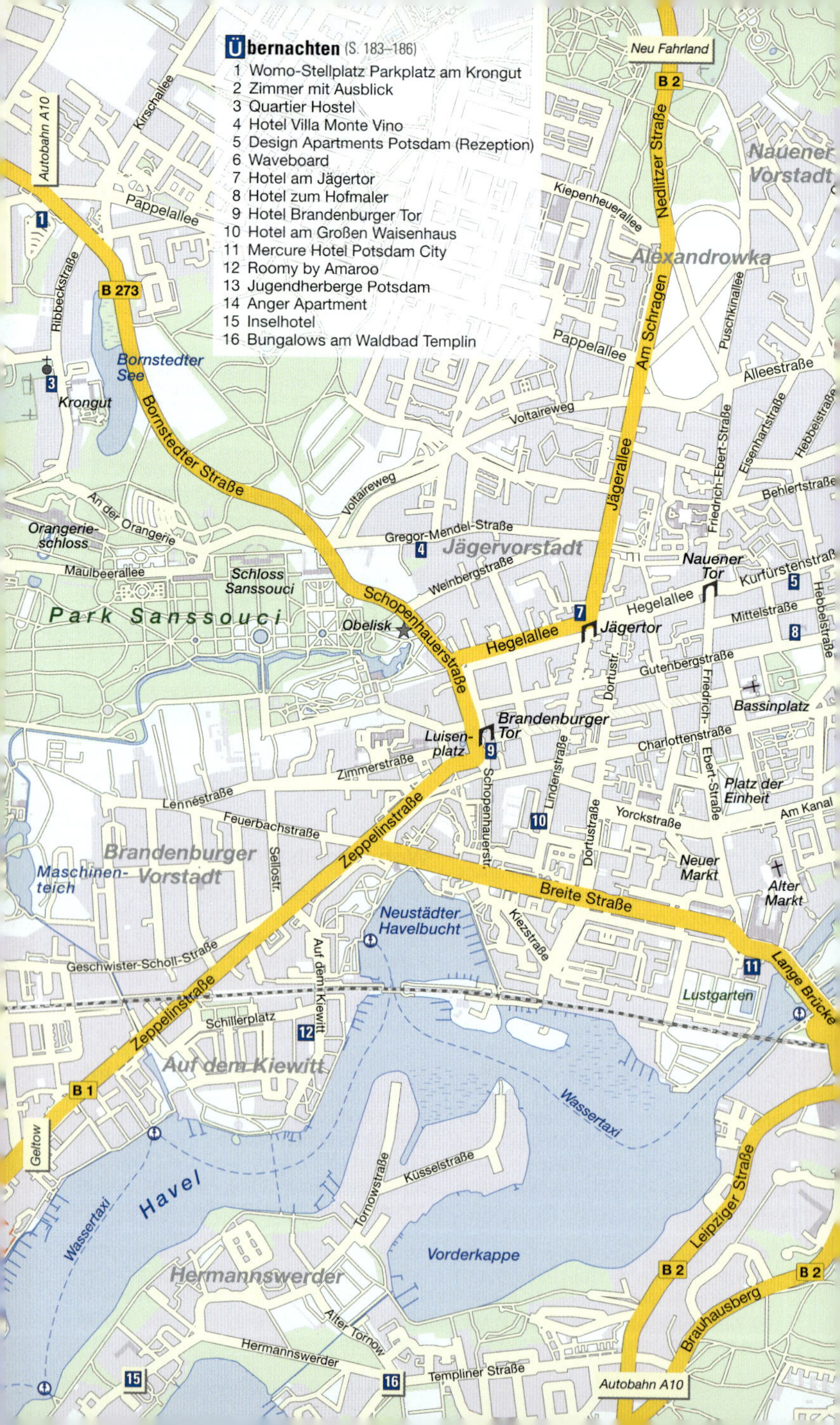
Übernachten (S. 183–186)
1 Womo-Stellplatz Parkplatz am Krongut
2 Zimmer mit Ausblick
3 Quartier Hostel
4 Hotel Villa Monte Vino
5 Design Apartments Potsdam (Rezeption)
6 Waveboard
7 Hotel am Jägertor
8 Hotel zum Hofmaler
9 Hotel Brandenburger Tor
10 Hotel am Großen Waisenhaus
11 Mercure Hotel Potsdam City
12 Roomy by Amaroo
13 Jugendherberge Potsdam
14 Anger Apartment
15 Inselhotel
16 Bungalows am Waldbad Templin
Neu Fahrland
B 2
Autobahn A10
Kirschallee
Pappelallee
B 273
Ribbeckstraße
Bornstedter See
Krongut
Bornstedter Straße
Nauener Vorstadt
Nedlitzer Straße
Kiepenheuerallee
Alexandrowka
Am Schragen
Puschkinallee
Alleestraße
Voltaireweg
Jägerallee
Friedrich-Ebert-Straße
Eisenhartstraße
Hebbelstraße
Behlertstraße
An der Orangerie
Orangerie-schloss
Maulbeerallee
Schloss Sanssouci
Park Sanssouci
Gregor-Mendel-Straße
Jägervorstadt
Weinbergstraße
Schopenhauerstraße
Obelisk
Hegelallee
Jägertor
Nauener Tor
Kurfürstenstraße
Mittelstraße
Gutenbergstraße
Dortustr.
Bassinplatz
Brandenburger Tor
Luisen-platz
Zimmerstraße
Lindenstraße
Charlottenstraße
Ebert-Straße
Platz der Einheit
Lennéstraße
Feuerbachstraße
Zeppelinstraße
Schopenhauerstr.
Dortustraße
Yorckstraße
Am Kanal
Brandenburger Vorstadt
Sellostr.
Maschinen-teich
Neuer Markt
Alter Markt
Breite Straße
Neustädter Havelbucht
Kiezstraße
Geschwister-Scholl-Straße
Auf dem Kiewitt
Lange Brücke
Lustgarten
Schillerplatz
B 1
Wassertaxi
Geltow
Havel
Tornowstraße
Küsselstraße
Leipziger Straße
Vorderkappe
Hermannswerder
Alter Tornow
Brauhausberg
Templiner Straße

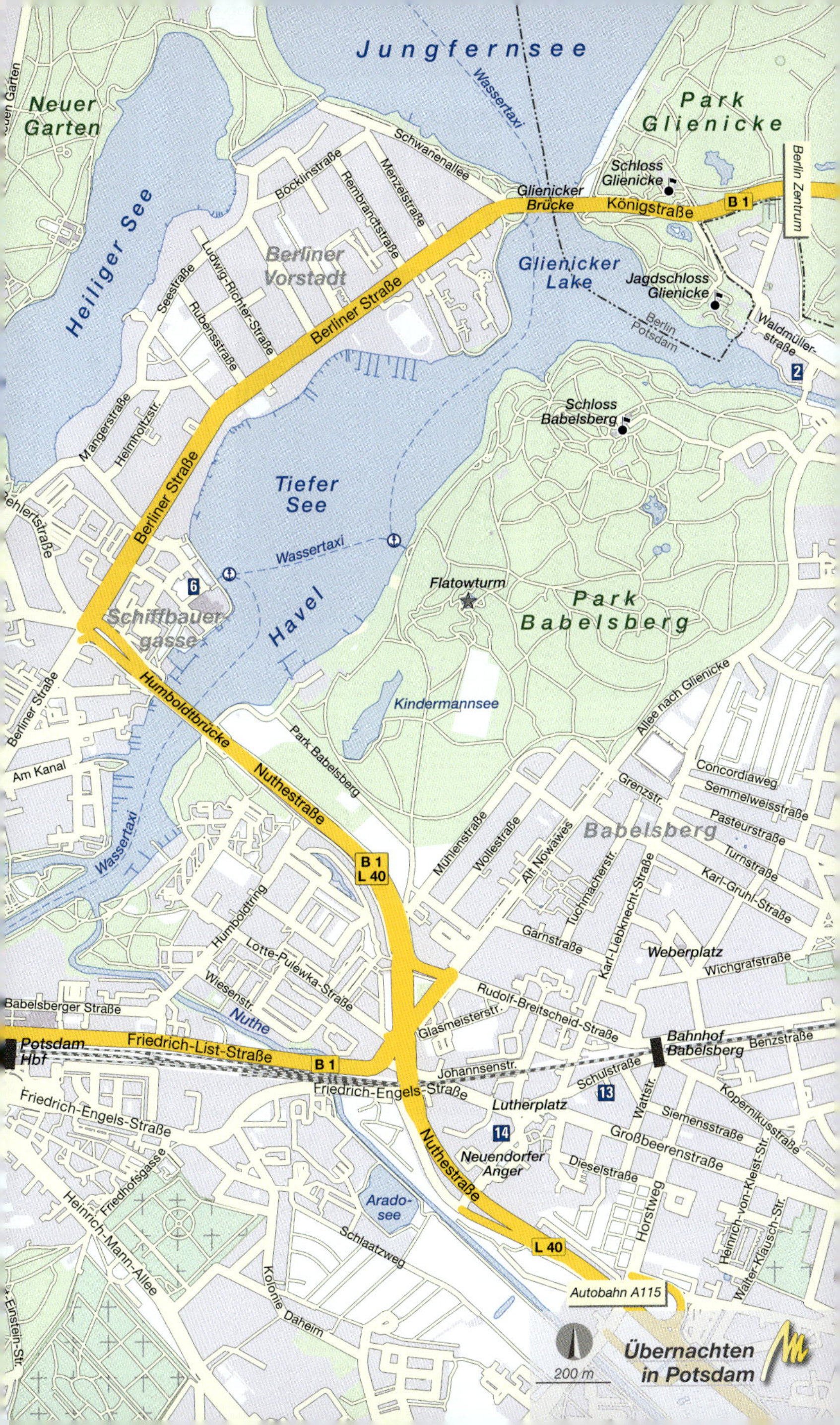

Jungfernsee
Neuer Garten
Park Glienicke
Wassertaxi
Schwanenallee
Schloss Glienicke
Berlin Zentrum
Glienicker Brücke
Königstraße
B 1
Böcklinstraße
Rembrandtstraße
Menzelstraße
Heiliger See
Berliner Vorstadt
Glienicker Lake
Ludwig-Richter-Straße
Seestraße
Rubensstraße
Jagdschloss Glienicke
Berliner Straße
Berlin
Potsdam
Waldmüllerstraße
2
Mangerstraße
Helmholtzstr.
Schloss Babelsberg
Berliner Straße
Tiefer See
Wassertaxi
6
Flatowturm
Park Babelsberg
Schiffbauergasse
Havel
Humboldtbrücke
Kindermannsee
Allee nach Glienicke
Berliner Straße
Park Babelsberg
Nuthestraße
Am Kanal
Concordiaweg
Semmelweisstraße
Grenzstr.
Pasteurstraße
Babelsberg
Turnstraße
Wassertaxi
B 1
L 40
Mühlenstraße
Wollestraße
Alt Nowawes
Tuchmacherstr.
Karl-Liebknecht-Straße
Karl-Gruhl-Straße
Humboldtring
Garnstraße
Weberplatz
Lotte-Pulewka-Straße
Wichgrafstraße
Wiesenstr.
Rudolf-Breitscheid-Straße
Babelsberger Straße
Nuthe
Glasmeisterstr.
Potsdam Hbf
Friedrich-List-Straße
B 1
Bahnhof Babelsberg
Benzstraße
Johannsenstr.
Schulstraße
Friedrich-Engels-Straße
13
Lutherplatz
Friedrich-Engels-Straße
Wattstr.
Siemensstraße
Kopernikusstraße
14
Großbeerenstraße
Nuthestraße
Neuendorfer Anger
Friedhofsgasse
Dieselstraße
Arado-see
Horstweg
Heinrich-von-Kleist-Str.
Walter-Klausch-Str.
Heinrich-Mann-Allee
Schlaatzweg
L 40
Kolonie Daheim
Autobahn A115
Einstein-Str.
200 m
Übernachten in Potsdam

Das Holländische Viertel steckt voller netter Lädchen

Potsdam in Stichworten

Ärztliche Versorgung

Die **Ärztliche Bereitschaftspraxis Potsdam** (auch Sa/So 8–20 Uhr geöffnet) befindet sich im St.-Josefs-Krankenhaus (Zufahrt über die Zimmerstr. 6, ✆ 116117). Weitere Infos auf www.kvbb.de. Den nächsten **zahnärztlichen Bereitschaftsdienst** finden Sie unter www.kzvlb.de.

Apotheken

Die **Apotheke im Bahnhof** (www.apotheke-im-bahnhof.de) hat Mo–Sa bis 20 Uhr geöffnet. Die nächste Notdienstapotheke finden Sie auf www.aponet.de.

Feiertage

1. Januar Neujahrstag

7.4.2023, 29.3.2024 Karfreitag

10.4.2023, 1.4.2024 Ostermontag

1. Mai Tag der Arbeit

18.5.2023, 9.5.2024 Christi Himmelfahrt

28.5.2023, 19.5.2024 Pfingstsonntag

29.5.2023, 20.5.2024 Pfingstmontag

3. Oktober Tag der Deutschen Einheit

31. Oktober Reformationstag

25./26. Dezember 1. u. 2. Weihnachtsfeiertag

Aufgepasst: Der **Reformationstag** ist kein Feiertag in Berlin. Dafür ist der **8. März**, der Internationale Frauentag, Feiertag in Berlin. An diesen Tagen pilgern Shoppingwütige aus der Stadt mit dem Feiertag gerne in die Stadt mit den offenen Geschäften!

Fundbüros

Fundbüro Potsdam, im Stadthaus, Friedrich-Ebert-Str. 79/81, ✆ 0331-2891587.

ViP-Fundbüro, was in Bussen oder Trams liegen blieb, bekommt man mit Glück in der Fritz-Zubeil-Str. 96, ✆ 0331 6614555.

Gepäckaufbewahrung

Schließfächer finden Sie u. a. in den **Bahnhofspassagen** am Eingang Süd unter den Rolltreppen.

Hunde

In der Innenstadt, in Einkaufszentren, Fußgängerzonen und umfriedeten, öffentlich zugänglichen Parkanlagen besteht Leinenpflicht. Hunde fahren, sofern sie so klein sind, dass sie in kleine Boxen passen, im öffentlichen Nahverkehr Potsdams kostenlos mit. Andernfalls benötigen sie einen Fahrschein zum ermäßigten Tarif und einen Maulkorb. Wer in Besitz einer Tageskarte ist, darf den Hund kostenlos mitnehmen.

Informatioan

Das offizielle Informationsportal für Besucher ist www.potsdamtourismus.de. Dahinter steckt die *Potsdam Marketing und Service GmbH*, die auf dem Portal viele Infos zur Stadt bereithält und unter „/deinpotsdam" Aktuelles auf Facebook, Twitter, Instagram und Pinterest postet. Telefonische Auskünfte werden Mo–Fr von 9–17 Uhr unter ✆ 0331-27558899 erteilt. Die Filialen der Potsdamer Touristeninformationen bieten zudem einen Ticketvorverkauf. Standorte:

Hauptbahnhof, Mo–Fr 9–18 Uhr, Sa bis 17, So bis 15 Uhr. Friedrich-Engels-Str. 99 (in der *Mobiagentur* in der Spange über den Gleisen auf der Busbahnhofseite).

Am Alten Markt, Mo–Fr 9–18 Uhr, Sa bis 17, So bis 15 Uhr. Humboldtstr. 2.

Allgemeines zu Potsdam und zur Welt erfährt man auf **www.pnn.de** *(Potsdamer Neueste Nachrichten)* und **www.maz-online.de** *(Märkische Allgemeine)*.

Potsdam-Blogs sind u. a. **http://storyofpotsdam.wordpress.com** (wie der Name vermuten lässt: viel Geschichtliches), **www.potsdamer-blog.de** (Kerstin stellt ihre Stadt und auch ein wenig Brandenburg vor), **www.frompotsdamwithlove.com** (sehr hübsch, viel Gastronomisches) und **www.potsdamomente.de** (Fotografieren in Potsdam). So einiges über Potsdam liest man auch auf Dieter Weirauchs Blog **www.einfachraus.eu.**

LGBT

Nach Hans Hermann von Katte, dem Jugendfreund Friedrichs II., hat sich der hiesige Schwulenverein (katte.eu) benannt. Katte e. V. steckt auch hinter dem Potsdamer CSD (meist Anfang Mai), zu dessen Höhepunkt der Queensday gehört. Allzu viel queeres Leben sollte man aber in den Bars und Kneipen der Stadt nicht erwarten, schließlich ist Berlin nicht weit entfernt. Das queere Wohnzimmer vor Ort ist die Café-Bar La Leander (→ S. 164).

Literaturtipps

Belletristik

Pieper, Tim: Dunkle Havel. Emons Verlag 2015. Ein Krimi rund ums feuchtfröhliche Spektakel des Baumblütenfests in Werder. Mit teils haarsträubenden Wendungen, aber einem recht hohen Spannungsgrad.

Hettche, Thomas: Die Pfaueninsel. btb Verlag 2016. Das Buch für die Pfaueninsel. Ein völlig schräges, wüstes, hässliches Märchen mit vielen Pfui-Momenten und traurigen Szenen. Im Mittelpunkt des 19.-Jahrhundert-Romans steht die kleinwüchsige Maria Strakon, eine Figur, die es wirklich gab. Aber auch Peter Schlemihl taucht auf!

Schütz, Helga: Sepia. Aufbau Verlag 2012. Autobiografischer, recht poetischer Roman über die Potsdamer Studienjahre der Autorin Ende der 1950er- und Anfang der 1960er-Jahre.

Sachliteratur

Fontane, Theodor: Havelland. Aufbau Verlag 2009. Der dritte Teil des 5-bändigen Werkes

Wanderungen durch die Mark Brandenburg. Erschien 1873 zum ersten Mal. Fontane vereint Historisches, Anekdotisches, Familien- und Spukgeschichten mit Schloss-, Park- und Landschaftsbeschreibungen.

Kasack, Hermann: Dreizehn Wochen. Edition Hentrich 1996. Die Aufzeichnungen (Tage- und Nachtblätter) des Potsdamers Hermann Kasack über das Kriegsende in seiner Heimatstadt. Das Werk Kasacks ist heute etwas in Vergessenheit geraten. Nichtsdestoweniger gehört sein Roman *Die Stadt hinter dem Strom* zu den bedeutendsten Romanen der deutschen Nachkriegsliteratur und wurde in zig Sprachen übersetzt.

Hahn, Peter-Michael: Geschichte Potsdams. C. H. Beck 2003. **Richter, Maren, u. Sträter, Winfried: Potsdam. Der historische Reiseführer**. Ch. Links Verlag 2015. Zwei Literaturtipps für alle, die mehr zur Geschichte der Stadt Potsdam erfahren möchten.

Weiß, Peter Ulrich, u. Braun, Jutta: Im Riss zweier Epochen. be.bra 2019. Ein spannender Einblick in das Potsdam der 1980er- und 1990er Jahre.

Ahrends, Martin: Damals im Café Heider. epubli 2019. Martin Ahrends spricht mit Ex-Stammgästen des Cafés Heider aus den 1970er- und 1980er-Jahren. Spannende Einblicke in die Potsdamer Szene zu DDR-Zeiten!

Malinowski, Stephan: Die Hohenzollern und die Nazis, Geschichte einer Kollaboration. Propyläen 2021. Malinowski, Historiker an der University of Edinburgh und ein Kenner der Hohenzollern, wurde 2014 von der brandenburgischen Landesregierung beauftragt, ein Gutachten über die Entschädigungsfrage (→ S. 88) zu erstellen, was ihm Abmahnschreiben der Hohenzollern-Anwälte einbrachte. Sein Buch über die Kollaboration der Hohenzollern mit den Nazis wurde 2022 mit dem Deutschen Sachbuchpreis ausgezeichnet.

Potsdam mit Handicap

Der Vorteil, dass Potsdam eine Radfahrerstadt ist und viele Radwege auf Trottoirs verlaufen, kommt auch Rollstuhlfahrern zugute. Viele Busse und Straßenbahnen verfügen über Niederflurtechnik, auch verkehren rollstuhlfahrergerechte Ausflugsschiffe. Auf www.potsdam.de lässt sich die Broschüre *Potsdam barrierefrei* mit vier empfehlenswerten Stadttouren herunterladen. Einen super Potsdam-Plan (auch als App) zum barrierefreien Unterwegssein bietet http://wheelmap.org (übrigens ein Berliner Start-up).

Stadtführungen

Rikscha in Potsdam, bei Herrn Kuppert sitzen Sie in einer chinesischen Rikscha unter einem Sonnendächlein. Stadttouren können individuell abgesprochen werden (erste Stunde 30 €, jede weitere 25 €). ✆ 0178-7956278, https://rikscha-potsdam.de.tl.

Fritz & Peter, dahinter stecken Robert Leichsenring und Rainer Müller, die auch auf https://storyofpotsdam.wordpress.com bloggen. Die beiden haben diverse Führungen im Angebot („Innenstadt", „Auf den Spuren der Filmstars", „Potsdamer Schlösser", „Potsdam in der Zeit des Kalten Krieges", „Historische Straßenbahnen" usw.). 2-Std.-Touren 120 € (für bis zu 15 Pers.), 4-Std.-Touren 220 €. ✆ 0331-9791 439, www.fritz-und-peter.de.

Berlins Taiga, bietet Geschichtsführungen zu Potsdam- und Babelsberg an, die die Zeit zwischen 1945 und 1994 zum Thema haben (Kalter Krieg, Verbotene Stadt, Spionage, Flucht usw.). Je nach Tour ist man zu Fuß oder im russischen Kleinbus *Buchanka* unterwegs. ✆ 0160-5111887, www.berlinstaiga.de.

Kaiser Tour Potsdam, stets um 12 Uhr startet vom Hauptbahnhof (Ausgang Nord, Abfahrt Babelsberger Straße) eine 2:30-stündige Rundfahrt (zuweilen in historischen Fahrzeugen) zu den Highlights Potsdams. 20 €/Pers. ✆ 0159-04011191, www.kaiser-tour.de.

Potsdam Tourismus, auch die städtische Touristeninformation bietet Führungen an, neben allgemeinen auch spannende Stadtteilführungen. Was wann stattfindet, erfährt man auf www.potsdamtourismus.de.

Hop on hop off: Von Mitte/Ende März bis Anfang/Mitte Nov. ziehen die *Potsdam-City-Sightseeing*-Doppeldeckerbusse ihre Runden durch die Stadt. Wer ein Ticket hat, kann an einem Tag beliebig oft zu- und aussteigen. Die Busse verkehren zwischen 9.55 und 15.25 Uhr alle 60 Min., Start: Luisenplatz. Haltestellen sind u. a. Hauptbahnhof, Holländisches Viertel, Glienicker Brücke, vorm Neuen Garten, Alexandrowka und beim Park Sanssouci. 20 €, erm. 18 €. www.potsdam-city-tour.de.

Kunsttempel mitten in der Stadt:
Museum Barberini

Kompakt

Alle Schlösser und Museen

Schlösser

Stadtschloss: Das wieder aufgebaute Stadtschloss beherbergt heute den Landtag und ist in Teilen offen für jedermann. ■ S. 25

Schloss Cecilienhof: Hier fand die Potsdamer Konferenz statt. ■ S. 57

Marmorpalais: Sommerschlösschen Friedrich Wilhelms II. am Heiligen See. ■ S. 58

Schloss Sanssouci: Das Lustschloss Friedrichs des Großen ist ein Must-see in Potsdam. ■ S. 72

Neue Kammern: Ein Schloss nur für Gäste. ■ S. 75

Orangerieschloss: Schloss (mit Raffael-Kopien) und Orangerie in einem. ■ S. 75

Neues Palais: Eine Demonstration der Stärke und Größe Preußens. 200 Zimmer und mehrere Festsäle. ■ S. 77

Schloss Charlottenhof: Für das hübsche, kleine Lustschloss Friedrich Wilhelms IV. zeichnet Karl Friedrich Schinkel verantwortlich. ■ S. 79

Schlösschen auf der Pfaueninsel: Das Holzschlösschen auf der Pfaueninsel ist leider bis 2024 nicht zugänglich. Die Insel lohnt dennoch einen Besuch. ■ S. 114

Schloss Glienicke: Die Landvilla des Prinzen Carl von Preußen steht in einer wunderschönen von Lenné gestalteten Parklandschaft. ■ S. 111

Schloss Babelsberg: Die neugotische Sommerresidenz des späteren Kaisers Wilhelm I. wird noch mehrere Jahre restauriert. Der von Fürst Pückler gestaltete Park drum herum ist aber zugänglich. ■ S. 94

Schloss Paretz: Das schlichte Schloss im Dorf Paretz diente einst als Sommerresidenz Friedrich Wilhelms III. und seiner Luise. ■ S. 125

Schloss Caputh: Das einzige erhaltene Schloss der Potsdamer Kulturlandschaft aus der Zeit des Großen Kurfürsten. ■ S. 137

Geschichte

Filmmuseum: Babelsberg schrieb Filmgeschichte, in Potsdam wird sie erzählt. ■ S. 27

Haus der Brandenburgisch-Preußischen Geschichte: Brandenburgische Geschichte und Geschichten im ehemaligen Stall für die königlichen Kutschpferde. ■ S. 27

Waisenhaus-Museum: Museum über die Geschichte des einstigen Militärwaisenhauses, allerdings nur nach Voranmeldung zugänglich. ■ S. 30

Potsdam Museum: Das Museum zur Geschichte der Stadt ist im schönen Alten Rathaus untergebracht. ■ S. 24

Russische Dorfidylle in Alexandrowka

Jan Bouman Haus: Originalgetreu restauriertes Siedlungshaus aus dem 18. Jh. im Holländischen Viertel. ■ S. 42

Gedenkstätte Lindenstraße: Erschütterndes Museum im ehemaligen Stasiknast. ■ S. 42

Museum im Güldenen Arm: Kostenloses Museum im historischen Fachwerkhaus. ■ S. 42

Museum in der Kolonie Alexandrowka: Alles zur Geschichte der russischen Kolonie. ■ S. 52

Lepsius-Haus: Ausstellung über den Theologen und Menschenrechtler Johannes Lepsius und den Genozid an den osmanischen Armeniern 1915/16. Nur nach Voranmeldung zugänglich. ■ S. 55

Gedenk- und Begegnungsstätte Leistikowstraße: Gedenkstätte im ehemaligen Gefängnis der sowjetischen Staatssicherheit MGB. ■ S. 55

Historische Mühle: Die gar nicht so alte Mühle im Park Sanssouci beherbergt eine Ausstellung über die Mühlenwirtschaft. ■ S. 74

Haus der Wannsee-Konferenz: Die Villa, in der die „Endlösung der Judenfrage" besprochen wurde, ist heute eine Gedenkstätte. ■ S. 114

Nowaweser Weberstube: Kleine, liebevoll gemachte Ausstellung im ehemaligen Haus einer böhmischen Weberfamilie. ■ S. 96

Kunst

Bildergalerie: Die Kunstgalerie Friedrichs des Großen im Park Sanssouci. Flämische, holländische und italienische Meisterwerke. ■ S. 72

Pavillon des Brandenburgischen Kunstvereins: Zeitgenössische Kunst aus Brandenburg auf der Freundschaftsinsel. ■ S. 31

Rechenzentrum: Ausstellungen im ehemaligen Datenverarbeitungszentrum aus DDR-Zeiten. ■ S. 29

Palais Barberini: Hochkarätige Kunst in einem wieder aufgebauten Stadtpalais. ■ S. 25

Das Minsk: DDR-Kunst in einem ehemaligen Restaurantpavillon. ■ S. 32

Villa Schöningen: Präsentiert temporäre Kunstausstellungen. ■ S. 60

Villa Francke: Die Villa soll ab 2024/25 als Sammlermuseum eröffnen. ■ S. 85

Liebermann-Villa: Das einstige Sommerhaus des Impressionisten Max Liebermann befindet sich schon auf Berliner Stadtgebiet. ■ S. 113

Museum der Havelländischen Malerkolonie in Ferch: Es zeigt Werke der Künstler, die es um 1900 an den Schwielowsee zog. ■ S. 139

Ein Kuriosum: Zeltzimmer im Schloss Charlottenhof

Spezialthemen

Naturkundemuseum: Tote Tiere auf drei Etagen. ■ S. 29

Christian Morgenstern Literaturmuseum in Werder: Christian Morgenstern und die Ursprünge der *Galgenpoesie*. ■ S. 127

Märkisches Ziegeleimuseum in Glindow: Ton, Steine, Öfen. ■ S. 131

Handweberei in Geltow: Ein lebendiges Museum – hier wird die Tradition der Handweberei gepflegt. ■ S. 132

Bürgerhaus in Caputh: Hier erinnert man an Albert Einstein. ■ S. 136

Einsteinhaus in Caputh: Das Sommerhaus des großen Physikers dient heute als Museum. ■ S. 136

Spargelmuseum in Beelitz: Alle möglichen Infos rund um die weißen Stangen. ■ S. 142

Extavium: Wissenschaftliches Mitmachmuseum für Kinder. ■ S. 173

Kompakt

Alle Restaurants

Gourmetküche

Kochzimmer: „Neupreußische Küche", die mit einem Michelin-Stern geadelt ist. ▪ S. 33

Alte Überfahrt: Elegant-gediegenes Gourmetlokal in Werder, das regional beeinflusste Küche serviert. Seit 2022 ebenfalls mit Michelin-Stern. ▪ S. 129

Schloss Kartzow: Edle brandenburgisch-mediterrane Cuisine in herrschaftlichem Ambiente. ▪ S. 124

Villa Kellermann: Sternekoch Tim Raue lässt hier Hausmannskost „with a twist" kredenzen. ▪ S. 61

Landlust Körzin: Im gleichnamigen Dorf bewirtet ein fränkisches Paar die Gäste mit 5-Gänge-Gourmetmenüs in intimem Ambiente. ▪ S. 141

Italienisch

Restaurant Waage: Gehobener Italiener in der ehemaligen königlichen Malz- und Kornwaage. ▪ S. 34

Zanotto: Feine Küche aus dem Veneto. ▪ S. 43

Assaggi: Saisonale italienische Gerichte am Luisenplatz. ▪ S. 43

Pino: Edelitaliener in einer ruhigen Wohnstraße in der Jägervorstadt. ▪ S. 88

Piazza Toscana: Beliebter Nachbarschaftsitaliener in Babelsberg. ▪ S. 102

International

Genusswerkstatt: Ordentliche Küche im Marstall. ▪ S. 34

Lewy Wein-Bistro: In den Töpfen trifft Brandenburg auf Südtirol. ▪ S. 43

Maison du Chocolat: Restaurant und Café mit hauseigener Konditorei im Holländischen Viertel. Saulecker: die heiße Schokolade! ▪ S. 43

Café Heider: Im Wohnzimmer der Stadt gibt es alles Mögliche. ▪ S. 44

Drachenhaus: Im Park Sanssouci. Hier isst man im ehemaligen Wohnhaus des königlichen Winzers. ▪ S. 88

201: Hübsches Lokal im Bahnhof Griebnitzsee. ▪ S. 103

Lindencafé: In Babelsberg. Zu jeder Tageszeit eine sichere Nummer. ▪ S. 103

Theaterklause: Hierher kommt man unter der Woche für den guten und günstigen Mittagstisch. ▪ S. 89

Yves's: In der Altstadt von Werder. Frisch zubereitete Küche, die am Tisch individuell abgesprochen wird. ▪ S. 130

Französisch

Juliette: Hier schmeckte es angeblich schon Mick Jagger. ▪ S. 43

Garage du Pont: Originelles französisches Café-Restaurant in einer Tankstelle aus den 1930er-Jahren. ▪ S. 61

Café Duval: Französisch inspiriertes Bistro in einem ehemaligen Kolonialwarenladen in Werder. ▪ S. 131

Griechisch

Taverna Mesedopolio to Steki Bandol sur Mer: Hervorragende Vorspeisen, zu Recht enorm beliebt. ▪ S. 43

Asiatisch und orientalisch

Chi Keng: Stilsicheres panasiatisches Restaurant. ▪ S. 43

My Keng: Das Schwesterlokal in der Brandenburger Straße. ▪ S. 43

Būya Izakaya: Japanische Ramen-Nudeln im Holländischen Viertel. ▪ S. 43

Belmundo: Hier gibt es *Kumpir*, gefüllte türkische Riesenkartoffeln. ▪ S. 43

Vegetarisch/vegan

Café Rosenberg: Das nette vegane Café serviert leckere Bowls. ▪ S. 44

Biocafé Kieselstein: Was hier nicht vegan ist, ist vegetarisch. ▪ S. 44

Fabrik: Im Café des gleichnamigen Tanztheaters gibt's hervorragenden vegetarischen Mittagstisch. ▪ S. 64

Deutsch: gutbürgerlich bis modern

Kades Restaurant am Pfingstberg: Feine brandenburgische Köstlichkeiten, u. a. mit Wild aus dem Fläming. ▪ S. 61

Meierei: → Biergärten.

Schiffsrestaurant John Barnett: Brandenburgische Küche im Tiefen See. ▪ S. 61

Gartenlokal am Lindstedter Tor: Handfeste Kost in Laufnähe zum Park Sanssouci. ▪ S. 89

Remise: Gehobene deutsche Küche im Park Glienicke. ▪ S. 120

Blockhaus Nikolskoe: Rouladen, aber auch Vegetarisches auf einer Traumterrasse über der Havel. ▪ S. 120

Wirtshaus zur Pfaueninsel: Bodenständige Küche wie Kohlroulade oder

Schnitzel vom Milchkalb, entweder im hübsch-rustikalen Inneren oder im Biergarten draußen. ■ S. 120

Otto Hiemke: Traditionslokal in Babelsberg, das seit 1896 von der gleichen Familie geführt wird. ■ S. 103

Quendel: Hochwertige Regionalküche in der Brandenburger Vorstadt. ■ S. 89

Landgasthof zum Alten Krug: Forelle Müllerin oder Eier in Senfsoße. In Marquardt. ■ S. 124

Filterhaus: Deluxe-Steaks und Feines aus der Umgebung. In Werder. ■ S. 130

Zum Rittmeister: Regionale Gerichte und selbstgebrautes Bier in Kemnitz bei Werder. ■ S. 131

Gaststätte Baumgartenbrück: In Geltow. Grundehrliche brandenburgische Küche. ■ S. 133

Fährhaus Caputh: Ungemein charmante und entsprechend beliebte Adresse. ■ S. 138

Braumanufaktur Forsthaus Templin: Großartiges Biobier und zünftiges Essen. Drinnen urig-rustikal, draußen schöner Biergarten. ■ S. 138

Zur Alten Brauerei: In Beelitz. Atmosphärisches Saisonlokal, das nur von Mitte April bis Mitte Sept. geöffnet hat. ■ S. 141

Lokal Genial: Ebenfalls in Beelitz. Gute Landküche aus regionalen Zutaten. ■ S. 141

Russisch und Georgisch

Teestube in der Alexandrowka: *Pelmeni* und Sauerkrautsuppe in der russischen Kolonie. ■ S. 61

Ein Treff nicht nur im Sommer: Café Heider

Café à la Russe: Im kleinen Caférestaurant gibt es prima Suppen und Fr/Sa Schaschlik. ■ S. 43

Tamada: Gefüllte Teigtaschen, leckere Eintöpfe und georgischer Wein in gepflegtem Ambiente. ■ S. 88

Biergärten

Meierei: Hausgebrautes Bier auf einer herrlichen Terrasse am Wasser. Dazu gibt's Buette und Haxe. ■ S. 61

Mühlenhaus Café & Biergarten: Im Park Sanssouci neben der Historischen Mühle. Hier sitzt man im Sommer schön unter Arkaden. ■ S. 89

Wirtshaus zur Pfaueninsel: → „Deutsch: gutbürgerlich bis modern".

Braumanufaktur Forsthaus Templin: → „Deutsch: gutbürgerlich bis modern".

Fisch

Arielle: Fischrestaurant und -imbiss in Werder. Terrasse direkt am Wasser. ■ S. 130

Forellenhof Schloss Petzow: Fischimbiss de luxe am Glindower See. ■ S. 132

Spargel

Jakobs-Hof Schäpe: Der unserer Meinung nach schönste Spargelhof rund um Beelitz. ■ S. 141

Jakobs-Hof Beelitz: Mit angeschlossenem Streichelzoo. ■ S. 141

Landgasthof Rieben: Hier wird der Spargel des *Spargelhofs am Storchennest* aus dem gleichen Dorf zubereitet. ■ S. 142

Spargel- und Erlebnishof Klaistow: Eine Art Erlebnispark im Zeichen des Spargels. ■ S. 142

Kantinen

Landtagskantine: Schön präsentierte Gerichte im Stadtschloss. Zugang von der Kantine zur Dachterrasse. ■ S. 34

Otto: Die Kantine des Hans Otto Theaters an der Schiffbauergasse. Erste Sahne! ■ S. 64

Schnelle Küche

Globus Grill-Bar: Broiler mit Pommes im Plattenbau. ■ S. 34

Babelsberger Küche: Schnellrestaurant für alle, die Wurstgulasch und Eisbein mögen. ■ S. 44

Kompakt

Alle Shopping-Adressen

Kulinarisches

LEDO: Russische und osteuropäische Lebensmittel. ▪ S. 35

Fischerhof Potsdam: (Räucher-)Fisch von Potsdams letztem hauptberuflichen Fischer. ▪ S. 35

Fischerhof Kühn: Auch dieser freundliche Familienbetrieb in Werder verkauft frischen und geräucherten Fisch, dazu Fischbrötchen. ▪ S. 129

GUDEs: Edelmetzger. Fleisch und Wurst zum Mitnehmen oder Gleichessen. ▪ S. 44

Q-Regio h.o.f.laden: Hier werden ausschließlich Produkte aus Brandenburg angeboten. ▪ S. 45

Bäckerei W. Braune: Traditionsbetrieb mit genialer Einrichtung aus den 1930er-Jahren. ▪ S. 45

Confiserie Felicitas: Bioschokolade vom Feinsten. ▪ S. 45

Katjes Gläserne Bonbonfabrik: Bonbons und Lakritze ab Fabrik. ▪ S. 103

Weinbau Dr. Lindicke: Wein vom Wachtelberg in Werder. Man kann ihn mitnehmen oder vor Ort in der gemütlichen Straußwirtschaft trinken. ▪ S. 127

Schultz'ens Siedlerhof: In Glindow. Obstwein und hauseigener Whisky. ▪ S. 131

Sanddorn-Garten Petzow: Im Hofladen wird alles Mögliche verkauft, was man aus Sanddorn herstellen kann. Mit Restaurant und Selbstbedienungsbistro. ▪ S. 132

Fleischer Bornemann: In Caputh. Gute Fleisch- und Wurstwaren. ■ S. 138

Kaninchen & Spezialitäten: In Beelitz. Feinkost aus Kaninchenfleisch. ■ S. 141

Mode

Arnulf Maßatelier: Ein Maßschneider der alten Schule. Billig ist hier natürlich nichts. ■ S. 44

Hutatelier Maliné: Schöne handgefertigte Hüte und Basecaps. ■ S. 44

Christin Lau: Zeitlose Damenmode der gleichnamigen Potsdamer Designerin. ■ S. 44

Rotholz: Ökomode aus Potsdam. ■ S. 89

Pulver & Blei: Lokales Streetwear-Label aus Werder. ■ S. 128

Bücher

Internationales Buch: Gute Auswahl an Literatur zu Potsdam. ■ S. 45

Sputnik: Linksalternativer Buchladen. ■ S. 45

Porzellan

KPM Outlet: Feines Porzellan aus Berlin. ■ S. 45

Märkte

Markt am Nauener Tor: Netter Treff am Samstag. ■ S. 45

Markt am Bassinplatz: Findet tägl. (außer So) statt. ■ S. 45

Markt auf dem Weberplatz: In Babelsberg, sehr schön, jeden Samstag. ■ S. 103

Seifen

Seifenmanufaktur Sauberkunst: Duftendes Lädchen in Werder, das Naturseifen verkauft. ■ S. 128

Verzeichnisse

Kartenverzeichnis und Zeichenerklärung

- Autobahn
- Haupt- / Nebenstraße
- Bahnlinie
- Fährlinie / Wassertaxi
- Rundgang Anfang / Ende
- Radwege im Park
- Fahrradtour
- Friedhof
- Fußgängerzone
- Militärisches Sperrgebiet
- Bebaute Fläche
- Sumpf / Feuchtgebiet
- Parkanlage
- Information / Parkplatz
- Bahnhof / Busbahnhof
- Sehenswürdigkeit / Museum
- Kirche
- Schloss / Stadttor
- Berg / Campingplatz
- Hafen / Anlegestelle
- Toilette / Badestelle
- Post / Sonstiges

Fotonachweis

Alle Fotos von Michael Bussmann außer: S. 122, 143 (Baum & Zeit) | S. 103 (Filmpark Babelsberg) | S. 191 (Helge Mundt, © Museum Barberini) | S. 64 (PMSG André Stiebitz) | S. 28, 29, 48, 59, 65, 89, 92, 100, 102, 108, 126, 135, 136, 137, 140, 146, 156, 158, 162, 165, 183, 185 (Gabriele Tröger)

Mit dem Motorboot über die Potsdamer Gewässer

▼ Kartenausschnitte im Buch

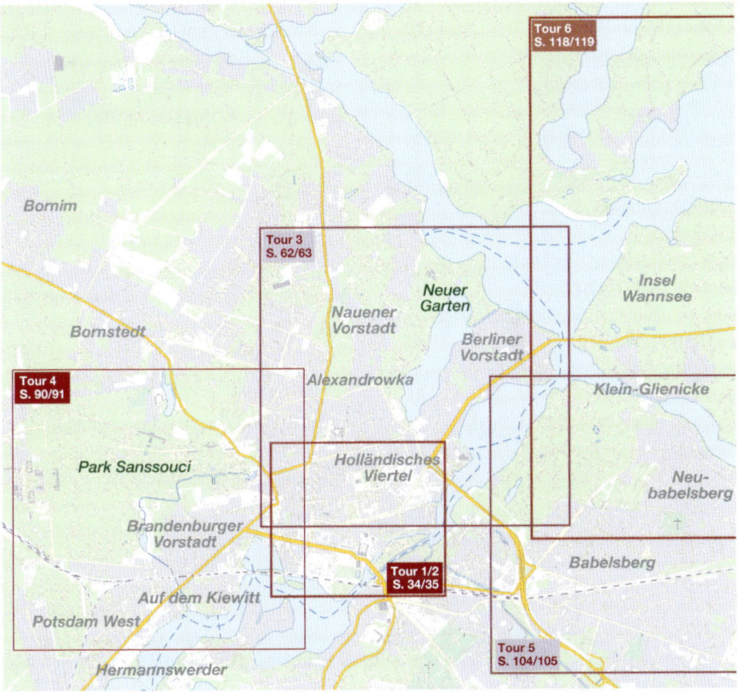

Was haben Sie entdeckt?

Haben Sie ein besonderes Restaurant, ein neues Museum oder ein nettes Hotel entdeckt? Wenn Sie Ergänzungen, Verbesserungen oder Tipps zum Buch haben, lassen Sie es uns wissen!

Schreiben Sie an: Gabriele Tröger und Michael Bussmann, Stichwort „Potsdam“
c/o Michael Müller Verlag GmbH | Gerberei 19 | D – 91054 Erlangen
michael.bussmann@michael-mueller-verlag.de

Impressum

Text und Recherche: Michael Bussmann, Gabriele Tröger | **Lektorat:** Dagmar Tränkle | **Redaktion:** Angela Nitsche | **Layout:** D&M Services GmbH: Mirko Graf | **Karten:** Theresa Flenger | **Herausnehmbare Karte:** Benedikt Neuwirth, Judit Ladik | **Fotos:** siehe Fotonachweis links | **Innentitel:** Schloss Lindstedt, Park Sanssouci (Michael Bussmann) | **Covergestaltung:** Karl Serwotka | **Covermotiv:** Chinesisches Teehaus im Schlosspark Sanssouci @ mauritius images/Günter Gräfenhain

Potsdam im Kasten

ISBN 978-3-96685-181-7

 Druck: Livonia Print, Riga.

Abruzzen ■ Ägypten ■ Albanien ■ Algarve ■ Algarve ■ Allgäu ■ Altmühltal & Fränk. Seenland ■ Amsterdam ■ Andalusien ■ Andalusien ■ Apulien ■ Australien – Der Osten ■ Azoren ■ Bali & Lombok ■ Barcelona ■ Bayerischer Wald ■ Berchtesgadener Land ■ Berlin ■ Bodensee ■ Bornholm ■ Bremen mit Bremerhaven ■ Bretagne ■ Brüssel ■ Budapest ■ Chalkidiki ■ Chiemgauer Alpen ■ Chiemgau & Berchtesgadener Land ■ Chios ■ Cilento ■ Comer See ■ Cornwall & Devon ■ Costa Brava ■ Costa de la Luz ■ Côte d'Azur ■ Cuba ■ Dänemark Nordseeküste ■ Dolomiten ■ Dolomiten ■ Dominikanische Republik ■ Dresden ■ Dublin ■ Düsseldorf ■ Ecuador ■ Eifel ■ Elba ■ Elsass ■ Elsass ■ Fehmarn ■ Florenz & Chianti ■ Föhr & Amrum ■ Franken ■ Fränkische Schweiz ■ Fränkische Schweiz ■ Friaul-Julisch Venetien ■ Fuerteventura ■ Gardasee ■ Gardasee ■ Golf von Neapel ■ Gomera ■ Gran Canaria ■ Hamburg ■ Harz ■ Haute-Provence ■ Ibiza & Formentera ■ Irland ■ Island ■ Istanbul ■ Istrien ■ Jerusalem ■ Kalabrien & Basilikata ■ Kanada – der Westen ■ Karpathos ■ Kärnten ■ Katalonien ■ Kefalonia & Ithaka ■ Köln ■ Kopenhagen ■ Korfu ■ Korsika ■ Korsika Fernwanderwege ■ Korsika ■ Kos ■ Krakau ■ Kreta ■ Kreta ■ Kroatische Inseln & Küstenstädte ■ Kykladen ■ Lago Maggiore ■ Lago Maggiore ■ La Palma ■ La Palma ■ Languedoc-Roussillon ■ Lanzarote ■ Latium mit Rom ■ Lesbos ■ Ligurien ■ Ligurien ■ Limnos ■ Limousin & Auvergne ■ Liparische Inseln ■ Lissabon & Costa de Lisboa ■ Lissabon ■ London ■ Lübeck ■ Lüneburg & Lüneburger Heide ■ Madeira ■ Madeira ■ Madrid ■ Mailand ■ Mainfranken ■ Mainz ■ Mallorca ■ Mallorca ■ Malta, Gozo, Comino ■ Marken ■ Marseille ■ Mecklenburgische Seenplatte ■ Mecklenburg-Vorpommern ■ Menorca ■ Midi-Pyrénées ■ Mittel- und Süddalmatien ■ Montenegro ■ Moskau ■ München ■ Münchner Ausflugsberge ■ Münster & Münsterland ■ Naxos ■ Neuseeland ■ New York ■ Niederlande ■ Nord- u. Mittelengland ■ Nord- u. Mittelgriechenland ■ Norddalmatien ■ Norderney ■ Nordkroatien ■ Nördliche Sporaden ■ Nordportugal ■ Nordseeküste – Schleswig Holstein ■ Nordspanien ■ Normandie ■ Norwegen ■ Nürnberg, Fürth, Erlangen ■ Oberbayerische Seen ■ Oberitalien ■ Oberitalienische Seen ■ Odenwald ■ Oslo ■ Ostfriesland – Ostfriesische Inseln ■ Ostseeküste – Mecklenburg-Vorpommern ■ Ostseeküste – von Lübeck bis Kiel ■ Paris ■ Peloponnes ■ Pfalz ■ Pfälzerwald ■ Piemont & Aostatal ■ Piemont ■ Polnische Ostseeküste ■ Porto ■ Portugal ■ Potsdam ■ Prag ■ Provence & Côte d'Azur ■ Provence ■ Rhodos ■ Rom ■ Rügen, Stralsund, Hiddensee ■ Rumänien ■ Rund um Meran ■ Salzburg & Salzkammergut ■ Samos ■ Santorini ■ Sardinien ■ Sardinien ■ Schottland ■ Schwäbische Alb ■ Schwarzwald Mitte/Nord ■ Shanghai ■ Sizilien ■ Sizilien ■ Slowakei ■ Slowenien ■ Span. Jakobsweg ■ Spreewald ■ Sri Lanka ■ St. Petersburg ■ Steiermark ■ Stockholm ■ Straßburg ■ Südböhmen – Böhmerwald ■ Südengland ■ Südfrankreich ■ Südnorwegen ■ Südschwarzwald ■ Südschweden ■ Südtirol ■ Südtoscana ■ Südwestfrankreich ■ Sylt ■ Tallinn ■ Teneriffa ■ Teneriffa ■ Tessin ■ Thailand – der Norden ■ Thassos & Samothraki ■ Thüringen ■ Toskana ■ Toskana ■ Tschechien ■ Türkei ■ Türkei – Lykische Küste ■ Türkei – Mittelmeerküste ■ Türkei – Südägäis ■ Türkische Riviera – Kappadokien ■ Umbrien ■ USA – Südwesten ■ Usedom ■ Varadero & Havanna ■ Venedig ■ Valdarno, Casentino & Florenz ■ Venetien ■ Wachau, Wald- u. Weinviertel ■ Wales ■ Warschau ■ Westböhmen & Bäderdreieck ■ Wien ■ Zakynthos ■ Zypern

MM-Travel **MM-City** **MM-Wandern**

Auf dem Alten Markt

Register

Die in Klammern gesetzten Koordinaten verweisen auf die beigefügte Potsdam-Karte.

Sorglos durch die Brandenburger Vorstadt

Wustermark
Etzin
Buchow-
Karpzow
Priort
Berlin
Brandenburg
Seeburg
Neu
Falkenrehde
Falkenrehde
Havelkanal
Kartzow
Döberitzer Heide
B 2
Paaren
Ketzin
(Havel)
Paretzer
Erdlöcher
Satzkorn
Zugang
Döberitzer Heide
Mauerrest
Paretz
Uetz
Fahrland
Groß
Glienicke
Groß
Glienicker
See
Kladow
Kaserne
Krampnitz
Marquardt
Sacrow-Paretzer Kanal
Göttinsee
Krampnitzsee
Fahrlander
See
Königswald
Kanalbrücke
Schlänitzsee
Sacrow-Paretzer Kanal
Insel
Töplitz
A 10
Lehnitzsee
Neu Fahrland
Römerschanze
Großer
Wannsee
B 273
Sacrower
See
Pfauen-
insel
Leest
Töplitz
Grube
Nedlitz
Wublitz
B 2
Sacrow
Phöben
Nattwerder
Jungfernsee
Wannsee
Heiliger
See
B 1
Kemnitz